KB262800

이순신의 끝없는 죽음.
취도 포탄탑의 한시(漢詩).
명량해전의 벽파(碧波)대첩.

선인
도서출판

이순신의 끝없는 죽음.
취도 포탄탑의 한시(漢詩).
명량해전의 벽파(碧波)대첩.

초판 1쇄 발행 2013년 7월 15일

저 자 _ 이종락
펴낸이 _ 윤관백
편 집 _ 안수진 ┃ 표 지 _ 안수진 ┃ 영 업 _ 이주하
펴낸곳 _ 도서출판 선인 ┃ 인 쇄 _ 소문사 ┃ 제 본 _ 바다제책
등 록 _ 제5-77호(1998.11.4)
주 소 _ 서울시 마포구 마포동 324-1 곳마루 B/D 1층
전 화 _ 02)718-6252/6257 ┃ 팩 스 _ 02)718-6253 ┃ E-mail _ sunin72@chol.com
정 가 17,000원

ISBN 978-89-5933-634-0 93900
· 저자와의 협의에 의해 인지 생략.
· 잘못된 책은 바꿔 드립니다.

이순신의 끝없는 죽음.
취도 포탄탑의 한시(漢詩).
명량해전의 벽파(碧波)대첩.

● 모든 고문(拷問)은 경중(輕重)에 관계없이 고문의 후유증으로 사람을 끝내 죽음의 문턱으로 끌고 간다. 즉 결국 오래 살 수 없다. 이순신은 고문을 당한 후 1년 7개월밖에 살지 못했다. 조선(朝鮮)의 국왕 선조(宣祖)는 이순신을 고문으로 확실하게 죽이려고 했다. 충효(忠孝)가 강조되고 있는 조선사회에서 국왕과 신뢰관계가 끊어진 이순신은 충(忠)을 잃고 어머니가 죽은 후 장례를 치르지 못한 그 아들은 효(孝)를 잃었다. 충효를 다 잃은 이순신은 삶의 애착을 잃고 결국 순절(殉節)의 길을 택한다.

상복(喪服)으로 백의종군 중 선조국왕은 병선(兵船) 한 척도, 화포도, 장수와 군사도, 군량미도 아무것도 없는 상황 속에서 이순신을 조선삼도 수군통제사로 재임명하여 교서 한 장만을 손에 쥐어주고 다시 남쪽 최일선으로 잔인하게 내려보냈다. 그러나 통제사 이순신은 자신의 모든 것을 다 버리고 병든 몸으로 오로지 민족과 조국을 위하여 왜적과 싸워 명량 및 노량해전에서 대첩(大捷)을 거두고 최후의 전쟁 결전장 관음포(觀音浦)에서 자기의 목숨을 「기러기 털(鴻毛)」처럼 가볍게 버렸다. 이를 류성룡(柳成龍)은 「망신순국(忘身殉國)」, 숙종국왕은 현충사 사액제문(賜額祭文)에서 「살신순절(殺身殉節)」, 이민서(李敏敍)는 명량대첩비에서 「졸이신 순국(卒以身 殉國)」, 남해 충렬사 창건기에서는 「사신순국(捨身殉國)」이라 했다. 그리고 선조실록(宣祖實錄) 31년 11월 27일 사관(史官)은 「단충허국 망신사의, 석호(丹忠許國 忘身死義, 惜乎)」라고 했다. 즉 「이순신은 온 힘을 다하여 지극 충성으로 나라를 구하고 대의(大義)를 위해 몸을 버리고 죽었다. 참으로 애석하고 슬픈 일이다」라고 하여 이순신의 죽음을 매듭지었다. 선조국왕은 이순신의 「삶의 마음」을 죽였고 왜적의 총탄은 이순신의 육신을 죽였다. 결국에 이순신은 살아도 살지 못하는 한스러운 조선 파당정치 즉 당쟁이 이순신을 죽게 만들었다. 이를 이민서(李敏敍)

는 이순신의 죽음은 당화(黨禍)라 했다.

영국은 Nelson이 전사하자 국가의 진혼제인 국장, 최고 훈장에 국립묘지에 안장하고 그를 「국가의 영웅(National Hero)」이라 했다. 그러나 이제 노량해전 관음포 전투에서 전사한 이순신에게는 쓸쓸한 현지 장례식 뿐이었다. 과연 이순신은 조선삼도 수군통제사가 맞는지? 이순신의 시신이 선영(先塋)이 있는 아산에 왔을 때 선조는 중국 명(中國 明)나라 수군도독 등자룡의 장례가 끝나지 않았으므로 이순신의 시신은 땅에 묻을 수 없다고 말하였다. 이 선조국왕의 말 한마디에 이순신의 시신은 또다시 왔던 길을 되돌아 먼 남쪽으로 내려가 고금도의 묘당도(廟堂島)에 두 달 동안 가매장되었다. 여기서 버림받은 이순신의 시신은 아무도 거두지 않아 이순신의 영혼은 자신이 싸웠던 남쪽바다 전장(戰場)에서 쓸쓸하게 떠돌면서 이때부터 방황의 시련을 갖게 되었다. 그 후 이 사실을 들은 민중들은 이순신이 임진전쟁 때 머물었던 곳곳에 초가사당을 짓고 지금도 헤매고 있는 이순신의 영혼을 위로하는 일이 오늘날까지 이어왔다. 남쪽바다에 이순신의 사당이 많은 까닭은 여기서 온 것이다.

서울로 옮겨 온 등자룡 시신을 두고 조선 선조국왕의 극진한 장례가 끝나자 다시 이순신의 시신을 소달구지에 실어서 천리길 아산으로 올라왔다. 이 과정에서 「왔다, 갔다, 왔다」하면서 시신 학대가 끝없이 이루어졌다. 자신의 나라를 위해서 죽은 이순신은 자기 나라로부터 한없이 고문을 당한 것이다. 그 후 선조가 명량해전 및 노량해전의 공적을 일체 인정하지 않았으므로 두 해전의 대첩을 기리는 이순신의 공적비를 어느 곳에도 세울 수 없었다. 사후(死後) 첫 번째로 세운 「이순신의 비」는 여수민중과 부하들이 세운 아주 작은 「타루비(墮淚碑)」로서 이상하게도 공적기록은 없고 모두 모여서 오로지 애틋한 눈물만 흘린다고 하였다. 지금도 이 타루비에는 이순신을 애도한 눈물의 흔적만 남아있다. **이제 산 이순신, 죽은 이순신을 가리지 않고 이순신이 당한 끝없는 죽음은 우리의 영원한 비극이다.** 참으로 슬프고 가슴 아프고 한 서러운 일이다. 나는 오늘도 하늘에 묻고 있다. 「어떻게 이런 일이 일어날 수 있습니까?」

※한은 아주크다는 의미입니다.=한길, 한사리 등. 또는 한에 맺힌 서러운 일. 원한, 한탄의 준말=恨

● 경남 거제도는 1905년 러·일해전과 깊은 악연을 맺고 있었다. 1904년 러·일전쟁이 발발하자 만주 여순항에 정박 중인 러시아제국(帝國)의 극동함대 19척을 日本 육군 및 해군이 연합작전으로 포격하여 전부 침몰시켜 여순항을 함락하고 황해(西海) 제해권(制海權)을 日本이 갖게 되었다. 이의 승전을 기리기 위하여 日本 육군대장 乃木希典(노기 마레쓰케)는 러·일 쌍방 간에 2만 명의 사상자를 낸 끝에 일본이 점령한 203고지에 포탄탑을 세우고 여기에 한시(漢詩)를 탑에 새겨 넣었다. 이에 러시아제국은 Baltic해에서 주둔하고 있던 Baltic함대를 극동으로 긴급 파견하였다. 이 정보를 영국으로부터 입수한 日本은 일본해군대장 東鄕平八郞(도오고 헤이하찌로)을 총사령관으로 일본해군 연합함대을 구성하고 Vladivostok로 북상하는 항로인 대한해협(玄海灘)에서 대기하면서 이를 요격(邀擊)하기 위하여 본격적인 준비에 들어갔다. 東鄕(도오고)는 먼저 대한제국(大韓帝國)의 사전(事前) 허가도 받지 않고 거제도 송진포(松眞浦)를 점령하고 여기에 일본해군 전진기지를 설치하고 이를 「東鄕艦隊 根據地(도오고 함대 근거지)」로 삼았다. <u>1905년부터 7년 동안 송진포는 러일전쟁을 위하여 철저하게 요새화(要塞化)한 일본해군의 비밀기지(秘密基地)였다.</u> 여기서 東鄕艦隊(도오고 함대, 日人들은 「도오고 간따이」라고 했다)는 취도(吹島)를 적함(敵艦)으로 간주하고 매일 밤낮을 가리지 않고 함포 실탄사격 연습을 하였다. 이로써 취도는 완전히 망가진 쑥대밭이 되어 결국 3천 평에서 2천 평으로 줄어들었다. 東鄕(도오고)는 가덕도 외양포에 해안포대 사령부를 두고 송진포, 저도, 지심도, 천장산 및 對馬島 城山(대마도 성산)에 요격용 해안포대를 설치하였다. 1905년 5월 27일 東鄕함대는 출진하여 대마해협(玄界灘)에서 Baltic함대를 격파하여 일본 해전사상 초유의 대첩을 거두고 東鄕은 「살아있는 軍神(군신)」으로 추대되었다. 이날이 「일

본 해군승전 기념일」이고 동시에 러시아의 국치일(國恥日)이다. 그 후 30년, 1935년 8월 23일 일본인(日本人)과 한국인(韓國人)이 연합하여 東鄕의 「日本海 海戰勝戰(일본해 해전 승전)」을 기리기 위하여 취도에 포탄탑을 세우고 이탑에 「日本海軍 鎭海灣 要港部(일본해군 진해만 요항부)」사령관인 日本海軍 中將 小林省三郞(고바야시 세이자부로)는 漢詩를 새겨 넣었다.

吹島記念(취도기념)
海軍中將 小林省三郞 書(해군중장 고바야시 세이자부로 서)
一擊吹島舊形無.　　일격취도구형무.
亂石崩沙鐵火擊.　　난석붕사철화격.
喜得旋揚陳迹事.　　희득선양진적사.
千年不朽補皇國.　　천년불후보황국.
「일격에 취도의 구 모습은 없어지고
철포탄에 맞은 암석은 부서져 모래가 되었다.
지난날의 여러 일들이 돌아와서 기쁨을 떨치고 있다.
이제 천년 영원토록 황국을 위해 노력할 것이다」

　　2011년 11월 16일 취도를 찾아온 나는 모든 것이 망가진 이 작은 섬을 보고 순진한 한 조선여인이 발가벗겨져 일본장군에게 능욕당한 모습으로 보여 배에서 섬으로 오르자 바로 땅바닥에 엎드려 용서를 빌지 않을 수 없었다. 우리는 이 작은 섬 하나도 지키지 못한 나약하고 못난 민족이 아닌가? 이 취섬은 우리가 지켜 주지 못한 역사의 한(恨)이 맺힌 섬이고 또한 대한민국에서 가장 가슴 아프고 슬프게 하는 섬이다. 취도는 지금도 영원히 지울 수 없는 낙인찍힌 여인처럼 섬 위에 포탄탑을 안고 처음 여기 온 나에게 쓸쓸하게 다가왔다가 다시 멀어져 갔다.

● 명량해전은 모두 불가사의(不可思議)한 해전이라 한다. 이것은 당시의 이순신 난중일기(亂中日記) 외에는 구체적인 자료가 없기 때문이다. 명량해전은 이순신이 치른 23해전 가운데 가장 위대한 해전으로 인정되고 있다. 즉 한산대첩을 포함한 세계4대 해전과 또한 노량대첩도 모두 명량해전과는 비교할 수 없다. 나는 2년 동안 도서관에서 「이 충무공전서」, 「선조실록」, 전시물, 기(旣)히 출간된 서적에서 명량해전에 관련있는 모든 자료를 수집하고 이를 정리하였다. 과연 이순신의 명량해전은 왜 위대한가? 또 명량해전에서 대첩을 이룬 곳은 어느 곳인가? 울돌목인가? 또는 우수영 앞바다인가? 라고 질문을 던지면서 함께 정리한 자료를 분석하였다. 우선 선조실록 30년 11월 10일 이순신의 치계(馳啓)에 의하면 이순신수군은 「해남현(海南縣) 해로, 즉 명량수로 입구를 전선 13척이 차단하고 있다가 진도 벽파진 앞바다에서 적을 맞아 사력을 다해 싸웠다(**於海南縣海路要口把裁 於珍島碧波亭前洋 與賊交鋒冒死力戰**)」라고 했다. 그리고 난중일기에서는 이에 따른 해전의 전투과정이 비교적 상세하게 기록되어 있다.

류성룡(柳成龍)은 징비록에서 「진도 벽파진 아래에서 왜적선을 쳐부수다(破倭兵于 珍島碧波亭下)」라고 하고 조경남(趙慶南)은 난중잡록에서 「이순신은 벽파진에서 3번 싸워 대첩을 이루었다(公 三捷碧波 生盡節)」고 하였다. 이민서(李敏叙)는 명량대첩비에서 「이순신수군은 벽파진 아래서 진주하였다가 명량입구에서 왜적을 무찔렀다(大破日本賊 於鳴梁之口)」고 하였다. 김육(金堉)은 신도비에서 「이순신은 진도 벽파진 아래 앞바다에서 싸워 왜적을 물리쳤다(破倭兵于 珍島碧波下前洋)」고 하였다. 이로써 모두 명량해전은 벽파진 앞바다에서 왜적선을 격파하여 대첩을 이루었다고 한결같이 증언하고 있다. 또 이를 뒷받침 해주는 역사적 유적인 「진도 향토사」에 의하면 벽파진 앞바다에 있는 피섬(血島)으로 명량해전 때 격파당한 왜 수군이 상륙하였다가 조선 의병의 칼에 도륙되어 섬이 붉은 피로 물들었다고 전하고 있다. 또 벽파진에서 남쪽 5km 떨어진 곳에 격침당한 왜병 잔당이 상륙하여 보복으로 주민 232명을 학살한 「정유재란 전몰 묘역」이 있고 또 벽파진에서 남쪽으로 2km 떨어진 고군면 내산리에 100여 기의 떼무덤이 있는 데 이것은 조선의병에 의해서 칼에 맞아 죽거나 물에 빠진 왜병의 시신을 묻은 곳이라 했다. 이는 모두 명량해전이 벽파진 앞바다에서 전개되었음을 증언해 주고 있다. 이로써 나는 명량해전이 현재 기정사실화 되어 있는 울돌목 전투 또는 우수영 앞바다 전투가 아니고 벽파진 앞바다 전투임을 확신하게 되었다.

다음은 명량해전에서 이순신수군 전선 13척이 왜적 133척과 맞붙어 싸워 이긴다는 것은 중과부적(衆寡不敵)으로 절대 불가능한 일이다. 참고로 <u>이항복(李恒福)은 배설의 전선(판옥선) 8척에 녹도 송여종의 전선(판옥선) 1척을 추가하여 9척이고 병선(협선) 4척의 화력(화포)를 보강하여 이를 전함(戰艦) 13척이라 했다. 따라서 실질적으로 전선(판옥선)은 13척이 아니고 9척으로 보아야 한다.</u> 이순신이 13척의 전선으로 해전 할 때는 명량해협에서 지형 지리의 여건에 의하여 적선의 군사력을 최대한으로 분산시키고, 그 다음은 조류의 힘을 이용하는 길밖에 없다. 나는 5만분의 1지도를 휴대하여 명량수로를 3차 현지 답사한 결과 조류의 물길(명량수도)을 확인하고 이의 물목인 울돌목, 명량입구, 명량문을 유심히 관찰하여 보니 물목을 지난 조류 물길의 수렴현상이 울돌목과 명량문이 가장 강하고 이순신수군이 일자진(一字陣)을 친 명량입구는 비교적 약한 편이었다. 따라서 조류가 물목을 지나면 수렴현상 때문에 함선이 떼 지어 통과한다는 것은 불가능한 일이다. 그것은 배가 가운데로 쏠려서 서로 충돌하기 때문이다. 그리고 왜적선이 명량문으로 들어올 때는 앞뒤로 분산되어 순차적으로 1척씩 명량입구를 향하여 들어오는 길 밖에 없다. 이 축차적유입(逐次的流入)은 적의 군사력 분산을 가져왔다. 이에 조류가 쏠리는 곳을 초점으로 포격을 가하면 적은 치명상을 받게 된다. 여기서 이순신이 단독 전투를 하다가 적선이 포위망을 좁혀오자 위험을 느끼고 초요기(SOS)를 올리자 중군장 김응함(金應諴)과 거제 현령 안위(安衛)가 이순신이 안 죽고 계속 싸우고 있는 모습을 멀리서 구경만 하다가 용기를 내어 다가와서 합동으로 3척이 명량문으로 들어온 왜적선을 향하여 함포사격으로 포환, 편전 및 화살을 퍼부었다. 이에 왜적선의 2척이 침몰하고 1척은 크게 파손되었다. 그 후 조류가 밀물에서 썰물로 바뀌자 순류를 타고 이순신 수군 전선 13척이 합력하여 벽파진 앞바다에서 왜적과 상호 간의 치열한 전투가 전개되었다. 이러한 내용으로 나는 simulation(思考實驗)을 완성하였다. 이때 가장 중요한 것은 조류의 변화인데 다행히도 국토해양부 해양조사원 변도성이 2009년 10월부터 6개월 동안 조사한 조류변화 도표가 결정적인 도움을 주었다. 이 조류변화 시각표와 이순신수군의 전투상황과 연계한 simulation은 다음과 같다.

《조류의 시각과 일어난 전투상황(1597년 9월 16일 음력, 양력은 10월 26일이다)》
상오 6시30분   : 정조 ……   썰물에서 밀물로 바뀐다.
　　　　　　　　　　　　　　왜수군 함대 어란포에서 발진하였다.

상오 9시00분   : 밀물 ……   조선수군은 명량입구에서 일자진으로 닻을 내리고 적선을 기다린다.

상오 10시10분   : 밀물 ……   최강 밀물로서 유속이 4m/s에 다다랐다.

상오 10시30분   : 밀물 ……   왜수군 선봉대 3척과 대선 1척이 굴섬 명량문으로 들어온다. 전 포문을 열고 명량문을 향하여 함포사격을 하면서 이순신 단독으로 전투에 들어간다. 이

(명량문 통과)   　　　　　　때 함포사격에 놀라 명량문에서 주춤한 선봉선 때
(이순신 단독전투)   　　　　문에 뒤따르던 적선은 들어오지 못하고 녹도에서 피섬 앞바다로 돌아서 잠시 피한다. 이때 김억추 전선은 2마장, 11척은 1마장 후퇴하여 이순신 단독 전투를 남의 일처럼 멀리서 구경만 하고 있었다.

상오 11시30분　　: 밀물 ……　　<u>곧이어 적선 6척이 더 들어와 이순신 전선을 포위
하였다.</u> 이순신은 적선의 포위에 위험을 느끼고 초
요기를 올려 도움을 구한다.

(3인 전투)　　　　　　　　　안위와 김응함이 달려와서 이순신을 구하고 적선
을 향해 함포사격을 하면서 돌격하였다.
이때 3사람이 전투하여 적선 2척을 격파하였다.

상오 12시21분　　: 정조 ……　　밀물에서 썰물로 바뀐다.

하오 1시00분　　: 썰물 ……　　조선수군은 썰물을 타고 몰아부쳐 명량문을 통과
벽파정 앞바다로 추격한다.

(명량문 통과)
(전선 13척 전투)　　　　　　이때 조선 전선 10척이 달려 와서 합세한다. 13척이
모든 포문을 열고 열화 같이 함포사격을 가하였다.

하오 2시40분　　: 썰물 ……　　벽파정 앞바다에서 조선수군의 함포사격과 화살에
일본수군은 조총으로 맞서서 상호간에 혈전의 공
방전이 벌어진다. 이때 일본수군은 접근하여 육박

(13척 대 133척 대회전)　　전을 시도하였다. 최강의 썰물은 이 시도를 좌절시
키고 자기들끼리 좌충우돌을 한다. 여기서 적선 20
척이 격파되었다.

하오 3시40분　　: 썰물 ……　　최강 썰물로 유속이 2.7m/s 에 달한다.

하오 4시30분　　: 썰물 ……　　일본수군은 계속 피해가 늘어나므로 전투를 중지
(일본수군 후퇴)　　　　　　하고 썰물을 타고 후퇴하였다.

하오 6시30분　　: 썰물 ……　　조선수군은 계속 추격하면서 화포를 쏘아 11척을
더 격파하였다. 금갑포에서 추격을 중지하였다.

하오 6시56분　　: 정조 ……　　썰물이 밀물로 바뀐다.

하오 7시00분　　: 밀물 ……　　조선수군은 밀물을 타고 당사도로 후퇴하였다.

1597년 7월 16일 칠천량 옥계 앞바다에서 원균수군이 전멸하자 7월 23일 선조국왕은 상복 종군 중인 이순신을 조선삼도 수군통제사로 재임명하였다. 8월 3일 선전관 양호(梁護)가 가져온 임명장을 받는 수임식(受任式)에서 인수자는 있으나 인계자는 없고 함선, 화약, 화포, 군량미 및 장수와 군사도 아무것도 없었다. 삼도통제사는 이름뿐이고 그의 앞길에는 오직 실패와 죽음만 있을 뿐이었다. 이순신은 무거운 짐을 지고 혼자서라도 백성과 나라를 구하기 위하여 나서나 불굴의 강한 의지력과 정신력으로도 헤쳐나가기 어려운 역경 속에 놓인다. 8월 15일 내려온 선전관 박천봉(朴天鳳)은 선조국왕의 명령을 전한다. 즉 「배도 없고 아무것도 없으므로 수군을 폐지하니 육군에 합류하라」에 「신에게 12척의 전선이 있고 신은 죽지 않았으므로 사력을 다하여 싸울 것입니다. 이에 왜적은 감히 서해를 넘보지 못할 것입니다(**今臣戰船尙有十二 微臣不死出死力拒戰 賊不敢窺西海矣**)」라고 장계를 올렸다.

그러나 이순신의 뜻을 같이하고 목숨을 바쳐 지극충성으로 나라를 구하겠다는 장수와 군사는 어느 곳에도 없었다. 전선 13척으로 울돌목을 최후의 「마지노선」으로 삼고 명량입구에서 일자진을 치자 제장(諸將)들은 133척이 꼬리를 물고 밀려오는 왜적선을 보고 이 해전은 절대로 승기(勝機)가 없는 미친 짓이다로 결론짓고 적개심과 전의를 모두 잃은 장수들은 노골적으로 이순신과 같이 죽기를 거부하고 밀물에 전함을 맡겨 김억추는 900m 나머지 11척은 450m 후퇴하여 멀리서 혼자 남겨 놓고 온 이순신 대장선의 단독전투를 구경만 하고 있었다. 그들은 「너는 죽더라도 나는 죽을 수 없다」는 본능적인 삶의 애착과 이기적인 인간 심리를 적나라하게 보여 주었다. 이와 같은 기막힌 상황 속에서 건곤일척(乾坤一隻), 고립무원(孤立無援)에서 이순신전함만이 왜적과 고군분투하고 있었다. 이 명량해전에서 이순신이 전사하거나 수군이 전멸하였다면 이순신과 이항복이 주장한 말 그대로 이들은 거리낌 없이 서해(西海)로 들어가 한강(漢江)으로 진입하여 서울에 상륙할 것이다.

왜군은 남원에서 벌였던 대 살육전(殺戮戰)을 서울에서 다시 벌여 서울을 초토화하고 생명체가 없는 곳으로「텅 비게」만들 것이다. 이에 뒤늦게 올라온 명군(明軍)은 목숨 바쳐 싸우기는커녕 日本과 강화를 서둘러 결국 그들이 원했던 한반도 남쪽을 할양(割讓)하여 日本영토가 되었을 것이다. 이제 곳곳에 암초가 많고 이 좁은 지형의 협수로에서 무상(無常)한 조류의 변화와 싸우면서 또 사기와 전의를 모두 잃은 장수와 군사들을 독려하면서 이 해전에서 승기를 잡고 반드시 왜적을 섬멸해야 하는 사명감에 찬 이순신에게 예기치 못한 돌발 변수까지 뒤범벅이 되어 이순신을 한없이 괴롭혔다.

이 명량해전은 조선삼도 수군통제사 이순신이 혼자서라도 싸워야 하는「나 홀로 전쟁」으로서 외롭고, 고달프고, 참담하고, 처절하며 어쩌면 기가 막히는 불가사의한 해전이었다. 여기서 대첩(大捷)을 이룬 것은 이순신의 말처럼 천행(此實天幸)으로서 결국 하늘이 이순신을 버리지 않았다고 말할 수밖에 없다.

이순신의 끝없는 죽음은 우리의 영원한 비극이다

1. 이순신의 죽음   24

2. 이순신은 나를 버리고 나라 위해 죽었다(忘身殉國)   29

3. 이순신의 시신은 왜 고금도(묘당도)로 갔는가?   72

4. 이순신의 비석은 어디에 있는가?   81

5. 명 수장(明 首將)들은 이순신을 옹호하였다   87

6. 이순신을 왜 성웅(聖雄)이라 하는가?   94

취도(鷲島, 吹島) 포탄탑(砲彈塔)의 한시(漢詩)는 누가 썼는가?

1. 러 · 일전쟁(Russo-Japanese War, 1904~1905)   111

2. 淸 · 日해전(Sino-Japanese Naval Battle, 1894)   123

3. 러 · 일해전(Russo-Japanese Naval Battle of Tsusima, 1905)   125

명량해전은 명량대첩(鳴梁大捷)이 아니고 벽파대첩(碧波大捷)이다

1. 명량해전의 이해를 돕는 자료 146

2. 명량해전은 명량대첩이다 168

3. 명량해전은 벽파대첩이다 173

4. 이순신이 효수한 「馬多時」는 왜장 小早川隆景이다 204

부록

1. 선조(宣祖)와 이순신(李舜臣) 211

2. 농성(農城) 216

3. 성웅 William Wallace(윌염 윌러스) 218

이순신의 끝없는 죽음은 우리의 영원한 비극이다

이순신(李舜臣)은 온 힘을 다하여 지극충성(至極忠誠)으로 나라를
구하고 몸을 돌보지 않고 버리고 대의(大義)를 위해 죽었다.
참으로 슬프고 안타까운 일이다.「丹忠許國 忘身死義 惜乎
단충허국 망신사의 석호」《史官 宣祖實錄 31년 11월 27일》.
(이순신의 길은 백성과 나라, 역사를 구하는 길이요. 또한
나를 버리고 끝없이 죽는 길이었다.)

「**당포정 이통제(唐浦呈 李統制)**」 정경달(丁景達)

「장수, 군사 다 창 버리고 바삐 숨어버리고
총소리 한방나자 모든 고을 다 비웠고
흉한 칼날 번뜩이자 마을마다 피가 가득하고
불길이 하늘 덮어 햇빛이 처량하다.
녹(祿)먹던 신하들은 다 도망가고
은혜 입은 장수들은 다 어디 갔나?
충신은 경상병사 김시민(金時敏)이다」.
「통제 이장군은 본시부터 뛰어나시어
난세에 나라 건질 방책을 세우시니
손에 든 화살은 석 자가 넘고
무찌른 왜선은 몇 만 척 이련가?」

※「이충무공전서」에는 한시 원문만 있고 이를「이은상」이 한글로 번역한 것 입니다.

| 참고 |
....

「唐浦呈 李統制」는 한시(漢詩)로서 이 번역문의 일부분만 여기에 수록하였다.《이충무공전서》. 정경달
은 이순신의 종사관(1594)이며 전 경북 선산 부사였다.(종사관은 통제사를 보좌하는 직속 참모이다) 그
후 이순신이 구금되었을 때 호조정랑으로 구명상소를 올렸다. 진주성 3,800명의 관민이 3만 명의 왜
군과 1592년 10월 5일부터 6일간의 공방전 끝에 10월 10일 적을 격퇴하여 전설적인 승리를 거두었
다. 그러나 늘 앞장섰던 진주목사 김시민(1554~1592)은 이날 총상을 입고 전사하였다(39세). 그 후
숙종 37년(1711) 김시민에게 충무(공)시호가 내려졌다.

임진왜란(1592년 4월~1593년 2월, 약 1년)은 豊臣秀吉(풍신수길, 도요또미 히데요시)이 처음으로 日本을 칼과 조총으로 九州(규슈)를 끝으로 정복하여 전국을 통일하고 日本 밖으로 더 넓은 영토를 갖기 위하여 朝鮮(조선)을 침략한 난리이다. 이때 반골(叛骨)이 강한 九州지역의 藩主(한슈) 및 이들의 군사를 믿다고 숙청할 겸 모두 왜장과 왜병으로 파병하였다. 1593년 10월 豊臣이 日本 伏見(후시미)城에서 발병하자 明軍(명군) 吳宗道(오종도)에게 和議(화의)을 제의하여 明·日 간에 휴전을 위한 강화교섭에 들어가자 전쟁은 잠시 중단되었다. 교섭의 핵심은 서로 싸우지 않고 조선 8도를 남과 북으로 반반씩 나누어 갖는 것이다. 그러나 끝내 이 제의는 결렬되었다.

정유재란(1597년 1월~1598년 11월, 약 1년 9개월)은 日本이 남부4도(경상, 전라, 충청, 경기)를 무력으로 강탈하기 위하여 제2차 조선을 침략한 것이다. 이번에는 임진왜란과는 달리 왜군은 특히 전라도에서 미친개처럼 날뛰면서 분풀이, 뒷풀이를 조선민중에게 하여 보이는 대로 살육하고 산 자, 죽은 자의 코를 베고 총각, 처녀를 잡아서 노예로 끌고 간 후 모두 불을 질러서 모든 성이 잿더미로 텅 비게 만들었다. 7년 동안의 임진전쟁 및 1636년 병자호란, 연이은 역병(疫病), 가뭄으로 병사, 아사(餓死)자를 포함하여 朝鮮의 인구는 약 400만에서 1/3로 줄고 이로써 일손 부족으로 경작지 약 170만 결에서 2/3가 황폐화 되었다. 조선민중은 왜군과 明군에게 식량을 강탈 당하여 매일 초근목피(草根木皮, 葛根松皮)로 연명하였다. 이의 후유증은 100년 동안 계속되어 오다가 숙종 24년(1698)에 겨우 원상태로 회복되었다. 임진 7년 전쟁은 조선민중에게 이전에 볼 수 없었던 끔찍한 역사의 경험이 되었다. 임진왜란을 중국은 「萬曆朝鮮役(만력조선역)」, 日本 풍신수길은 「唐入(가라이리, ※唐=韓)」, 明治(메이지)시대는 「朝鮮征伐(조선정벌)」, 昭和(쇼와)시대는 「聖戰(성전)」, 현재는 「文祿役(분록끄노야끄)」으로 부르고 있다. 「朝鮮出兵(조선출병)」은 일반화된 표현으로 한국인에게는 아주 도전적이고 모욕적인 발언이다.

가덕도 앞바다 사진임.

선조 25년 4월 13일(양력 1592년 5월 23일) 신시(오후 4시경) 가덕도 웅봉(산) 봉수대는 봉화로 급보를 전한다. 「왜노의 배가 벌떼와 같이 몰려오고 있다. 약 90여 척이 가덕도 앞바다를 지나 부산포로 향하고 있다.」《이경석, 임진전란사》.

조국의 산은 푸르고 물은 수려하다. 창해에 왜군이 들어오니 파도가 높다.
(祖國山淸水秀 滄海倭入浪高)

역사의 가해자는 별 것 아닌 것처럼 쉽게 잊어버린다.
그러나 역사의 피해자는 오늘도 생생하게 기억한다.
(Victimisers can forget the past, victims can not.)
왜곡된 역사는 악마와 같다.

바다에 다짐하니 어룡이 더불어 감동하고
산에 다짐하니 초목이 더불어 감지한다.
「誓海魚龍動 盟山草木知.」(서해어룡동 맹산초목지.)
李舜臣 글, 金九 붓으로 쓰다.(진해시 남원로타리 石碑)
「鑄得雙龍劍 千秋氣尙雄 盟山誓海意 忠憤古今同」
주득쌍룡검 천추기상웅 맹산서해의 충분고금동
                《李舜臣 刀銘》.

이순신 세종로 동상 사진임.

Admiral Yi Sunsin's statue towers over Seoul's Sejong Avenue. The admiral's "turtle ships," believed to have been the world's first ironclads, routed Japanese invaders in the 1590's.

● **Yi's patriotisism** was one that inspired him to do good, so pure and untouched by hate ,and not like modern-day patriotrism which seems to breed prejudice, arrogance and division. The way he yearned to serve his country to the best of his ability was much like the way holymen serve God unconditionally and without attachment to results or retreat in the face of defeat. His story is an inspiration for the times we face today. In a world where leader's motives are suspect and full of self-interest, we are left hoping for leaders like Yi Sun-sin.

《April Cantor U.S.A.》

1

이순신의 끝없는 죽음은 우리의 영원한 비극이다

1. 이순신의 죽음

2. 이순신은 나를 버리고 나라 위해 죽었다(忘身殉國)

3. 이순신의 시신은 왜 고금도(묘당도)로 갔는가?

4. 이순신의 비석은 어디에 있는가?

5. 명 수장(明 首將)들은 이순신을 옹호하였다

6. 이순신을 왜 성웅(聖雄)이라 하는가?

이순신은 전쟁, 국가의 영웅인가? 역사, 민족의 성웅인가?

1. 이순신의 죽음

대한민국의 심장인 세종로 광화문 광장에 우뚝 솟아 있는 이순신의 큰 동상을 우러러보면서 우리는 415년 전 임진왜란 때 이순신을 어떤 모습으로 가슴에 담고 또 이순신의 죽음을 어떻게 받아들이고 있을까? 이제 우리는 죽음의 진실을 찾아서 매듭을 짓고 이순신의 모습을 새롭게 해야 한다. 선조 31년(무술년) 1598년 11월 19일(양력 12월 16일) 임진왜란 최후의 조, 일(朝, 日)해전인 노량해전 관음포 전투에서 조선삼도 수군통제사 이순신(李舜臣, 1545~1598)은 승리를 눈앞에 두고 피탄(被彈), 전사(54세)한 지 꼭 415년이 된다. 올해 2013년(계사년)에 들어와서 지금까지 이순신의 죽음에 관심을 갖고 많은 학자들이 연구한 결과 이순신의 죽음을 크게 전사설, 자살설 및 위장전사설로 나누어 주장하고 있으나 어느 쪽이 진실인지 아직까지 결론을 내리지 못하고 있다.

> **주**
>
> 이순신의 자살설은 박혜일(서울대 원자핵공학 교수)이 「창작과 비평(1993년 가을호)」에 쓴 「이순신 전사와 자살설에 대하여」의 논문에서 시작되었다.

여기서 나는 각 주장에 부합하도록 약간 다르게 표현하여 4개로 분류하고 각 죽음의 의의(意義)를 살펴보려고 한다.

- 목숨을 던지는 전사(살신순국, 殺身殉國)→ 죽어야 한다(관창).
- 목숨을 바치는 전사(헌신순국, 獻身殉國)→ 죽을 수 있다(안중근).
- 죽음을 위장한 전사(위장순국, 僞裝殉國)→ 죽지 않았다.
- 목숨을 버리는 전사(망신순국, 忘身殉國)→ 안 죽어도 된다(이순신, 침몰하는 선장).

주

순국(殉國)=나라 위해 스스로 목숨을 바침,
따라서 망신순국(忘身殉國)은 순절(殉節)을 의미한다.

❶ **살신순국(殺身殉國)** 즉 목숨을 던지는 전사(戰死)로서 왜적과 대치하여 격렬한 전투를 하고 있는 동안에 이순신은 불의에 유탄을 맞아 장렬하게 전사한 것이다. 이를 주장한 사람은 우선 선조실록(선조 31년 11월 27일)에서 「왜적을 쫓아 진격을 하여 혈전을 하던 중 이순신은 몸소 활을 쏘다가 불의에 왜적의 탄환에 맞아 선상(船上)에 쓰러졌다」고 하였다(殉身救國).

그 후 이순신에 관심이 있었던 조선시대의 선비와 학자들은 흔히 모든 전쟁에서 볼 수 있는 일반적인 주장으로 이순신은 죽음을 각오하고 왜적과 격렬하게 싸우다가 불의의 총탄에 맞아 장렬한 전사를 한 것으로 기록을 남기고 있다. 현대에 들어와서는 김기환(金淇驩), 이은상(李殷相), 이경석(李炯錫), 조성도(趙成都)는 「이순신이 전투에 독전(督戰)하던 중 1발의 유탄에 맞아 전사」하였다고 주장하였다. 이 사실은 모든 전쟁터에서 흔히 볼 수 있는 죽음의 현상으로서 죽음에 대하여 어떠한 의혹도 남기지 않는다. 참고로 이은상은 「이충무공 전서」「공의 죽음 두 가지 견해」에서 다음과 같은 글을 남기고 있다. 「이순신이 숨을 거두면서 적이 내 죽는 것을 볼까 두려우니 방패로 가려라 또 싸움이 한창이니 죽었단 말을 하지마라 에서 공(公)이 죽어도 좋은 시간에 죽은 것이 아니고 또 완전히 안심하고 명목한 것도 아니므로 공의 죽음을 천추(千秋)에 의안(疑案) 그대로 던져 놓는 것이 좋겠다고」하였다.《이충무공전서 Ⅱ권 206쪽, 1989(초판)》.

주

나는 처음 이를 읽고 이은상(李殷相, 1903~1982)이 왜 이런 말을 했는지 의도를 알 수 없고 오히려 뭔가 진실을 덮어 버렸다는 느낌을 떨칠 수 없다. 진실을 덮어 버리면 여러 주장이 나오게 되고 결국은 진실은 왜곡된다. 「이면 이고 아니면 아닌 것이지」이 의혹을 천추에 그대로 그냥 묻어 두자고 하니 나는 그냥 놀랄 뿐이다. 이 의혹은 현대에 들어와서 후대가 만들어 낸 것이 아닌가 하고 의아심을 갖게 된다. 죽음의 두 가지 견해는 전사설과 자살설을 말한다.

※殺身殉國=殺身報國=殺身成仁. 즉 자신의 몸을 죽여 나라 또는 인(仁)을 위해 죽다. (有目的的, 목적이 있음). 불의(不意)=뜻밖에. 명목(暝目)=눈을 감음. 천추(千秋)=오랜 세월. 의안(疑案)=의혹에 싸인 사건《동아 새국어 사전》.

❷ 헌신순국(獻身殉國) 즉 목숨을 바치는 전사로서 원한경(元漢慶)이 주장하였다. 원한경은 Horace, H, Underwood로 이순신과 조선선박(朝鮮船舶)에 큰 관심을 갖고 연구하였으며 이순신은 최후의 승리를 보면서 자신의 생명을 바치는「Viking의 죽음」을 하였다고 하였다.

주

Viking(800~1100)은 Scandinavian의 해적(warrior sailors)으로 북부유럽의 해안을 습격하고 약탈하였다. Viking은 승전하는 최후의 해전에서 자기의 목숨을 바다의 제물로 바쳤다.

※獻身殉國=獻(焚)身供養. 즉 자신의 몸을 바쳐 나라 또는 부처를 위해 죽다.

❸ 위장순국(僞裝殉國)은 죽음을 위장한 전사이다. 남천우(南天祐)는「이순신은 죽지 않았다(미디북스, 2008)」에서 위장전사를 하였다고 주장하였다. 1598년 11월 19일 전사했을 때 배 안에는 조카 이완(李莞)과 맏아들 이회(李薈) 및 몸종 김이(金伊)만 있었으므로 이순신은 살아 남기위해서 이들과 모의하여 전사한 것처럼 위장했다고 하였다. 즉 이순신은 아산(牙山) 어라산(於羅山)에 실제로 죽어서 묻힐 때까지 15년 80일 동안 은둔 칩거하여 더 살았다고 주장하고 있다. 따라서 남해 충렬사의 가묘, 묘당도 월송대 가묘 및 아산 금성산의 묘는 모두 가매장한 것이 아니고 남의 눈을 속이기 위해서 고의로 만든 가짜 묘, 즉 위묘(僞墓)가 된다.

주

충렬사 20일, 월송대 2개월, 금성산 15년이다. 월송대 가묘는 완도군 고금도 덕동리에 있는 묘당도 월송대에 있다.

❹ 망신순국(忘身殉國) 즉 목숨을 버리는 전사로서 처음 이를 주장한 사람은 선조 때 영의정인 류성룡(柳成龍, 1542~1607)으로 그는「징비록(懲毖錄)」에서「이순신은 가슴 속에 담력이 있어 스스로 몸을 버리고 나라 위해 목숨을 바쳤다(**而中有膽氣 忘身殉國 이중유담기 망신순국)**고 기록하고 있다.

주

「망신순국」은 「징비록 권2 이순신」난에 기록되어 있다.
舜臣爲人寡言笑 容貌雅飭如修謹之士 순신위인과언소 용모아칙여수근지사
而中有膽氣忘身殉國 乃其所蓄積也　　이중유담기망신순국 내기소축적야

| 참고 | 어휘 설명.
　■망신(忘身)=몸을 돌보지 않고 버리다 또는 돌보지 않고 헌신하다.
　※ 忘=버리다, 돌보지 않다.《漢韓大辭典(한한대사전), 張忠植(장충식) 및 大漢韓大辭典, 교학사》.
　■순국(殉國)=나라 위해 목숨을 바치다.
　■순절(殉節)=① 충절, 정절(忠節, 貞節) 위해 스스로 목숨을 버리다. ② 왕이나 남편의 뒤를 따라 죽다.
　　즉 순사(殉死)와 같은 의미다.
　■사의(死義)=대의(大義)를 위하여 죽다.
　■대의(大義)=사람이 지켜 행하는 본분이나 도리를 말한다. 즉「사회적 정의」또는「최상의 사회공동가치」
　　이다.
　■살신(殺身), 운신(殞身), 신망(身亡), 신섬(身殲)=제 몸을 죽이다.
　■버리다=주의하거나 돌보지 않고 망치게 하다.
　■목숨을 버리다=살아있기를 단념하다.《동아 새국어사전》
　　망신순국(忘身殉國)=몸을 돌보지 않고 버리고 나라 위해 목숨을 바치다.《류성룡의 징비록》
　　망신사의(忘身死義)=몸을 돌보지 않고 버리고 대의를 위해 죽다.《선조실록 사관(31년 11월 27일)》
　　살신순절(殺身殉節)=자기 몸을 죽여 나라 위해 목숨을 버리다.《숙종 현충사 사액제문》
　　사신순국(捨身殉國)=자기 몸을 버리고 나라 위해 죽다.《남해 충렬사 창건기》
　　졸이신순국(卒以身殉國)=자기 몸을 죽여 나라 위해 목숨을 바치다.《이민서의 명량대첩비》
　　즉 망신순국, 망신사의, 살신순절, 사신순국, 졸이신순국등 모두 순절(殉節)또는 순사(殉死)와 같은
　　의미다.

　※자살(自殺)을 중국, 조선에서는 순절(殉節), 일본에서는 순사(殉死)라 한다.

| 참고 |
　선조 31년 11월 19일 공교롭게도 이순신이 전사한 날에 선조는 사간원(司諫院) 및 사헌부(司憲府)의 잇
　따른 끈질긴 상소, 즉 류성룡을 삭탈관직(削奪官職)하라는 요구에 못 이겨 선조는 류성룡을 파직하였다.

　　「쓰레기를 쉽게 버리다」와 「나를 버리고 남을 위해 산다」의 버리다는 둘 다 뜻은 같
으나 「나를 버리다」는 이기심을 떠나서 나를 희생하겠다는 확고한 신념, 고도의 수행
과 더불어 강한 의지, 실천 행동화를 나타내는 고차원적인 개념이다. 즉 안창호(安昌
浩, 1878~1938)의 「애기, 애타(愛己, 愛他)」에서 망신(忘身)은 「애기(愛己)는 버리고 애
타(愛他)에 진력하는 것이다」. 서울의 장경동은 「내가 가장 존경하는 사람은 허준(許浚,
1546~1615)이다. 그는 환자를 위해서 자신의 모든 것을 다 버린 사람이다」라고 하였다.

여기서 나는 졸저「성웅 이순신 그리고 일본성(왜성). 선인, 2010」을 쓰기 위하여 2004년부터 5년 동안 수집한 역사적 자료를 근간으로 하여 류성룡의 주장이 옳다고 인정하고 이의 근거자료를 제시하면서 오늘 또다시「망신순국」을 주장하려고 한다. 그러면 이순신이 '나'를 버리게 된 동기는 무엇일까? 왜 이순신은 스스로 죽기를 자청(自請)했는가? 구국의 명장 이순신은 왜 마지막 전쟁터에서 최후의 승리를 보면서 스스로 과연 산화하였는가? 이들의 동기와 원인을 찾기 위한 나의 의문이자 또한 모두에게도 던지고 싶은 질문이다. 그 당시의 시대적 상황과 주변 정황이 너무나도 비관적이므로 이순신은 이겨 살아도 살 수 없는 비관적인 결론에 도달한 것이 아닌가? 이제 역사적 자료에서 얻은 이순신의 동기를 나는 다음과 같은 생각으로 요약하였다.「이순신은 선조국왕을 욕되게 하였다는 자책감을 갖고 있었다」,「출옥 후에도 혹독한 고문으로 얻은 심신의 고통과 지병을 견디기가 어려웠다」,「늘 망모(亡母)를 잊지 못하고 소찬(素饌)에 거적자리에 자면서 생전 불효에 자책하고 있었다」,「선조는 끝까지 이순신 수군의 공적을 인정하지 않았을 뿐만 아니라 그 위에 이순신을 핍박하였다」,「이기적인 당파싸움으로 이전투구(泥田鬪狗)하고 있던 조정중신들이 모함하여 끝내 이순신을 토사구팽(兎死狗烹) 또는 희생양으로 삼을 것이다」,「이순신은 임진전쟁 7년 동안에 보아야 하는 많은 백성들의 비참한 죽음, 먼저 죽은 많은 부하들에 대한 속죄와 그리고 자신이 모든 고초를 안고 먼저 죽음으로써 살아남은 이들의 장래와 생명을 보전해 주었다」(물론 이들은 전적으로 나의 자의적인 추정이다). 이외 이보다 더 깊은 죽음의 뜻이 있을 수 있다.

> **주**
>
> 환자를 위해서 자신의 모든 것을 다 버린 허준(許浚)을 우리는 의성(醫聖)이라 한다.

※토사구팽=사냥개가 날뛰는 토끼를 잡아 죽이자 이제 더 이상 필요 없으므로 개를 토끼와 다 같이 잡아 먹었다.

| 참고 |
단군의 홍익인간은 인본주의로 남을 위하는 것이다. 즉 이기심(利己心, 愛己, self interest)을 버리고 이타심(利他心, 愛他, compassion)에 진력하는 것이다.

● 선조(宣祖)(선조실록 30년 2월 6일)는 말한다. 「선전관에게 표신(標信)과 밀부(密符)를 주어 이순신을 잡아 오되 원균과 교대한 후 잡아 오라고 일러 보내라」고 하였다. 이순신을 체포, 압송한 사람은 의금부 도사(징비록)가 아니고 표신과 밀부를 받은 선전관 김홍미(金弘微)이다. 그는 2월 26일 이순신을 파면하고 한산도에서 체포하여 소가 끄는 함거(檻車)에 싣고 8일 후 3월 4일 한성(서울)으로 압송하였다. 체포당하기 전 교대할 때 원균에게 넘긴 것은 군량미 9,914석, 화약 4,000근, 천자포, 지자포 등 화포 300문, 전선 114척, 거북선 3척 등 총 160여 척이다. 그리고 수군은 약 2만 명으로 추산되고 있다.

주

표신은 궁문을 통과할수 있는 문표(門標)이고 밀부는 국왕이 유서(명령)를 내릴 때 신원을 보증해주는 발병부(發兵符)이다. 즉 국왕의 비상사태 명령인 경우는 병부를 맞추어 의심 없을 때 명령을 시행한다 (非常之命合符無疑然後當就命).

2. 이순신은 나를 버리고 나라 위해 죽었다(忘身殉國)

이제 역사적 근거자료를 통하여 이순신 전사 전후를 살펴보면서 「망신순국(忘身殉國)」의 원인을 찾고 이를 뒷받침하려고 한다. 먼저 선조(宣祖, 14대 재위 1567~1608)는 남해 최전선에서 싸우고 있는 삼도수군통제사 이순신을 파직하고 체포하여 서울로 압송, 투옥하고 심문, 고문을 한다. 그 후 정탁(鄭琢)의 상소로 면사 되나 백의종군 중 노모의 사망까지 겹쳐 백의종군의 길은 고통, 시련의 길이 되었다.

● 선조(宣祖)(선조실록 30년 3월 13일)는 이순신을 파직하면 끝날 일을 고문하여 죽이기로 했다. 선조는 말한다. 「이순신이 조정을 기만하여 임금을 무시하였고(欺罔朝廷 無君之罪 기망조정 무군지죄), 적을 놓아주어 나라를 저버렸으며(縱賊不討 負國之罪 종적불토 부국지죄), 남의 공을 가로채고 원균의 아들이 모공 했다고 무함한 것은(奪人之功 陷入於罪 탈인지공 함입어죄), 행동이 너무나도 방자하다(無非縱恣 無忌憚之罪 무비

종자 무기탄지죄), 이로써 결코 용서할 수 없으므로 율(律)을 상고하여 마땅히 죽여야 한다」고 선조는 극언을 하였다.《비망기》.

※압송을 주장한 사람은 영중추 이산해, 좌의정 김응남 및 서인, 대간이다. (류성룡도 동조함).

※모공(冒功)=없는 공을 있는 것으로 만듦. 비망기(備忘記)=왕의 지시, 명령을 적어서 승지(承旨)에게 전하는 문서. 원균의 아들은 원사웅(元士雄)이다. 무함(誣陷)=모함(謀陷).

이로써 이순신은 1597년 3월 4일부터 28일간 투옥되는데 이 가운데 3월 12일부터 3월 31일간은 국문(鞠問)이 세 차례 걸쳐 모진 문초로 이어지고 끝내 1차 고문을 당하게 된다.(責後效拷問一次 책후효고문일차)《징비록(懲毖錄)》. 이에 좌의정을 지낸 이덕형(李德馨, 1561~1613)은 「이순신은 마침내 하옥되어 심문, 고문으로 거의 죽게 되었다(舜臣竟下獄 拷訊幾死 순신경하옥 고신기사)」고 하였다.《한음(漢陰)문고》.

이로써 선조와 이순신 간의 인간적 신뢰관계는 끝나고 또 이순신은 선조를 욕되게 하였으므로 이로 인해 고문을 받아 심신에 큰 충격과 상처를 얻어 결국은 「삶의 마음」을 잃고 몸은 늘 아픈 상태로 지병(持病)을 갖게 되었다. 이순신 국문 시 영의정은 류성룡(동인), 좌의정 김응남(서인?), 우의정 이원익(서인), 형조판서 김명원(서인), 병조판서 이항복(서인), 판중추 정탁(동인)이고 그리고 추국관은 좌찬성 윤근수(서인)이다.

● 국문(鞠問)의 중심은 「이순신이 적장 가등청정(加藤淸正)으로부터 뇌물을 받고 가등을 공격하지 않았다」는 것이다. 이를 실토 인정받기 위해서 이순신(53세)에게 가한 고문으로 곤장으로 볼기를 치고 주릿대로 주리를 틀어 살점이 터지고 피가 흘러 정강이뼈가 들어나고 불에 달군 쇠로 단근질을 하여 살이 타들어 가고 결국 이순신은 기절하고 말았다.《이순신세가》.

● 선조 30년(1597) 4월 1일 선조는 우의정을 지낸 판중추(判中樞) 정탁(鄭琢, 1526~1605)의 간곡한 신구차(伸救箚) 즉 이순신 구명상소(論救李舜臣箚)를 읽고 이순신에게 훈장대신에 면사(免死)증을 달아 주고 무등병 죄인으로서 충군(充軍=백의종군)을 하명하여 특사 하였다. 정탁은 그대로 두면 또다시 무서운 2차 문초와 고문이 시작되면

이순신의 목숨을 보전하는 것이 불가능하므로 급하게 선조에게 간곡한 이순신 구명상소를 올렸다고 하였다.(정탁은 이순신보다 19세 많음)《이충무공전서》.

주

신구차(伸救箚)는 죄가 없음을 들어 변명하여 구원을 청하는 상소문을 말한다.

주

모진 고문으로 몸이 망신창이가 된 상태에서 자가(自家)치료도 하지 못하고 그대로 백의종군한다. 그 후 이순신은 난치병의 병든 몸으로 정신적, 신체적 큰 고통을 겪게 된다. 결국 이순신은 단명(短命)으로 1년 7개월밖에 살지 못했다.

※이순신은 1597년 7월 18일부터 9월 16일 명량해전 직전까지 58일간 45회 병 치료를 하였으나 이의 와병증상을 보면 치료가 불가능한 환자임을 알 수 있다.《최두환, 리순신(681쪽)》. 결국 고문의 후유증이 골병(骨病)으로 심화하여 불치병이 된 것이다. 1597년 8월 20일 병세가 악화하여 인사불성(病勢極危 以不省人事)의 큰 고통을 겪으면서 이순신은 서서히 죽어가고 있었다.

● 선조 때 승지인 최유해(崔有海, 1588~1641)는 이충무공행장(李忠武公行狀)에서 「이순신이 붙들려가자 모든 백성들은 울며 부르짖지 않는 자가 없었고 모두 하는 말이 이제는 만백성이 다 죽었다」고 하였다.

一路民庶莫不號哭曰   일로민서막불호곡왈
萬民自此魚肉矣旣對獄   만민자차어육의기대옥
                              《최유해의 이충무공행장》.

※일로(一路)=곤장, 어육(魚肉)=어육을 칼로 토막 내어 요리하므로 여기서는 죽음을 의미함.

● 노량해전에 참전한 남원출신 의병장 조경남(趙慶南, 1570~1641)은 「이충무를 슬퍼함(哀 李忠武)」 한시(漢詩)에서 「이순신은 죄 없이 붙들려 가 옥에 갇히고 다시 홀몸으로 내려와 싸웠네」라 하였다.

이순신은 구속된 지 28일 만에 1597년 4월 1일(양력 5월 16일) 풀려나 도원수 권율 밑에서 백의종군의 명을 받고 4월 3일 서울을 출발하여 죄인의 길을 종군(從軍) 중 아산(牙山)에서 노모의 상(喪)을 당하나(4월 11일) 죽은 노모(83세)의 장례도 못 치르게 하므로

이순신은 조카에게 맡기고 4월 19일 여기서부터 떠나가는 길은 「상복종군(喪服從軍)」을 하게 된다.

이때부터 이순신은 가슴에 큰 상처를 입고 불효의 죄책감을 늘 갖게 된다.

● 선조 때 영의정이었던 류성룡(柳成龍, 1542~1607)은 징비록(懲毖錄)에서 「이순신의 모(母)는 아산에 살았는 데 옥에 갇혔다는 말을 듣고 이순신의 모는 고통스러워 하다가 결국 목숨을 잃는다. 아산에서 이순신은 상복을 입고 권율 휘하에 들어가 백의종군한다. 사람들은 이야기를 듣고 모두 슬퍼하였다」고 하였다.

減死削職充軍 舜臣出獄道過牙山　　　　감사삭직충군 순신출옥도과아산
舜臣老母在牙山 聞舜臣下獄　　　　　　순신노모재아산 문순신하옥
憂悸而死 成服卽往權慄帳下從軍　　　　우계이사 성복즉왕권율장하종군
人聞而悲之.　　　　　　　　　　　　　인문이비지.
　　　　　　　　　　　　　　　　　　　《류성룡의 징비록》.

실제로는 노모 변씨는 4월 11일 기거하던 여수 송현마을(웅천동 모전)에서 마지막으로 아들을 만나기 위하여 뱃길로 아산으로 오다가 노구로 기력이 쇠하여 배에서 운명한 후 4월 13일 아산 해암(蟹巖)리에 도착하였다. 해암은 「게바위」로 이순신이 모(母)의 시신을 안고 통곡했던 곳이다. 성복충군(成服充軍)은 상복을 입고 「백의종군」하는 것을 말한다. 상복으로 「백의종군」하다가 통제사가 된 후 전사할 때까지 고금도의 묘당도에서 상제(喪制)의 몸으로 소의, 소찬에 거적자리에 잠을 자면서 망모(亡母)를 늘 잊지 못하고 삼년상을 치르고 있었다. 이순신은 도체찰사 이원익에게 보낸 서신에서 「노모가 살아계실 때 약 한첩 못 달여 드리고 돌아가셨을 때는 영결(永訣)조차 못하여 항상 그것이 크나큰 슬픈 한이 되었습니다(生不能侍藥 死不得永訣 而常以爲終天之慟 생불능시약 사부득 영결 이상이위종천지통)」라고 하였다. 그 후 6월 4일 합천군 초계에 도착하였다.

주 부친상, 모친상 중에 아들은 부모를 죽게 한 죄인이다. 사람을 대할 때는 얼굴 가리개를 하고 누가 말을 걸기 전에는 말을 해서는 안 된다. 상복(喪服)은 삼베로 만들고 모자는 삼베 망건에 버들가지로 만든 삿갓을 썼다. 죄인은 얼굴 가리개를 3개월하고 상복은 3년을 입었다(1897).

주 상복(喪服)은 흰 무명 두건(頭巾)에 흰 면(綿)의 저고리와 바지를 입고 그 위에 흰 면포 두루마리를 입었다.《상복 48년》. 부모 삼년상 중에는 모든 관(官), 군(軍)원은 반드시 휴직을 허락하였다.

※상제(喪制)=부모, 조부모의 상중에 있는 사람. 충군(充軍)=종군(從軍), 성복(成服)은 상복(喪服)을 말한다. 성복(盛服)=잘 차려 입은 옷. 소의(素衣)=흰옷, 소찬(素饌)=육고기, 생선이 없는 소박한 채식. 게바위=아산군 인주면 해암리 거해 부근. 노모 변(卞)씨는 모전에서 5년간 기거함(1593~1597).

● 인조(仁祖) 때 영의정을 지낸 판중추부사(判中樞府事) 김육(金堉, 1580~1658)은 신도비(神道碑)에서 「이순신이 통곡하면서 말하기를 나라에 충성을 다 했건만 결국 욕되게 하였고 어머님을 섬기려고 하였건만 돌아가시고 말았구나!」라고 하였다.

命白衣從軍 時母夫人卒	명백의종군 시모부인졸
于牙山公號哭曰	우아산공호곡왈
竭忠於國而已至欲	갈충어국이이지욕
孝於親而親則亡.	효어친이친즉망.
	《김육의 신도비》.

● 영조(英祖) 때 대제학인 홍양호(洪良浩, 1724~1802)는 명장전(名將傳)에서 「나(이순신)는 충효만 생각해 왔는데 지금 와서는 두 가지 다 잃었다」고 하였다.《해동명장전》.

주 조선 유교사회에서는 충효(忠孝)는 최상의 사상이고 가치이다. 이의 상실은 순절(殉節)을 의미한다.

● 선조 30년(1597) 5월 6일 이순신은 고문 방면 후 노모의 장례도 못 치르고 백의종군 중 순천에서 저녁에 머물면서 고통과 쓰라린 심경을 토로하였다. 즉 「새벽부터 저녁까지 사무치고 슬픈 마음에 눈물이 엉기어 피가 되건마는 아득한 저 하늘은 어찌 내 사

정을 살펴주지 못하는고? 왜 빨리 죽지 않는가?」라고 하였다.

涙凝成血 天胡漠漠　　　　　　누음성혈 천호막막
不我燭兮 何不速死也.　　　　　불아촉혜 하불속사야.
　　　　　　　　　　　　　　《난중일기 선조 30년 5월 6일》.

● 선조 30년(1597) 10월 14일 삼도 수군통제사 이순신은 막내아들 이면(李葂, 21세)
의 죽음을 통보받고 「너를 따라 죽고 싶으나 네 형, 누이, 어머니가 의지할 곳이 없어 아
직은 참고 연명해야 한다마는 마음은 죽고 형상만 남아있어 울부짖을 따름이다(오늘의)
하룻밤은 일 년과 같다」

10월 19일 「저녁에 코피를 한 되 넘게 흘렸다. 늦밤에 앉아 (여러 일을) 생각하면서 눈
물만 흘렸다. 어찌 말로 다 할 수 있겠는가?」

心死形存 號慟而已 度夜如年　　심사형존 호통이이 탁야여년
昏鼻出血升餘 夜坐思淚　　　　　혼비출혈승여 야좌사루
如何可言.　　　　　　　　　　　여하가언.
　　　　　　　　　　　　　　《난중일기 선조 30년 10월 14, 19일》.

주

이순신은 혹독한 고문의 후유증으로 심신의 큰 고통을 겪고 있었다. 가족의 생계를 걱정하면서도 「삶의
마음」을 잃어버리고 빨리 죽기를 원했다.

국왕의 명에 따라 이순신은 7월 23일 삼도 수군통제사로 재임명되어 8월 3일 기복수
직(起復授職)삼도 수군통제사 교서를 받자 상복을 벗고 관복을 입어 다시 삼도수군통제사
로 나섰다(起復出仕奪情從公 기복출사탈정종공), 그러나 이순신은 가장으로서 가족들의
생계와 안녕을 걱정하고 있으나 고문의 후유증으로 이미 심저(心底)에는 삶의 애착이 없
음을 보여준다. 즉 죽음을 초월하여 자신을 버리고(忘身) 오로지 나라와 백성을 구하기 위
하여 통제사의 직책을 맡아서 초연하게 묵묵히 해야 할 일을 수행하고 있음을 말해 준다.

「이순신은 먼저 민심을 수습했다. 모든 전쟁에서 전투는 군인이 하지만 전쟁은 백성들이 한다. 그것은 병력과 군량이 모두 백성으로부터 나오기 때문이다. 민심을 수습하지 못하면 그 전쟁을 설사 이겼다 하더라도 결국 실패한다. 곧 이순신은 백성들의 구심점이 되었다」《지용희, 경제전쟁시대 이순신을 만나다》.

즉 天時不如人和 (천시불여인화)로 아무리 천운이 있다 하더라도 백성의 단합이 더 중요하다.

이때 원균(元均, 1540~1597)수군은 거제도 칠천량 <u>외줄포(현 옥계마을)</u> 앞바다에서 정박 중 선조 30년(1597) 7월 16일 새벽에 화공으로 왜군의 기습공격을 받고 원균수군의 함선 즉 거북선 3척, 전선 114척 및 협선을 포함하여 총 160여 척이 모두 불타 침몰하고 수군(약 2만 명으로 추정)은 모두 불타 죽거나 물에 빠져 죽고 섬에 상륙한 수군은 미리 대기하고 있는 왜병의 긴창과 조총에 도륙, 몰살을 당하였다. 조선 수군은 왜적에게 당하여 철저하고도 완벽하게 궤멸(潰滅)한 것이다. 조선 수군이 하루아침에 돌이킬 수 없는 치명적인 타격을 입고 모든 함선 및 수군이 사라지자 생각도 못했던 남해 제해권은 왜수군의 수중에 들어갔다. 이에 풍신수길(豊臣秀吉, 도요또미 히데요시)은 뜻밖의 승리에 너무나도 기뻐하면서 각 왜장에게 「감장(感狀, 공적표창장)」을 보냈다. 그러나 선조는 「칠천량의 패전은 사람의 잘못이 아니고 하늘이 한 일이다」라 하였다.

주

거북선 3척은 전라 좌수영, 방답, 순천의 소속이다.《백지원, 조일전쟁》. 씨름도는 옥계마을의 방파제 역할을 하고 있다. 전선 1척당 최대 125명이 승선하였으나 임진란 이후는 168명으로 증원되었다. 참고로 노량해전에서 이순신수군은 전선 83척에 수군 1만7천 명이고 명수군은 5천 명이었다. 슬응도(瑟應島)는 씨름섬, 견내량 입구에 있는 흉도(胸島)는 고개섬(高介島), 형도(荊島)는 싸리섬이다.

※궤멸(潰滅)=조직이 무너져 완전히 없어짐.

| 참고 | ....
옥계 앞바다에서 경남도의 「거북선 찾기」 해저탐사가 진행되고 있으며 이때 건져 올린 임진왜란 때의 유물을 전시하기 위해서 현재 옥계마을 동굿산에 전시관을 건설하고 있다(2011, 4월).

옥계 앞바다 사진임.

옥계(玉笄) 앞바다가 외줄포이다. 왼쪽 검은 숲이 씨름섬(슬응도)이고 오른쪽 동굿산의 건물
(●)은 「유적 기념관」이다. 경남도 「이순신 Project」 거북선 찾기에서 탐사선 2척이 이곳 해저를
훑어서 건져 올린 유적물을 전시하고 있는 곳이다. 가운데 해문(●)이 견내량 쪽으로 배설 12척
이 빠져 나간 곳이다.

1597년 7월 16일 조선수군은 한번 싸워보지도 못하고 허망하게 패망하고 충청수사
최호(崔湖)는 죽고 전라우수사 이억기(李億祺, 37세)는 물에 몸을 던져 스스로 목숨을 끊
었고 통제사 원균(元均)도 춘원포 황리(黃里)에서 왜적의 칼에 맞아 죽자 6일 후 7월 22
일 이 사실을 보고 받은 선조는 바로 그 다음날 7월 23일 황급하게 이순신을 다시 조선
삼도 수군통제사로 재임명하였다. 7월 18일 원균수군의 완벽한 궤멸(潰滅) 소식이 전해
지자 도원수 권율(權慄)의 권유로 백의종군 중의 이순신은 조선수군의 뒷수습을 위하여
정확한 정보수집 차 초계모여곡(草溪 毛汝谷, 합천군 율곡면 낙민리 매실마을)을 떠난

다. 7월 22일 이순신은 노량에서 경상우수사 배설(裵楔)을 만나 원균이 패망한 일을 많이 듣게 된다(이때 배설이 전선 12척을 숨긴 사실을 듣게 된다). 7월 23일부터 8월 2일까지 진주 운곡(雲谷) 손경례(孫景禮) 집(진양군 수곡면 원계리 318)에 머물면서 조선수군의 부활을 걱정하던 중 8월 3일 손경례 집에서 선전관 양호(梁護)가 전달하는 통제사 재임명 교서(敎書)와 병부(兵符)를 집 마당에 거적을 깔고 4번 북쪽을 향하여 절한 후 받았다. 이로써 이순신은 2월 28일 파직된 후 5개월 만에 복직되었다.

주

선조 30년 7월 23일 형조판서, 경림군(慶林君) 김명원(金命元), 병조판서 이항복(李恒福)의 주장으로 선조는 이순신을 통제사로 재임명하였다. 교서를 받은 인수자는 있는데 인계자가 없고 인수할 인적, 물적 자원도 없는 기막힌 상황이 펼쳐졌다. 현재 손경례의 집은 「통제사 재수임 사적지」로 경남 지방기념물 제16호로 지정되어있다.

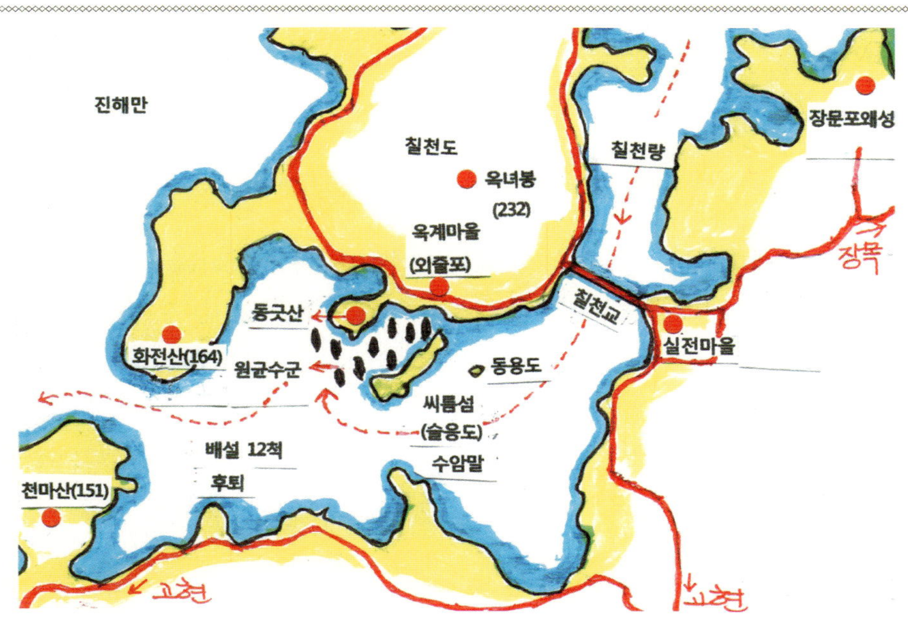

칠천도 지도임.

선조 30년(1597) 7월 7일 원균수군은 부산으로 출전하였으나 심한 풍랑으로 퇴각하여 7월 15일 원균은 거제도 영등포에서 물러나 칠천량 쪽으로 돌아서 외줄포(현 옥계 앞바다)에 들어와 저녁에 정박한다. 그러나 외줄포는 수심이 얕고 곧 썰물이 시작하면 모든 전선은 꼼짝 못하게 갇히게 되므로 전라우수사 이억기, 경상우수사 배설, 충청수사 최호가 넓고 깊은 바다로 나아가 정박할 것을 강력하게 주장하였으나 진퇴양난에 빠진 원균은 한산도 쪽으로 죽었으면 죽었지 후퇴하는것을 두려워하였다. 이에 배설은 혼자 살길을 찾아 탐망구실로 전선 12척을 이끌고 빠져나와 견내량 쪽으로 달아났다. 원균수군이 외줄포에 정박하자 이의 첩보를 입수한 왜군은 주변 왜성에 있는 모든 왜선을 총출동하여 먼저 6척이 와서 밤 10시에 화공으로 전선 4척을 공격하여 소실시켰다. 이에 성공한 왜군은 6백 척을 동원하여 겹겹으로 포위하고 7월 16일 새벽4시 화공으로 기습 총공격하여 분멸(焚滅)에 들어갔다. 이에 조선수군은 아예 싸울 생각도 없고 불길 속에서 우왕좌왕하면서 살길을 찾아 도망하기에 바빴는데 이 난리에 거북선 3척, 전선 114척 및 협선을 합하여 총 160여 척이 모두 불타 침몰하고 수군 약 2만 명은 불타 죽거나 물에 빠져 죽었다. 이때 최호는 전사하고 이억기는 몸을 물에 던져 스스로 목숨을 끊었다. 원균은 겨우 살아서 빠져나와 고성 춘원포 쪽으로 달아났다.

※거제시 고현 시외버스 터미널에서 장목(長木)으로 가는 시내버스를 타고 실전마을에 내려 칠천교 건너 20분 걸어가면 옥계마을에 이른다. 바로 가는 버스도 있으나 2시간 간격이다.

「이제, 특별히 그대를 상복 입은 그대로 기용하는 것이며 또한 그대를 백의(白衣)에서 뽑아내어 옛날과 같이 전라좌수 겸 충청, 전라, 경상 삼도 수군통제사로 임명하노니…」의 내용이 교지에 있었다. 이제 이순신의 손에는 한 장의 교지만 쥐어져 있고 주위를 둘러보니 아무도, 아무것도 없었다. 즉 생사를 같이할 중군, 군관, 군사도 없고 인계받을 전투함인 전선, 화약 외 군수품 및 식량도 없었다. 삼도통제사는 이름뿐이고 그의 앞길에는 오직 실패와 죽음만 있고, 그 후에 파당싸움에 정신이 빠진 조정의 무고한 모함과 형벌이 있을 뿐이었다.

희망의 불빛 한줄기도 찾아볼 수 없는 절대 절망 속에서 이순신을 잔인하게 선조는 다시 삼도 수군통제사로 재임명한 것이다. 이순신은 모든 무거운 짐을 지고 혼자서라도 목숨 바쳐 나라를 구하기 위해 나선다. 이제 이순신은 설상가상으로 불굴의 강한 의지력, 정신력이 아니면 헤쳐 나아가기가 어려운 역경의 한가운데에 놓인다. 「조정에서 다시 이순신을 통제사로 재임명하였으나 때는 막 패전한 뒤라 모든 선박과 필요한 화포 무기들이 싹 쓸어 하나도 없었다」.

朝廷復用 爲統制使   조정복용 위통제사
時新敗之餘 舟船器械   시신패지여 주선기계
蕩然無存.   탕연무존.
                                        《이항복의 충민사기》.

주

이제 이순신이 무거운 십자가를 지고 가는 길은 고난, 고통의 가시밭길이고 또한 민족과 조국을 구하는 구국(救國)의 길이다.

그 후 이순신이 곡성(谷城, 곡성군 옥과면)을 거쳐 8월 5일 옥과에서 피난민들을 만나 위로하자 그들은 이제 살았다고 했다. 낙안(樂安, 승주군 낙안면)을 거쳐 8월 11일 송희립(宋希立)과 최대성(崔大晟)을 만나고 8월 15일 선전관 박천봉(朴天鳳)이 성첩(成貼)한 선조국왕의 유지(諭旨)를 전하자 이순신은 받고 바로 장계(狀啓)를 작성하여 보냈다. 즉 조정에서 「거느리고 있는 배와 군사가 없으므로 수군을 폐지하고 육전(陸戰)에 합류하라(時朝廷 以舟師甚單不可禦賊 命公陸戰시조정 이주사심단불가어적 명공육전)」는 유지(諭旨, 국왕의 지시)에 반대하면서 다음과 같이 조정에 올린 장계(건의서)에서 말하였다. 「신(臣)에게 아직 12척의 전선이 있고 신은 죽지 않았으므로 사력을 다하여 싸울 것입니다. 왜적은 감히 서해를 넘보지 못할 것입니다」.

今臣戰船尙有十二   금신전선상유십이
微臣不死出死力拒戰   미신불사출사력거전
賊不敢窺西海矣.   적불감규서해의.
                                        《통영市誌》.

「임진년이 시작하여 5, 6년이 될 때까지 왜적이 감히 충청, 전라도를 바로 공격하지 못한 것은 수군이 그 길목을 지키고 있었기 때문입니다. 지금 신(臣)에게 아직 12척의 전선이 있고 신은 사력을 다하여 싸울 것입니다. 지금 수군을 전폐한다면 이것은 곧 왜적들이 바라고 있었던 것이므로 이들은 충청도를 지나 한강으로 바로 도달할 것입니다. 이것이 신이 가장 두려워하고 있는 것입니다. 비록 전선은 (12척으로) 적으나 아직 신이 죽지 않았으므로 왜적은 감히 우리를 업신여기지 못할 것입니다」.

啓曰 自壬辰至于五六年間	계왈 자임진지우오륙년간
賊不敢直突於兩湖者	적불감직돌어양호자
以舟師之扼其路也	이주사지액기로야
今臣戰船尚有十二	금신전선상유십이
出死力拒戰則猶可爲也	출사력거전즉유가위야
今若全廢舟師 則是賊之所以爲幸	금약전폐주사 즉시적지소이위행
而由湖右達於漢水 此臣之所恐也	이유호우달어한수 차신지소공야
戰船雖寡微臣不死 則不敢侮我矣.	전선수과미신불사 즉불감모아의.
	《이분의 이충무공행록》.

주

여기서 우리는 이순신의 성웅 모습을 엿볼 수 있는데, 즉 그는 모든 것을 다 버리고 오로지 민족과 조국을 구하려는 일념(一念)뿐임을 말해주고 있다. 이제는 이순신은 혼자서라도 싸워야 하고 또한 전선 12척만으로 반드시 해전에서 승리해야 하는 절체절명의 기막힌 상황 속에 놓이게 되었다.

주

이순신의 난중일기에는 배설의 「전선수가 12척이다」라고 말한 기록은 어느 곳에도 없었다. 참고로 왜군은 8월 14일 남원을 공격하여 8월 16일 함락하고 곧이어 전라도를 온통 짓밟고 있었다. 진도 명량에서 남은 12척으로 대첩을 거둔 것은 결국 하늘이 이순신을 버리지 않았다고 볼 수밖에 없다. 즉 이순신의 수군이 위기에서 서울과 나라를 구한 것이다. 전라 좌수영 대첩비에서 이항복(李恒福)은 「만약 한산(閑山)이 무너지면 명량(鳴梁)이 위태롭고 명량이 짓밟히면 바로 서울 한복판이 흔들릴 것이다(直蹙鳴梁畿輔搖心矣 직축명량기보요심의)」라 하였다. 즉 서울은 수라장이 되고 명군의 화의로 결국 조선은 북과 남으로 양분되어 남은 일본의 영토가 되었을 것이다. 결국 선조국왕은 수군철폐령을 거두어들였다.

※양호(兩湖)=湖南(호남)과 湖西(호서) 즉 전라도와 충청도, 성첩(成貼)=문서에 관인을 찍음. 유지(諭旨)=국왕이 신하에게 지시 또는 명령을 적어서 내린 글. 장계(狀啓)=건의 또는 보고공문. 치계(馳啓)=파발 보고공문.

그 후 이순신은 8월 17일 아침 장흥군 백사정(白沙汀)을 거쳐 군영구미(軍營仇未)에 왔다. 이순신이 육로로 군영구미에 오면 배설은 이순신이 타고 갈 배를 가지고 오겠다고 약속하였으나 이순신 이곳에 와 보니 경내는 사람 하나 없고 경상우수사 배설과 배도 오지 않았으므로 이순신은 크게 실망하였다. 8월 18일 이순신은 전선을 수습하기 위하여 만호진(萬戶鎭)인 회령포(會寧浦, 장흥군 회진면 회진리)에 왔으나 회령포에 기다리고 있기로 한 배설은 수질(水疾, 뱃멀미) 핑계로 나오지 않았다. 다음날 8월 19일 배설이 나와서 정식으로 이순신은 전선을 수습하였다. 그러나 난중일기에는 이 전선수를 기록하지 않았다.

주

　군영구미(軍營仇未)는 강진군 대구면 구수리(九修里)로 알려져 있으나 정확한 위치는 확인 안 되고 있음.

《남은 전선 13척에 관한 이야기》

　❶ 이분(李芬)의 이충무공행록(李忠武公行錄)에서 「회령포에는 겨우 남은 전선은 10척밖에 없었다. 그 후 2척을 더 얻어 12척의 전선과 군사 120명을 확보하였다」라고 기록되어있다.

주

　참고로 《충무공 이순신과 현충사》에서는 「경상우수사 배설(裵楔)의 10척, 녹도만호 송여종(宋汝悰)의 1척, 전라우수사 김억추(金億秋) 2척을 합하여 전선 13척이다」라고 주장하였다. 그러나 7월 16일 칠천량해전에서 이억기 전라우수군의 전선은 모두 소실하였으므로 그 후 김억추의 2척은 전선이 아니고 병선으로 추정된다.

　❷ 이항복(李恒福)의 충민사기(忠愍祠記) 및 최유해(崔有海)의 이충무공행장에서 공(公,이순신)이 혼자 말을 타고 달려서 회령포에 이르러 경상우수사 배설(裵楔)을 만나니 <u>그가 거느린 전선은 12척이 아니고 다만 8척뿐이었다.</u> 이에 다시 녹도(鹿島) 전선 1척 더 얻었다. 공이 배설에게 적선을 격퇴할 방도(方途)를 물으니 배설은 사태가 위급하니 배를 버리고 육지로 올라가 호남 육군에 붙어서 전쟁을 도와 공(功)을 세우는 것이 좋겠다고 말하였다. 공이 배설의 의견을 따르지 않으니 배설은 배를 버리고 떠나버렸다. 공은

전라우수사 김억추를 불러 그를 시켜 여기 관하 제장 5명의 장수를 소집하고 그들에게 병선을 수습케 하였다. 또 이 장수들에게 분부하여 병선을 전함(즉 전선)으로 단장하여 만들도록 하였다. 이로써 군사력을 높였다. 이제 공은 혼자 모든 괴로움을 삼키고 다 죽고 겨우 남아있는 병졸로써 전선 13척을 거느리고 따로 갈 곳도 없고 의지할 곳도 없어 벽파정(현 벽파진, 진도군 고군면 벽파리) 바다로 나갔다.

公聞命 單騎馳到會寧浦	공문명 단기치도회령포
道遇慶尙右水使裵楔 時楔所帶戰船	도우경상우수사배설 시설소대전선
只有八艘 又得鹿島戰船一艘	지유팔소 우득녹도전선일소
公不廳 楔棄船而去	공불청 설기선이거
公召全羅右水使金億秋	공소전라우수사김억추
使之召集管下諸將五員	사지소집관하제장오원
收拾兵船分付諸將	수습병선분부제장
粧作戰艦以助軍勢	장작전함이조군세
獨以瘡殘餘卒 領十三戰船捷依無所	독이창잔여졸 령십삼전선첩의무소
逡巡於碧波亭洋中.	준순어벽파정양중.
	《이항복의 충민사기》.

7월 22일 이순신이 처음 경상우수사 배설을 만났을 때 숨긴 전선이 12척으로 듣고 알고 있었으나 배설이 4척을 다른 용도로 빼돌렸는지 아니면 과장 허위보고를 했는지는 알 수 없으나 회령포에 남아 있는 것은 겨우 8척뿐이었다. 여기서 이순신은 긴급하게 병선 4척을 다시 화력을 보강하여 전함으로 만들었다. 일반적으로 각 수영에는 전선(戰船) 4척, 병선(兵船) 4척, 사후선(伺候船) 5척~9척이 배치되어 있었으나 수사영이나 만호진의 전선은 모두가 칠천량 해전에서 소실하였으므로 이곳 회령포에는 병선 밖에 없었다. 따라서 경상우수사 배설의 8척, 녹도만호 송여정의 1척, 전라우수사 김억추가 제장을 불러서 제장들이 타고 온 병선에 화포를 적재하여 전함으로 개작한 4척을 합하여 전선 13척이 된다. 그러나 실질적으로는 전선 13척은 전선 9척, 화력이 보강된 병선 4척을 말하며 이항복은 이를 전선 13척이라 했다. 이 당시 전라우수영은 회령포에 이진하고 있었다. 전선은 판옥선(板屋船), 병선은 협선(挾船), 사후선은 척후선(斥候船)이다.

8월 19일 회령포에서 몇 안 되는 군관 9명과 군사 120명 앞에서 통제사 임명 교서숙배(敎書肅拜)식, 즉 취임식을 가졌으나 배설은 숙배하지 않았다. 이에 이순신은 참으로 놀라운 일이었다고 말하였다. 8월 20일 이진(梨津, 해남군 북평면 이진리 완도대교 밑)으로 13척 함대를 이동하였다가 8월 24일 이순신 수군은 다시 어란포(於蘭浦, 해남군 송지면 어란리)로 이진(移陣)하였다. 8월 28일 왜선 8척이 어란포에 나타났다가 이순신이 뒤쫓아 가자 달아났다.

이제 지금부터 이순신이 전사할 때까지 가는 길은 맨발로 무거운 십자가를 메고 걸어가는 암담한 가시밭길로 변한다. 모(母)를 죽게 한 불효, 고문 후유증에서 오는 끊임없는 신병의 고통, 선조국왕의 불신임과 핍박, 아군 상호간의 불신과 갈등, 무능 부패 비리 뇌물로 점철되고 너 죽고 내가 사는 이기주의(以爲己利)의 극치인 당파싸움 즉 당파간의 대립과 항쟁(동인은 이순신을, 서인은 원균을 지지하였다), 그리고 뜻대로 안되는 전쟁을 위한 인적 물적 확보, 끝없이 추격해오는 왜적의 공격 등 모든 것이 사면초가로 이순신을 한없이 괴롭히고 용기를 잃게 하는 것들이다. 이제 이순신이 가야하는 길은 백성과 나라, 역사를 구하는 길이요 또한 나를 버리고 끝없이 죽는 길이었다.

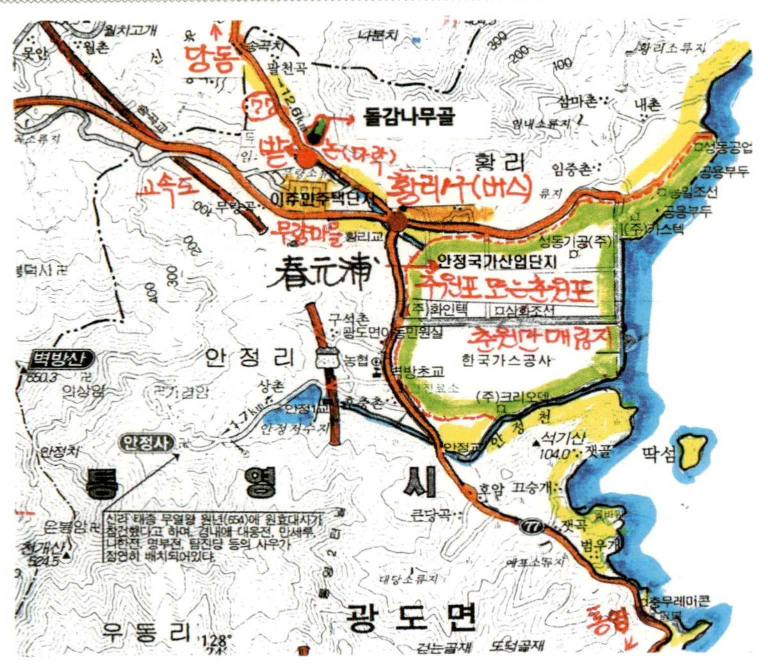

춘원포 지도임.

황리3구 임내촌마을에 사는 이형규 노인의 증언 「이봉수의 이순신이 싸운 바다」에 의하면 처음 돌감나무 골에서 논을 개간할 때 머리가 잘린, 즉 두(頭)가 없는 갑옷을 입은 시신을 발굴하였는데, 칠 척 장수로서 유골을 수습하여 77번 2차선 도로밑에 있는 밭에 묘를 만들어 묻었다고 하면서 이는 틀림없이 원균장군이라 했다. 확실한 증거는 없으나 현재의 사실과 그때의 정황으로 보면 틀림없는 원균의 무덤으로 추정된다. 현재 경기도 송탄시 도일산 82에 원균의 묘소가 있으나 외아들도 같이 전사하여 후손이 끊어져 친척들이 시신이 없는 초혼장(招魂葬)으로 만든 묘라 하였다. 어떻게 보면 원균(元均, 1540~1597)의 죽음도 조선조정의 집권사욕에 빠진 파당싸움의 제물(祭物)로 희생당한 「당화(黨禍)」로 볼 수밖에 없다.

※통영시 버스터미널에서 황리행 시내버스를 타고 황리1구에서 내린다. 여기서 77번 국도를 따라 10분쯤 걸어가면 돌감나무골에 이른다.

● 선조실록(30년 7월 22일)은 다음과 같이 전하고 있다. 「원균은 7월 16일 새벽 춘원포에 상륙하여 북쪽 당동(塘洞)으로 넘어가는 산 고개 오솔길로 올라가다가 늙은 몸(58세)으로 숨이 차서 더 이상 올라가지 못하고 결국 혼자 맨몸(赤身)으로 칼을 집고 소나무 밑에 주저앉았다. 같이 달아나던 순천부사 우치적(禹致績)과 선전관 김식(金軾)이 뒤를 돌아보니 추격하던 왜병 6명이 긴 창과 칼로 원균을 찌르고 있었다」고 하였다 그리고 물론 머리를 잘라 수급(首級)으로 가져갔다. 이때 18세의 외아들 원사웅(元土雄)도 같이 참살(斬殺)당한 것으로 전해지고 있다.

주

순천부사 우치적은 원균의 중군(中軍=참모)을 겸하고 있었다. 이곳의 위치는 통영군 광도면 황리 77번 국도 돌감나무 골 도로 밑 밭에 현재 초라한 봉분 하나를 볼 수 있는 데 주민들은 원균의 묘라 했다.

※묘의 주소=통영시 광도면 황리 1구 산 435번지.
백의종군하던 이순신은 다시 삼도수군통제사가 되어 명량 및 노량해전에서 승전하였다. 이는 이순신이 각고정려(刻苦精勵)하여 기적적으로 이룬 공적이나 선조는 결코 인정하지 않았다.

● 선조 30년(1597) 10월 20일 선조실록의 기록에 의하면 명군의 수장(明軍, 首將)인 양호(楊鎬)가 선조에게 말하였다 「(선조 30년 9월 16일 명량해전에서 승전한) 이순신

은 참으로 훌륭한 사람입니다. (칠천량해전에서) 다 흩어진 전선(戰船)을 수습하여 패배한 후 큰 공을 세웠으니 내가 친히 가서 괘홍(掛紅)의 예식을 거행하여 축하할 일이나 길이 멀어 가지 못합니다. 이에 사람으로 괘홍(掛紅)용 붉은 비단 홍단(紅緞) 2필과 백은자(白銀子, 은화) 20냥을 보내어 나의 기쁨을 표하려고 합니다」하면서 선조에게도 이순신 수군의 포상(褒賞)을 권하였으나 선조의 답은 엉뚱하게도 「대인은 그렇지만 과인에 있어서 참으로 미안하다. 통제사 이순신은 사소한 왜적을 잡은 것은 변장(邊將)의 직분상 마땅한 일이며 <u>큰 공이 있는 것이 아니다</u>」라고 말하여 명량대첩을 의도적으로 평가절하하였다. 그 이유는 지금도 알 수 없다.

괘홍(掛紅)은 경사를 표하기 위해 집 문밖이나 배 위에 붉은 천을 드리우는 것을 말하나 일종의 축하 폐백의식으로 변하였다. 양호가 보낸 비단과 은자는 이순신의 수군이 명량해전 후 고하도(高下島)에 진영을 옮겼을 때 여기서 11월 16일 이순신에게 전해졌다. 명량해전 보복으로 50명의 왜군특공대가 고향 아산에 와서 이들의 공격으로 온 집안이 분탕(焚蕩)당하고 마을이 모두 불타 잿더미로 변하였다고 전하는 공문이 10월 1일 병조(兵曹)에서 왔다. 이때 왜군이 3남인 막내아들 이면(李葂, 21세)을 죽였다.

| 참고 |

선조는 日人 모사꾼 宗義智(소오 요시또시)의 통사(통역관)인 要時羅(가나메 도끼쓰라)에게 加藤淸正(가또 기요마사) 재 침입 정보제공으로 은자 80냥을 주고 小西行長(고니시 유끼나가)은 일본으로 가는 퇴로를 열기 위하여 통사를 통해 陳璘(진린)에게 은자 100냥을 주었다.

※폐백(幣帛)=신에게 예물, 공물을 바침.

육로로 오는 왜군의 습격을 피하기 위하여 진영 즉 통제영을 바다 위에 두고 벽파진 아랫바다에서 우수영 앞바다로 옮겼다. 명량해전 직후는 진영을 당사도(唐笥島, 현 신안군 태암도)로 옮기고 한 번 이용한 명량은 전술적 가치를 상실하였으므로 제2의 (명량)해전 장소를 찾아 어의도, 법성포, 위도, 고산군도 일대를 41일 동안 돌아다니다가 10월 9일 우수영으로 내려와 1597년 10월 29일 보화도(寶化島, 현 목포시 고하도)에서 108일간 물렀다. 이순신이 우수영에 와보니 성 안팎에 인가와 인적이 없고 보기에 아주 비참

했다고 하였다. 그 후 왜군의 움직임이 없음을 알고 1598년 2월 17일 통제영을 고금도 남쪽 작은 섬 묘당도로 옮겼다. 이때 징비록에 의하면 8천 명이 주둔하고 군량은 아주 부족했다고 하였다.

주

적의 기습을 피해 처음에는 바다에서 바다로, 명량해전 후에는 작은 섬에서 작은 섬으로 통제영을 계속 이진(移陣)한 것이다. 한산대첩과 명량대첩은 이순신수군이 이룬 가장 큰 대표적 승전이다. 그러나 가장 크게 평가를 받고 있는 것은 명량해전으로서 모든 악조건을 역으로 이용한 이순신의 지략이 빛나는 대승첩이다. 특히 모든 변수가 뒤범벅이 되어있는 이 명량해전은 이순신이 고문을 당한 후 치른 첫 해전으로 이순신이 혼자서라도 싸워야하는 절체절명의 기가 막히는 고달픈 「나 홀로 전쟁」이었다. 그런데 참으로 이상한 일은 그 당시의 선조실록, 난중일기, 명량대첩비, 징비록, 충민사기등 모두 명량입구를 봉쇄하고 적을 맞아 싸우다가 조류의 방향이 바뀌자 조류를 따라 내려가면서 벽파진 앞바다에서 혈전을 벌여 대첩을 이루었다고 기록하고 있다. 그러나 오늘날에는 이것이 왜곡되어 이순신수군이 울돌목(명량항)을 봉쇄하고 있다가 철쇄를 걸어서 우수영 앞바다에서 대첩을 이룬 것으로서 난중일기와 서로 상반된 주장을 하고 이것이 정설로 일반화 되어있으나 나는 도저히 상식적으로 이해할 수 없다. 도둑떼는 입구에서 사생 결단코 막아야지 출구에서는 막을 수 없다. 즉 입구는 좁지만 출구는 항상 넓게 열려 있기 때문이다.

※절체절명(絕體絕命)=살길이 없는 막다른 궁지.

조경남은 「애 이충무(哀 李忠武)」에서 이순신은 명량해전에서 세 번 싸웠다 했다(**公三捷碧波生盡節** 공삼첩벽파생진절=공은 벽파에서 세 번 싸워 절개(충절)를 다하였다). 나는 이를 다음과 같이 나누어 생각하였다. 처음은 명량 입구를 봉쇄하고 있던 중 적을 맞아 이순신 기함 단독으로 싸우고 두 번째는 초요기를 올리자 쫓아온 안위와 김응함과 함께 3척이 명량문에서 싸웠고 세 번째는 조류가 썰물이 되어 적선이 밀려 나가자 전함선 13척이 합력하여 벽파진 앞바다로 옮겨 상호 간에 혈전이 전개 되었다. 이러한 줄거리에 「난중일기」속 난중일기」를 근간으로 하여 「명량해전의 벽파대첩」에서 명량지도(鳴梁地圖)와 함께 벽파진해전에 대한 새로운 주장을 전개하였다. 명량해전은 울돌 입구, 즉 명량구(鳴梁口)에서 일어나 벽파진 앞바다로 이동하여 확대 전개되었다. 그리고 이순신이 효수한 왜장 마다시(馬多時)는 동래성 왜장 공가와 마다시지(共加臥馬多時之)이다(선조실록 28년 2월 10일). 나는 근거자료도 제시하면서 「마다시는 왜장 小早川隆景(고바야까와 다까가게)이다」라고 주장하였다. 그러나 다른 거의 모든 연구 서적은 來島通總(래도 통총, 구르시마 미찌후사)로 일반화 되어 있으나 선조중흥지, 난중잡록은 來島守 (구르시마 마모루), 김기환은 管野正影(간노 마사가게), 어떤 사람은 增田長盛(마시다 나가모리), 일인학자 佐藤利夫(사또 도시오)는 이름을 모르는 來島의 부장 무사라 했다. 실로 「마다시」는 역사의 미스터리 인물이라 아니 할 수 없다.

주

이 명량해전은 세계 해전사(海戰史)상 유례를 찾아 볼 수 없는 이순신수군의 대승전이었다. 전투함수가 13척에 왜적은 133척으로 수병들의 사기는 땅바닥에 떨어져 있고 절대비교 하위에 있는 조선(朝鮮)수군의 함장들은 눈앞에 진격해 오는 수많은 왜적선을 보고 적개심과 전의를 다 잃고 오로지 살길만 찾는다. 명량의 지리적 조건 및 해양의 조류를 기적적으로 이용하여 벽파진 앞바다에서 대첩을 거둔 이순신은 이 해전 하나만으로도 「국가의 영웅」「민족의 성웅」으로 존경을 받고도 남는 공적이다. 이로써 남해 및 서해의 제해권이 확보되고 조선 민중에게 용기와 자신감을 주었으며 日本은 1875년 운양호사건 이전까지 276년 동안 두 번 다시 바다 건너 조선을 넘보지 못하게 하였다.

● 선조 31년(1598) 11월 18일 이순신은 말하였다. 「장부로서 세상에 태어나 나라에 쓰이면 최선을 다할 것이며 쓰이지 않으면 농사짓는 것으로 충분하다. 권세 있는 곳에 아첨하여 한때 영화를 사는 것 같은 것은 내가 제일 부끄럽게 여기는 것이다」.

丈夫出世 用則效死以忠	장부출세 용즉효사이충
不用則耕野足矣 若取媚權貴	불용즉경야족의 약취미권귀
以竊一時之榮 吾甚恥之.	이절일시지영 오심치지.
	《이항복의 충민사기》.

주

이순신은 늘 대의(大義)를 존중하였다.

※대의(大義)=누구나 공감하는 훌륭한 이념 즉 사회적 정의, 또는 사람으로서 또는 국민으로서 마땅히 행하거나 지켜야 할 도의, 도리(대의명분, 大義名分).

● 선조 때 우의정인 이항복(李恒福)은 충민사기(忠愍祠記)에서 이렇게 적고 있다. 이순신은 (관음포 전투에서) 전사하기 하루 전날 선조 31년(1598) 11월 18일 명 도독 진린(明 都督 陳璘)과 함께한 후 19일 밤 삼경(三更) 배 위로 올라가 손을 씻고 무릎을 꿇고 엎

드려(임진전쟁 7년의 끝) 최후의 해전을 앞두고 하늘에 빌었다. 「오늘은 반드시 죽기로 굳게 결심한다. 이 왜적을 섬멸 할 수 있도록 축원한다」고 말한 후 정예군사를 거느리고 먼저 노량으로 진군하였다.

都督從之是日三更 公於船上　　도독종지시일삼경 공어선상
跪祝於天曰 <u>今日固決死</u>　　궤축어천왈 금일고결사
願天必殲此賊 祝罷自領銳師　　원천필섬차적 축파자령예사
先進露梁.　　　　　　　　　　선진노량.
　　　　　　　　　　　　　　　《이항복의 충민사기》.

주

「오늘은 반드시 죽기로 굳게 결심한다(今日固決死)」는 즉 이순신이 전사하기 직전에 하늘을 두고 스스로 죽기로 결심을 한 것이다.

※삼경(三更)=밤 11시에서 다음 날 밤 상오 1시까지, 즉 한밤중. 是日=이날.

● 이순신의 휘하 장수였고 뒤에 3대 수군 통제사를 지낸 류형(柳珩, 1566~1615)은 류형 행장(柳珩 行狀)에서 이순신은 「마음속을 토로하면서 자고로 대장이 조금이라도 자기 공로를 인정받으려고 생각한다면 생명은 보전하기가 어렵다. 따라서 나는 적(敵)이 물러가는 날에 죽는다면 아무 여한이 없겠다」고 말했다고 전하고 있다. 또 이순신은 「높이 나는 새가 다 잡히면 좋은 활은 감추어지는 것이고 적이 물러가는 날에 국사(國事)에 죽어 말가죽으로 나의 송장을 쌀 수 있다면 이것이 지극히 바라는 나의 소원이다」라고 말하였다.

統制李公嘗吐露情素曰　　　　통제이공상토로정소왈
自古大將呑少有邀功之心　　　자고대장탄소유요공지심
則多不得保全 吾死於賊退之日　즉다부득보전 오사어적퇴지일
則可無憾.　　　　　　　　　　즉가무감.
　　　　　　　　　　　　　　《류형의 행장》.

주

馬革裹屍酬素志(마혁과시수소지)는 말이 놀고 있는 먼 변방의 전장에서 죽겠다는 평소의 뜻을 이루는 것을 말한다(중국 북쪽변방에는 나무가 귀하므로 말가죽으로 시신을 싸서 장례를 치르었다). 정유재란에서 명량해전 특히 노량해전의 전공은 모두 명나라 진린의 수군이 이룬 공이지 조선수군이 이룬 공은 하나도 없고 선조는 특히 이순신의 전공을 일체 인정하지 않았다. 왜란이 끝난 후 살려면 이순신은 그의 공을 인정하지 않고 고문까지한 선조 및 서인들에게 굴복하고 머리 숙여 목숨을 구걸하면서 비굴한 정치군인의 길을 가야 한다. 그러나 이것은 강직한 이순신으로서는 죽기보다 더 싫은 것으로서 구차하게 사는 것보다 깨끗한 죽음을 택한 것으로 생각된다. 오죽했으면 명나라 황제 신종(神宗)이 이순신에게 면사증을 주고 명나라 수군도독으로 임명하였겠는가? (이는 전적으로 나의 자의적인 추정이다).

　　이순신은 「이 원수들을 없앨 수 있다면 나의 죽음은 유한(遺恨)이 없다(**此讎若除 死卽無憾 차수약제 사즉무감)**」《저자미상, 宣祖中興誌(선조중흥지)》, 《김육(金堉), 신도비(神道碑)》, 《최유해(崔有海), 이충무공행장(李忠武公行狀)》. 이순신은 이렇게 말하고 하루 전날 자신의 죽음을 예견하였다. 그러나 목숨을 걸고 최전선 전투장에 나가면서 자기의 죽음을 미리 말하는 사람은 이 세상에 또 어디에 있겠는가?

※ 정소(情素)=속마음, 진심, 본심. 유한(遺恨)=생전에 풀지 못하고 남은 원한. 상(甞)=일찍이 또는 전에.

　　1598년 11월 19일(양력12월 16일) 사경(四更) 이순신은 노량해전 관음포 전투에서 전사하였다. 류성룡은 이순신의 죽음은 망신순국(忘身殉國)이라 했다. 즉 스스로 몸을 버리고 나라 위해 죽은 것이다(54세).

　※ 이순신은 1597년 4월 1일(양력 5월 16일) 고문당하고 방면된 후 양력 1958년 12월 16일까지 만 1년 7개월 살았다.

주

모두 살기 위해서 죽기로 싸웠으나 그는 죽기 위해서 죽기로 싸웠다. ※사경(四更)=밤 1시에서 3시.

관음포 사진임.

이락사(李落祠) 첨망대(남해군 고현면 차면리 와두, 瓦頭)에서 바라본 관음포(觀音浦)
앞바다이다. 왼쪽 해문(海門)이 관음포구로 들어가는 뱃길이고 오른쪽 작은 섬은
엄나무섬이다. 관음포구가 깊숙하게 들어간 곳을 가청곡(假靑谷)이라 한다.

《노량해전 관음포전투》

　　1598년 8월 18일 풍신수길은 죽고 7년 전쟁에 지친 왜군은 철군준비에 전의를 상실
한 지 오래고 오로지 日本으로 살아서 돌아가기만을 원하고 있었다. 사천왜성의 島津義
弘(시마즈 요시히로, 64세)는 1598년 11월 16일 사천왜성을 모두 불태우고 3백 척의 왜
선을 이끌고 집결지인 창선도 적량으로 이동하여 여기서 일단 정박하였다. 대마도의 도
주(島主) 宗義智(소오 요시또시)는 순천왜성(왜교성)에 고립되어 있는 장인 小西行長(고
니시 유끼나가)를 구원하기 위하여 일본으로 철수 중인 사천왜성 島津義弘(시마즈 요시
히로 또는 沈安頓吾, 石曼子)를 적량에서 만나서 설득하였다. 이에 島津(시마즈)는 이순

신이 끈질기게 小西(고니시)를 물고 늘어지고 있는 순천왜성(왜교성)의 포위망을 뚫기 위하여 스스로 이순신의 「미끼」가 되기로 하고 島津의 함선 300척(왜군 약 2만 명)이 뱃길을 돌려서 남해섬 서쪽으로 돌아 여수해협을 통과 日本으로 철수하기로 결정하였다. 島津은 宗義智(31세)와 함께 창선도를 출발하여 1598년 11월 18일 밤늦게 일단 노량입구에 집결하고 그날 밤 12시경 서쪽으로 썰물이 시작하자 이 조류를 타고 日本을 향하여 서쪽으로 빠르게 발진하였다. 노량을 통과하여 남쪽으로 내려오는 왜군함대를 노량서쪽 죽도(대섬)부근에서 정박하고 있던 陳璘(진린, 57세)의 明수군(沙船 6척, 號船 57척 그리고 수군 5천 명)은 그냥 지켜보고만 있었고 그 밑에 있는 장도 아랫바다(관음포 서쪽)에서 小西가 아니면 대신에 島津을 잡기 위하여 대기하고 있었던 이순신수군(전선 83척, 협선 백여 척, 수군 1만 7천 명)은 왜군의 함대와 조우하자 측면에서 즉각 돌격하여 함포로 공격하였다. 그러나 거리를 두고 함포사격을 하는 이순신수군에 당할 수가 없어 이를 피하기 위하여 전의를 상실한 철군왜군은 급하게 관음포 쪽으로 도망하였다. 때는 하늘이 청명한 음력 11월 19일 보름이 지났으나 아직 밝은 보름달의 달빛과 별빛이 관음포 앞바다를 훤하게 밝혀주고 있었다. 추운 겨울 바다에서 왜군은 관음포구가 깊숙하게 안으로 들어가 끝에 가서 수평선과 지평선이 맞닿아있는 것을 보고 동쪽 남해읍 쪽으로, 즉 日本으로 가는 바닷길이 열려있는 것으로 착각한 것이다. 이에 막다른 관음포에서 왜적선이 진퇴양난으로 몰려 갇히자 독안에 있는 쥐꼴이 되었다. 이에 이순신수군은 이 기회를 놓치지 않고 퇴로를 막고 맹포격을 가하여 <u>250척을 한꺼번에 격침시켰다(日本史).</u> 일부는 상륙하여 남해 왜성 쪽으로 도망가고 나머지 5십여 척은 사생결단으로 포위망을 뚫고 관음포 앞바다로 빠져나왔다. 왜의 安宅船(아다께부네) 및 關船(세끼부네)는 모두 첨저선(尖底船)이고 노수(櫓數)가 약 2배 많으므로 조선수군의 평저선(平底船)인 전선(戰船)보다 순항속도가 빠르기 때문에 島津(시마즈)는 적중돌파(敵中突破)로 포위망에서 빠져 나오자 바로 앞서서 달아나기 시작했다. 이 과정에서 상호 간에 대접전이 일어나 아군 측에서도 왜군의 조총발사로 상당한 수의 사상자가 발생하였다. 이에 이순신기함이 선두에서 이순신은 갑옷을 벗고 맹렬하게 돌격북을 치면서 도망가는 島津(시마즈)를 잡기위하여 추격하면서 계속 포격을 가하였다. 이에 늦게 합세한 明

의 진린수군도 같이 추격하면서 발포하였다. 이때 필사적으로 추격하던 이순신(54세)은 19일 이른 새벽 홀연 총탄을 맞고 쓰러졌다. 그러나 조선수군은 돌격북을 울리면서 계속 뒤를 쫓으면서 대포를 쏘았다. 선조 31년 11월 23일 실록에 의하면 11월 19일 상오 9시까지 관음포에서 포성이 들렸다고 하였다. 그리고 이 동안에 이순신수군이 관음포에서 총공격으로 해전을 치르고 있는 중에 잠시 포위망이 풀린 틈을 타서 小西(41세)는 묘도 남쪽으로 돌아서 여수해협을 빠르게 빠져나갔다. 즉 島津군사의 희생으로 살아서 일본으로 도망간 것이다. 이렇게 끝난 이 노량해전은 조선수군의 14차 출동이고 23번째 해전으로 임진전쟁의 최후해전이 되었다. 그리고 이 노량해전의 전공은 조명연합수군이 아니고 전적으로 100% 이순신수군의 것이다.

> **주**
>
> 왜장들은 철수할 때 모든 왜성을 스스로 불질러 태웠다. 따라서 왜성에는 처음부터 토석축만 남았다. 남해왜성 쪽으로 도망간 왜군 500명을 이끈 왜장은 島津(시마즈)의 부장 樺山久高이다. 조선군(朝鮮軍)은 북(鼓)을 치면 돌격 전진하고 징(鉦)을 치면 정지하였다.

| 참고 |

관음포는 팔만대장경을 새긴 분사도감이 있었던 곳으로 지리산에서 소나무를 베어 섬진강에 띄우면 물살을 타고 도착하는 곳이 이곳이다. 여기서 3년 동안 경판용 소나무를 바닷물에 절였다고 전해오고 있다.

※沙船, (八喇)唬船=중국明 절강지방의 군선(사선은 정크선과 비슷하고 호선은 소형 첨저선이다).

● 정읍사우 상량문(井邑祠宇 上樑文)에서 「이순신은 날아오는 탄환을 돌연 흉적에게 맞았는데 화살과 탄환에 자신의 몸을 돌보지 않았다. 태산같이 귀중한 목숨을 「기러기 털」보다 가볍게 여기고 삶과 죽음을 넘나들며 나라를 구하였다」라고 하였다.

飛丸中於虎褐矢石忘軀　　　비환중어호갈시석망구
泰山己輕於鴻毛死生撫國.　　태산기경어홍모사생무국.
　　　　　　　　　　　　《井邑祠宇 上樑文》.

● 선조 때 이항복(李恒福)은 충민사기(忠愍祠記)에서 말하기를 11월 19일 사경(四更)

「왜적이 도둑 진린(陳璘)을 포위하여 위급해지자 공이 앞서서 구하기 위하여 날아오는 화살과 탄환을 무릅쓰고 북채를 쥐고 독전하다가 갑자기 조총의 집중사격을 받고 전사하였다」.

十九日四更 賊圍都督甚急　　　십구일사경 적위도독심급
公直前救之 親冒矢石 手自擊鼓　공직전구지 친모시석 수자격고
忽中丸 而仆臨絶.　　　　　　　　홀중환 이복임절.
　　　　　　　　　　　　　　《이항복의 충민사기》.

주

이순신이 갑자기 집중사격을 받은 것은 추격하고 있는 이순신이 조총의 조준발사 거리(50m) 내로 들어 갔음을 의미한다. 여기서 총탄을 맞고 양력 12월 16일 추운 새벽 관음포에서 전사하였다. 그러나 그 당시에는 이순신이 동짓날(12월 22일) 전사한 것으로 알려져 있었다. 충민사기는 이항복이 쓴 「백사집 (白沙集)」 4권 「고통제사 李公遺事(이공유사)」을 말한다. ※홀중환(忽中丸)=갑자기 총을 맞음.

● 선조실록 31년 11월 25일 도독 진린(陳璘)의 게첩(揭帖)에서 「한창 왜적이 포위 해 올 때 나(진린)의 배는 큰북을 치고 먼저 진격하고 등자룡(鄧子龍), 이순신 두 장수가 좌 우에서 협공할 때 두 장수는 죽었다」고 하였다.

● 평양록(平壤錄) 및 소화외사(小華外史)에서 「등자룡이 큰 공을 탐내 선봉에 서서 분격(奮擊)하는 데 뜻밖에 뒷배에서 화기를 잘못 발사하여 등자룡의 배 돛대에 가서 불 이 붙으니 왜적이 승세하여 배에 올라 등자룡을 칼로 마구 쳐죽였다. 이순신은 나아가 앞서가던 진린이 포위되자 이를 구하려고 금빛 갑옷을 입은 왜장을 활로 쏘아 맞히니 왜 병이 진린을 놓아 주었다. 이순신이 와서 구출하여 진린은 탈출하였으나 이순신은 총을 맞았다」《평양록》.

| 참고 |
이순신 54세(1545~1598), 등자룡 68세(1531~1598), 진린 57세(1542~1607). 진린은 광동성(廣 東省)수군이고 등자룡은 절강성(浙江省)수군이다.

주

이순신이 활을 쏘다가 총 맞아 죽었으면 살신순국(殺身殉國)이 되고 갑옷을 벗고 돌격 북을 치다가 총

맞았다면 이는 망신순국(忘身殉國)이 된다. ※게첩(揭帖)=위로 올린 보고공문, 치계(馳啓)=긴급 보고 공문.

● 류형(柳珩, 1566~1615)은 노량해전 당시 이순신의 휘하 장수로서 해남 현감(縣監)이고 노량해전에 막료로서 직접 참여 「6발의 총상을 입고도 전투를 지휘」하였으며 그 후 경상우도 수군절도사 및 5대 수군통제사를 지냈다. 이순신 전사 15년 후 류형은 「이순신은 추격하고 있는 왜적선의 선미에 엎드린 조총수로부터 일제히 발사 저격당했다」고 하였다. 또 선봉장으로 노량해전에 참전한 남원출신 의병장 조경남(趙慶南, 1570~1641)은 난중잡록에서 「이순신은 친히 북채를 쥐고 북을 치면서 선두에서 적선을 추격하였다. 이때 적선의 선미에 엎드려 있던 왜병 조총수가 이순신을 향해 일제히 조준발사를 하여 총을 맞았다」라고 하였다.

舜臣親自握桴先登追殺   순신친자악부선등추살
砲賊伏於船尾 向舜臣齊發中丸.   포적복어선미 향순신제발중환.
                              《조경남의 난중잡록》.

춘파록에서도 「그 다음날 아침 선미에 엎드린 조총수들이 이순신을 향하여 일제히 발사하여 이순신이 저격당했다」라고 하였다.

明朝舜臣親援桴 先登追殺賊伏於船尾   명조순신친원부 선등추살적복어선미
齊向舜臣發丸 舜臣中丸.   제향순신발환 순신중환.
                                《춘파당 일월록》.

주
이순신전사에 관해서 직접 관음포전투에 참여한 류형과 조경남은 같은 증언을 하고 있다. 결코 흔히 말하는 지나가는 유탄에 우연히 맞은 것이 아니다. ※中丸=총 맞음.

● 선조 31년 11월 19일 공교롭게도 이순신이 전사한 날에 선조는 사간원(司諫院) 및 사헌부(司憲府)의 잇따른 끈질긴 상소, 즉 류성룡을 파직하라는 요구에 못 이겨 선조는

류성룡을 파직하고 12월 6일 삭탈관직(削奪官職)하였다. 그날 후 이원익(李元翼)을 영의정, 이덕형(李德馨)을 좌의정, 이항복(李恒福)을 우의정으로 임명하였다.

● 日本史에서는 「노량해전에서 이순신은 島津軍(시마즈군)을 선두에서 추격하다가 선미에 엎드려있는 島津 철포병(조총병)의 일제사격으로 심장 왼쪽 가슴에 피탄, 전사하였다. 이 싸움에서 島津軍의 300척 가운데 250척이 침몰하고 겨우 50여 척이 빠져나왔다. 島津義弘(시마즈 요시히로)는 그가 탄 배 즉 대선 安宅船(아다께부네)가 대파하였으므로 立花宗茂(다찌바나 시게무네)의 배로 옮겨 탔다」《日本史에서》.

주

조총의 도달거리는 800m(700보), 유효사거리 100m 그러나 왜군은 日本에서 훈련 받은 대로 조준거리 50m 이내에서 쏘았다. 그리고 조총은 발사하는데 20초 소요되었으나 왜군은 이를 개량하거나 교대로 충전 발사하여 6초로 줄였다. 즉 이순신이 선미에 있는 조총수들의 조총이 자신을 향하고 있다는 것을 장대(將臺)에서 보면서도 선두로 추격해 오자 기다리고 있던 조총수들은 곧 조준거리 사정권 내에 들어온 이순신을 향하여 일제히 집중 사격을 한 것이다. <u>참고로 현대의 M3, K1기관단총의 유효사거리가 50m이므로 조총은 유효사거리 50m, 조준거리 25m로 보는 것이 타당하다.</u>

● 이순신 전사 80년 후 숙종 때 대제학(大提學)인 이민서(李敏敍, 1633~1688)는 김충장공 유사(忠壯公 金德齡遺事 충장공 김덕령유사)의 권 3전 충장공에서 「북을 치던 송희립(宋希立)이 적탄을 맞고 선상에 쓰러지자 이순신은 스스로 투구를 벗고 돌격 북을 치면서 싸움에 맞서다가 탄환에 맞아 죽었다(**李舜臣方戰 免胄自中丸以死 이순신방전 면주자중환이사)**」고 하였다. 또 「국왕의 명을 받아 나라 원수를 대적함이여! 대의(大義)는 북채를 쥔 채 진중에서 죽는 것이다(**義在握枹而死 의제악부의사)**」고 하였다. 또 이민서(李敏敍)는 「統制使 忠武李公 鳴梁大捷碑 통제사 충무이공 명량대첩비」 비문에서 이순신은 「진중에서 운명하였는데 마침내 몸을 버리고 죽었다(**臨陣殞命 <u>卒以身殉國</u> 임진운명 졸이신순국)**」고 하였다. 비문 끝에 14구시로 이순신 공적을 쓰면서 그는 구문(舊聞)에 따라 이순신은 스스로 죽음을 택하게 한 원인은 당파(동인과 서인) 간의 대립과 항쟁으로 점철된 당쟁의 희생물, 즉 당화(黨禍)라 하였다.《충장공유사》. 그리고 1678년 그가 편찬한 시문집 「서하집(西河集)」 17권에 편서 「김장군전(金將軍傳)」에서 통제사 이순신의 최후를 다음과 같이 적었다. 「…의병장 김덕령이 옥사하자 제장과 모든 사람들은 스스로 목

숨을 보전 할 수 없다고 생각했다. 곽재우는 드디어 군사를 해산하고 군직을 떠나 벽곡을 하며 당화를 피했고 이순신은 싸움이 한창일 때 스스로 갑옷과 투구를 벗고 적탄에 맞아 죽었다,라고 하였다.

將軍之死諸將人 人自疑不自保　　장군지사제장인 인자의부자보
郭再祐遂解兵 辟穀避禍　　　　　곽재우수해병 벽곡피화
<u>李舜臣方戰免胄中丸以死.</u>　　　　이순신방전면주중환이사.
　　　　　　　　　　　　　　　　　《이민서의 충장공유사》.

주

서하(西河)는 이민서의 호이다. 벽곡(辟穀)은 곡식 대신에 솔잎, 대추, 밤 등을 날것으로 조금씩 먹고 살다, 즉 은둔하여 신선이 된다는 뜻이다. 송희립은 통제사의 중군(中軍, 전속부관)이다. 이순신이 투구를 벗고 망신순국(忘身殉國), 즉 순절(殉節)하였음을 말해주고 있다.

※구문(舊聞)=전해들은 소문 또는 이야기. 순절(殉節)=충절(忠節)을 위해 목숨을 버리다. 피화(避禍)=당화(黨禍)를 피함. 당화(黨禍)=당파싸움으로 무고하게 당하는 희생. 中丸以死=총을 맞음으로써 죽다.

● 숙종 때 판부사(判府事)인 이이명(李頤命, 1658~1722)은 「이 장군을 슬퍼함(弔 李將軍)」 한시(漢詩)에서 이순신은 「드디어 투구를 벗고 적진 속으로 돌입하였다(遂乃免胄而赴之 수내면주이부지)」라 하였다.

주

갑주(甲胄)는 피갑(皮甲=갑옷)과 피주(皮胄=투구)로 나누어진다. 갑옷은 돼지가죽으로 되어있고 갑옷 속에 환삼(環衫)은 방탄조끼로서 괘갑(挂甲) 또는 찰갑(札甲)이라하며 2007년 부산 동래읍성 남문 발굴에서 임진왜란 때의 「비늘철갑(鐵甲)」이 발견되었다. 노량해전에서 류형은 집중사격 6발의 총탄(3발은 갓을 뚫고 2발은 바지를 스쳐 지나고 1발은 오른쪽 갈비를 향하여 뚫었으나 살갖에 닿지 않았다)을 맞았으나 「비늘철갑(鐵甲)」 때문에 생명을 건지고 그러나 흔히 말하는 이순신이 유탄 1발에 가슴 피탄 전사하였다면 이때 이순신은 투구와 갑옷을 다 벗은 것으로 생각된다. 「류형이 6발의 총탄을 맞았다」는 진주(晉州, 柳氏 大宗會 1972, 忠景公 柳珩將軍略傳 朴東亮 (충경공 류형장군 약전 박동량) 찬 「행장(行狀)」 29~30쪽에 기록되어있다.

| 참고 |
동양은 비늘철갑, 서양은 미늘(쇠사슬)철갑이다. 이순신의 갑옷은 양 어깨에는 조각된 용이 있고 앞자락 양쪽에 용봉문(龍鳳凰紋)이 있다. 투구는 앞 양쪽에 용 또는 봉황문이 있고 이마 가리개에 元帥(원수)가 새겨져 있다.

※갓=갑옷의 가죽.

● 이순신이 불의에 적탄에 맞아 쓰러지자 군관 손문욱(孫文彧)에게 「싸움이 한창이니 방패로 몸을 가리고 죽음을 발설치 마라(戰方急 愼勿言我死 전방급 신물언아사)」고 명령하였다. 그 후 맏아들 회(薈)가 북을 치면서 지휘를 하였다. 오시(午時)에 왜적은 겨우 50여 척이 남쪽바다로 도망하였다고 기록하고 있다.《난중잡록, 민족문화추진회 영인본, 1977》.

주

통제사의 직속막료로 중군(中軍)1~2명, 군관(軍官)1~10명 그리고 군관 밑에 군사가 있었다.

※오시(午時)=상오 11시에서 하오 1시. 영인본(影印本)=원본을 사진으로 찍어서 복제한 책.

주

손문욱(孫文彧)은 임진왜란 때 포로로 일본에 붙잡혀가서 대마도 종주(宗主) 종의지(宗義智)의 가신 柳川調信(야나가와 시게노부)의 심복으로 있다가 小西行長(고니시 유끼나가)의 부장(副長)이 된다. 豊臣秀吉(풍신수길)이 죽은 후 귀순하여 노량해전 때는 병조판서 이덕형의 명으로 이순신 기함에 동승하였다. 그리고 종전 후에는 사명대사와 일본에 동행하였다. 손문욱은 불가사의한 인물이며 영원한 역사 속의 변절자이다.《KBS 역사 Special, 2010》.

● 이분(李芬)의 「이충무공 행록(行錄)」에 의하면 이순신이 19일 여명(黎明) 독전 중 갑자기 총탄에 맞고 쓰러지자 조카 완(莞)과 맏아들 회(薈)가 이순신을 안고 몸종 김이(金伊)와 함께 배 안으로 들어가 눕혀 놓자 이순신은 「싸움이 바야흐로 급하니 내가 죽은 것을 알리지 말라」고 마지막 유언을 남기고 바로 숨을 거두자 아들 회(薈)와 조카 완(莞)은 활을 잡고 있다가 울음을 참고 서로 말하기를 「결국 이 일이 이렇게 되다니! 참담하구나!(事至於此 罔極罔極 사지어차 망극망극)」하고 울분과 함께 탄식하였다. 이 참담한 탄식은 이순신의 전사가 예견된 죽음이었음을 강조하고 있어 이는 가슴 아프게 와 닿는다.

十九日黎明公方督戰 忽中飛丸　　　　십구일여명공방독전 홀중비환
公曰 戰方急愼勿言我死 言訖而逝　　　공왈 전방급신물언아사 언흘이서
時公之長子薈從子莞 執弓在側　　　　시공지장자회종자완 집궁재측

掩聲相謂曰事至於此 罔極罔極　　　　엄성상위왈사지어차 망극망극
然若發喪.　　　　　　　　　　　　　연약발상.
　　　　　　　　　　　　　　　　　《이분의 이충무공 행록》.

주

망극(罔極)은 망극지통(罔極之痛)을 말하며 임금이나 어버이 상사(喪事)에서 오는 끝없는 슬픔을 말한다. 즉 망연자실 망극지통(茫然自失 罔極之痛)이다. 《동아 새 국어사전》. 권율의 장계에서는 손문욱(孫文彧)이가 아들 회(薈)의 울음을 제지하고 돌격 북을 쳤다고 하였다.

※종자(從子)=조카.

　　이제 조선(朝鮮)의 고문은 「이순신의 삶의 마음」을 죽였고 일본(日本)의 조총은 「이순신의 육신」을 죽였다. 결국 이순신의 생명줄을 서서히 끊어 온 것은 「이기적인 당쟁(파벌싸움)」, 「선조의 비상식적인 언행 그리고 명량(및 노량해전도)의 공적 불인정」, 「모진 고문의 고통과 후유증」 및 「왜병의 저격」등의 합작품이다. 노량해전 관음포 전투에서 이순신의 장렬한 전사는 우리가 흔히 보는 바다에서 침몰하는 배의 선장처럼 스스로 택한 「목숨을 버리는 비극적인 전사」로서 소문이 빠르게 퍼져 나갔다. 이를 들은 조명(朝明)의 수군 및 백성들은 큰 충격을 받고 모두 아연실색(啞然失色)을 한다. <u>특히 민중들은 나라와 백성을 구하고 스스로 목숨을 버린 이순신의 죽음을 가장 슬퍼하고 끝내 통곡을 하였다.</u>

주

이순신이 전사하자 백성들은 육식을 금하고 흰옷을 입어 애도를 표하였다.

　　● 이항복은 전라좌수영 대첩비에 다음과 같이 기록하고 있다. 「나중에 명의 수군 도독(都督)이 공의 죽음을 배에서 듣고 의자 밑에서 세 번이나 엎어지면서 밑바닥을 치고 통곡하였다. 이제는 같이 일할 사람이 없다고 말하였다. 명나라 군사들도 조상(弔喪)하여 고기를 먹지 않았다. 남도 백성들은 모두들 달려 나와 통곡하며 조문을 지어 제사하고 늙은이, 어린이들이 거리를 막고 우는데 곳곳이 그러하였다」

提督聞之 以身投於船者三曰　　　제독문지 이신투어선자삼왈

無可與有爲矣 天兵亦却肉不食　　무가여유위의 천병역각육불식
南民奔走巷哭 操文而祭之　　　　남민분주항곡 조문이제지
老幼遮道而哭者 所在如一.　　　　노유차도이곡자 소재여일.
　　　　　　　　　　　　　　　《전라좌수영 대첩비》.
다음은 같은 내용을 이항복이 다시 쓴 충민사기이다.
都督聞公死 顚倒於船者三　　　　도독문공사 전도어선자삼
無可與爲者 南民聞公之喪　　　　무가여위자 남민문공지상
奔走巷哭 市者爲之罷酒 及　　　　분주항곡 시자위지파주 급
家人以喪歸 南中士子 操文以祭　　가인이상귀 남중토자 조문이제
老幼遮道而 哭至界上不絶.　　　　노유차도이 곡지계상부절.
**저자에서는 술을 마시지 않았고 마침내 집안에서는 상여를
모셔가게 되자 통곡이 끊이지 않았다.《이항복의 충민사기》.**

　1598년 11월 19일(양력 12월 16일) 새벽 이순신이 노량해전 관음포 전투에서 총탄에 맞고 전사하자 유해를 현 이락사(李落祠 이충무공 유허지)에 잠시 안치한 후 남해 설천면 노량리 화전(꽃밭등)에 있는 현 충렬사로 옮겼다. 明나라 도독 진린(陳璘) 및 여러 장수들은 만사(挽詞)를 짓고 애통해 하며 백금 수백 냥을 모아서 장제(葬祭)를 치르었다. 이때 明나라 군사들은 조상(弔喪)하여 고기를 먹지 않았고 조선 백성들은 늙은이, 어린이 할 것 없이 달려나와 거리에서 통곡하며 글을 지어 제사를 지냈다.

주

　충렬사는 남해 향토인 김여빈과 고승후가 이순신 전사 35년 후 1633년 초가집 한 칸으로 세운 이순신의 사당이다.

　※만사(挽詞)=만장(挽章), 죽은 이를 애도하여 지은 글을 비단이나 종이에 써서 기(旗)처럼 만들어 상여 뒤를 따라감.

　※「꽃밭등」은 한글로 고유명사 입니다.

　● 도독 진린(陳璘)은 「제 이통제문(祭 李統制文)」의 제문(祭文)에서 말하기를 이순신은 「나라를 욕되게 한 사람이라 <u>오직 한번 죽는 일만 남았다</u> 하더니 이제 와서(전쟁도 끝나) 강토도 찾았고 큰 원수마저 이미 갚았거늘 무엇 때문에 평소의 맹세를 실천해야만

<u>했습니까?</u> 」라고 말하면서 탄식했다.

嘗曰
辱國之夫只缺一死 顧今境土旣歸
大讎已復 緣何猶踐夫素勵.

상왈
욕국지부지결일사 고금경토기귀
대수이복 연하유천부소려.
《진린의 제이통제문》.

주

이는 가장 확고한 역사적 증언으로서 이순신이 왜 <u>스스로 목숨을 버렸어야 했는지 진린이 이순신의 영혼에게 질문을 던지고 있는 것이다.</u> 참으로 가슴 아픈 일로서 노량해전에서는 큰 승리 소위 대첩을 이루었으나 결과적으로는 이순신의 죽음은 비극적인 전사(戰死)로 끝나고 말았다.

※소려(素勵)=소지(素志)로서 평소에 품고 있는 뜻을 말함.

이순신이 선조 31년(1598년) 11월 19일 전사하자 11월 23일 승정원(丞政院)에서 군문도감(軍門都監)의 낭청(郎廳)이 「진린(陳璘)의 차관이 와서 이순신이 죽었다」고 전사 보고를 전하자 선조는 그냥 「알았다」고만 대답하였다. 또 진린이 「이순신이 죽었으니 그 후임을 즉시 임명하여 달라고 요구하였다」고 말하자 선조는 「알았다. 오늘은 밤이 깊어 말할 수 없다」고 말하였다.

주

조선국왕 선조는 조선 삼도수군통제사 이순신의 전사 보고에 놀라서 애도를 표하기는커녕 뜻밖에도 아주 냉담한 반응을 보였다(혹시 잘 죽었다고 생각한 것이 아닌가?).

※차관(差官)=공문전달 및 업무연락관.

그 다음날 선조는 다른 말없이 「통제사 후임을 비변사에서 천거하라」고만 말하고 11월 25일 충청병사(兵使) 이시언(李時言)을 통제사로 임명하였다. 그리고 11월 30일 선조는 「이순신을 증직하고 관에서 장사를 도우라」고 하여 남해 관아에서 관비로 이순신의 장례를 치르었다. 12월 1일 비변사는 선조에게 「장례를 치르어 주고 자식들에게 관직을 주었다」고 보고하고 12월 4일에는 이순신을 우의정으로 증직하고 1598년 12월 11일(양력

1599년 1월 5일)에는 이순신의 영구가 남해에서 아산에 도착할 것이라고 선조에게 보고하였다.《선조실록》.

주

이순신은 삼도 수군통제사로서 자기의 직분을 다하였을뿐 그 이상의 공로는 인정하지 않았으므로 국장(國葬)은 아예 생각할 수도 없었다. 물론 이순신의 전사에 전혀 관심도 없는 조정에서는 거론조차 하지 않았다.

주

다른 사람처럼 도망가지 않고 나라를 구하려고 싸우다가 죽은 사람만 불쌍하고 바보 같은 사람이 되었다. 지배층이 솔선수범하여 국가를 위해 목숨을 바치지 않으면 어느 누가 이 나라를 지키겠는가?

　명군의 수장 형개(邢玠)의 권유로 남해로 내려 보낸 이순신 사제문(賜祭文)을 끝내면서 선조는「실은 나는 그대를 버렸으나 그대는 나를 버리지 않았다. 이승, 저승 맺힌 원한을 무슨 말로 다 하리오(**予實負卿 卿不負予 痛結幽明 云何其吁 여실부경 경불부여 통결유명 운하기우)**」하였다. 여기서 선조와 이순신 간에 이승, 저승에 맺힌 원한이 무엇인지 역사적 자료가 없어 현재로는 알 수가 없다. 그러나 정유재란 동안 선조(宣祖, 재위 1567~1608)는 이순신을 늘 미워하고 이순신을 핍박(逼迫)하는 인물의 중심에 있었다. 선조는 임진왜란은 明나라가 참전하여 구해준 전쟁이고 이순신 수군 및 의병의 항일(抗日)투쟁은 미미한 것으로서 큰 도움을 주지 못하였다는 기본인식을 갖고 있었다. 따라서 전후 6년 선조 37년(1604) 10월 29일 공신도감(功臣都監)에서 포상할 때 의병은 모두 제외되고 선무(宣武, 무관) 공신은 이순신을 포함하여 겨우 18명뿐이고 호성(扈聖, 문관) 공신은 내시 24명을 포함하여 총 86명이다. <u>즉 조국을 위하여 목숨까지 바친 의병은 내시보다 못한 꼴이 되었다.</u>

주

어버이의 장례도 못 치르고 군주의 버림까지 받았으니 충효를 다 잃은 사람은 죄인으로서 순절(殉節)밖에 없다(조선의 충효정신이 그를 죽음으로 몰고 갔다).
논공행상 때 일반의병은 두 번 다시 말할 필요도 없고 하물며 의병장인 곽재우, 고경명, 김천일, 조헌 등 어느 한 사람도 포상하지 않았다. 그위에 의병장 김덕령은 1596년 역모 했다는 무고(誣告)로 참옥하게 20일간 6차례 고문당한 끝에 죽었다.

※통(痛)=원한, 괴로움《東亞漢韓大辭典》, 핍박(逼迫)=싹 죄어 못살게 굶. 유명(幽明)=이승과 저승.

선조는 1598년 전란이 끝나자 서울 서소문 옆에 선무사(宣武祠)를 세우고 이의 현판에 「再造藩邦 (제조번방)」, 즉 明軍이 조선을 살려 냈다라고 썼다. 선무사는 明나라 수장 형개(刑玠) 및 양호(楊鎬)의 사당(祠堂)으로서 사람들은 이를 「생사당」이라 했다. 이는 명나라의 휼소(恤小, 소국을 구함)의 은혜와 선조의 사대지성(事大至誠)을 보여주는 것이다. 번방(藩邦) 또는 번국(藩國)은 속국을 의미한다. 참고로 일인(日人)들은 일본의 식민지 기간 동안에 조선(朝鮮)은 「재조(再造)의 은혜」를 받았다고 했다. 2010년 8월 23일 서울 한일역사 공동연구회에서 조선(朝鮮) 및 류구(琉球, 전 오끼나와 왕국)는 「일본(日本)의 번국(藩國, 한고끄)」으로서 조선통신사는 「우호 문화사절」로 일본에 온것이 아니고 「將軍(쇼군)」이 새로 취임할 때마다 藩(한)의 경하사절로서 왔다고 하였다. 지금도 아직도 중국인, 일본인들은 서로 「한국은 자기들의 속국이다」라고 주장하는 사람들이 많이 있다. 과연 아직도 대한민국은 민족의 주체성을 갖지 못하고 중국 및 일본의 속국인가? 라고 나는 자문한다.

※번(藩)=제후(藩主)가 다스리는 속국. 생사당=살아있는 사람의 사당.

이순신은 이 나라로 부터 고문, 고초를 당하고 여기서 얻은 심신의 고통을 무릅쓰고 나라와 백성을 위하여 명량, 노량해전에서 대 승첩의 위업을 달성하나 끝에 가서 그는 목숨을 「기러기의 털(鴻毛)」처럼 가볍게 스스로 버렸다. 이 사실을 들은 백성들은 살아도 살 수 없는 이 세상이 한스럽고 분하고 가슴 아픈일로 느끼고 이순신 영전에 모두 눈물을 흘리면서 통곡하였다.

● 선조 32년(1599) 2월 2일 이순신이 전사한 지 2개월 13일 후 선조는 좌의정 이덕형(李德馨)에게 말하였다. 「(이순신)수군이 노량대첩을 이룬 것은 과장된 말인 것 같다 (水兵大捷之說 恐是過重之言也, 수병대첩지설 공시과중지언야)」하자 선조의 말에 놀란 이덕형은 「수군의 (노량)대첩은 거짓말이 아닙니다. 소신(小臣)이 종사관 정곡(鄭轂)을 통해 알아보니 부서진 왜선은 바다를 뒤덮고 무수한 왜적의 시체가 쌓여 있었다고 합니

다. 이는 굉장한 승리였습니다」라고 말하였다. 즉 선조는 노량해전에서도 이순신 수군이
이룬 공적은 과장된 것으로서 결코 그의 공적을 인정하지 않고 있었음을 보여준다.《선조
실록》.

주

선조는 이순신을 파직나국(罷職拿鞠)하여 고문으로 죽이지 못하고 백의종군 중 원균수군의 궤멸로 군사
도 없고 군선 한 척도 없는 최악의 상황 속에서 삼도수군통제사로 잔인하게 재임명하여 최일선으로
내려 보냈다. 그러나 예상 했던대로 이순신은 안 죽고 뜻밖에도 명량 및 노량대첩을 기적같이 이루
어내자 선조는 공적을 일체 인정하지 않았다. 그러나 이의 정확한 사연은 지금도 알 수 없다. 이
것은 가끔 열등의식에서 오는 선조의 자학적 편집증세가 아닌가하고 나는 생각하기도 한다.

※파직나국(罷職拿鞠)=직책에서 파면하고 체포하여 죄인을 심문, 고문함. 종사관=직속참모

이순신이 전사한 12일 후 1598년 12월 1일경 발상(發喪)하여 이순신의 시신이 남해에
서 아산으로 붉은 명정(銘旌)을 앞세우고 운구 길에 오르자 소달구지에 실은 목관을 보
고 천리길의 많은 백성들이 거리에 나와 부모를 여읜듯 통곡을 하였다. 이를 「천리통곡」
이라 한다(낮으로만 약 10일 후 12월 11일에 아산에 도달하였다).

● 숙종 때 우의정인 송시열(宋時烈, 1607~1689)은 남해 충렬사에 있는 「통제사 증
시 충무 이공묘비(노량묘비, 露梁墓碑)」에서 다음같이 전하고 있다. 「공의 발상이 있자
조선, 명나라 군사들이 모두 소리쳐 울어 곡성이 바다를 뒤흔들었다. <u>남해로부터 아산에
이르기까지</u> 영구를 마중하여 천리길에 통곡하면서 제사하는 이들이 끊어지지 아니했고
심지어는 삼년상도 치르는 이들도 있었으며 스님들도 곳곳에 재를 올렸다」.

<u>自南海至牙山</u> 迎柩哭奠   자남해지아산 영구곡전
千里不絶 亦有喪之三年者   천리부절 역유상지삼년자
僧徒處處設齋.   승도처처설재.
                                  《송시열의 노량묘비》.

주

이순신 사후 63년 현종 2년(1661)에 세운 노량묘비(露梁廟碑)는 일반명칭이다. 비석 앞면에는 「忠武
李公廟碑 충무이공묘비」, 비문에는 전서로 「統制使贈諡忠武李公廟碑 통제사증시충무이공묘비」, 뒷면

에는 「有名朝鮮國三道水軍 유명조선국삼도수군통제사증시충무이공묘비」로 새겨져있다.

주

삼년상은 부모상을 당하여 매일 매끼마다 위패 앞에 제삿밥을 올리고 호곡(號哭) 하면서 3년 동안 거상(居喪)하는 일이다. 사람은 부모 특히 자신의 어머니가 죽었을 때는 모두 통곡을 한다. 그것은 어머니의 죽음이 나의 죽음이기 때문이다.
※齋(재)=명복을 비는 불공.
조선왕조에서 충무(공)시호를 받은 사람은 이순신 외 몇 사람 더 있다. 백성(민중)들은 「충무공 전사」만으로는 눈물을 흘릴지는 모르나 모두 소리쳐 통곡을 하지는 않는다. 그는 모든 것을 희생하면서 알뜰하게 보살펴주던 그의 어머니가 아들 대신에 목숨을 버렸다면 그 아들의 통곡은 평생 끊어지지 않을 것이다. 이순신은 고문 고초 후 백의종군 중에 통제사가 되었으나 이순신은 온 힘을 다하여 희생적으로 민중을 돌보고 지극 충성으로 나라를 구하고 끝내는 목숨을 돌보지 않고 대의를 위해서 죽은 것이다. 이순신은 백성과 나라를 위하여 자신의 모든 것을 다 버린 사람으로 민중의 마음속에 자리 잡고 있었음을 확인시켜준다. 여기서 우리는 이순신을 성웅이라 한다. 이순신이 노량해전 관음포에서 전사한 지 415년 지난 오늘, 현대에 들어와서 민족정기를 되찾기 위하여 이순신이 재조명을 받게 되는 데 일반적으로 「충무공 이순신」과 「민족의 성웅 이순신」으로 나누어진다. 특히 이순신은 고문, 면사(免死) 방면된 후 백의종군, 통제사로 전사할 때까지 1년 7개월 동안 이순신의 행적이 주목의 대상이 되고 있다. 과연 이순신은 죽도록 고문한 자신의 나라를 어떻게 받아 들였을까? 이순신은 왜 최후의 전쟁터를 죽음의 장소로 택하였을까? 이것이 나의 초미의 관심사이다.

먼저 이순신의 전사는 죽음각오전사(유탄 1발 피사)로서 1회 약한 고문을 받았으나 큰 문제가 되지 않고 비교적 건강하게 백의종군한다. 그 후 통제사로서 두 해전에서 대첩의 위업을 이루어 국가와 국민을 구한 국가의 충신 「충무공 이순신」이다. 다음은 죽음자초전사(일제저격 피사)로서 1차 고문고초로 장사(杖死)직전 면사, 방면되어 심신의 고통 속에서 백의종군한다. 그 후 통제사로서 자신의 모든 것을 다 버리고 두 대첩의 위업을 이루어 조국과 민족을 구한 수호신 「성웅 이순신」이라 한다. 어느 쪽이 이순신의 진실한 모습일까? 이제 「이순신의 죽음」을 역사적 흐름에서 보면 처음에는 망신순국, 성웅 이순신이 강조 되었으나 점점 관심에서 멀어지고 잊혀졌으나 현대 들어와서는 재조명하여 살신순국, 충무공 이순신이 강조되고 있다.

주

「죽음자초전사」를 망신순국(忘身殉國)으로, 「죽음각오전사」를 살신순국(殺身殉國)이라 한다.
「1차 고문」은 징비록에서 류성룡이, 「장사직전」의 고문은 한음문고에서 이덕형이 주장하였다.
※선조(1608)→광해군(1623)→인조(1649)→효종(1659)→현종(1674)→숙종(1720).

● 선조 때 영의정인 류성룡(柳成龍)은 징비록(懲毖錄)에서 「순신은 가슴 속에 담력이 있어 몸을 버리고 나라 위해 죽었다(而中有膽氣 忘身殉國 이중유담기 망신순국)」 즉 스스로 목숨을 버린 것이다. 정조 3년 남해의 향토인(鄕土人) 류상렬(柳相烈)은 「남해충렬사 창건기」에서 이순신은 「자신을 버리고 나라 위해 죽었다(捨身殉國 사신순국)」고 하였다. 숙종 33년 숙종은 현충사(顯忠祠) 현판을 사액(賜額)하면서 이의 사액 제문에서 「예로부터 자기몸을 죽여 순절한다는 말은 예부터 있으나 제 몸을 죽이고 나라를 살린 사람은 이순신이 처음이다」이라 하였다.

殺身殉節古有此言　　살신순절고유차언
身亡國活始見斯人.　신망국활시견사인. 《숙종》.

주

사액(賜額)은 국왕이 사당 또는 서원의 이름을 지어 그것을 새긴 가로로 된 액자를 내리는 일이다.

※신망(身亡)=제 몸을 죽이다. 순절(殉節)=충절을 위해 스스로 목숨을 버리다. 즉 순사(殉死)와 뜻이 같다.

● 이순신이 순절한 2년 후 선조 때 영의정이었던 오윤겸(吳允謙, 1559~1636)은 「이통제를 제사하는 글(祭 李統制文)」에서 「나라를 위하여 몸을 버리고 자기가 죽을 곳을 얻은 것으로 말하면 모두 아름다운(高尙한) 것이라 하겠으나 공의 죽음은 그보다 더 큰 것이 있음이로다. 죽은 것이 산 것을 달아나게 한 공적을 보면 어찌 그의 거취가 나라의 존망에 관계가 없다고 아니 할 수 있겠는가? 군사들의 용기와 낙심을 갖는 것은 오직 공한 분뿐이니 이것이 바로 공의 죽음을 가장 애통하게 한다」라고 하였다.

其爲國忘身而得死所　　　　　　기위국망신이득사소
則皆可尙矣 抑公之死又有大焉　즉개가상의 억공지사우유대언
以死走生之績 蓋其去就存亡之間　이사주생지적 개기거취존망지간
關國事成敗 繫軍情向背者　　　관국사성패 계군정향배자
唯一公一人 而己此所以公之死　유일공일인 이기차소이공지사
爲最哀也.　　　　　　　　　　위최애야.

《오윤겸의 제이통제문》.

이순신은 망신순국, 즉 순절(殉節)를 하였는데 그의 의도는 우리가 생각하는 것보다 더 크고 더 깊은 것으로서 우리는 알 수 없다고 하였다.

※이사주생(以死走生)=죽은 것이 산 것을 달아나게 한다.

● 광해군 때 영의정인 박승종(朴承宗, 1562~1623)은 충민사기(忠愍祠記)에서 「공의 충렬은 필경 몸을 버림에 까지 이르니 하늘의 보답이 어찌 이리 공평치 못 하는고, 아아! 슬프도다. 공이 만약 그날 죽지 않았다면 일개공신에 지나지 않았을 것이다」라고 하였다.

또 이어서 「진린(陳璘)이 26일 개선(凱旋)하여 서울로 올라오자 선조는 한강진(漢江津, 나룻터)까지 출영하였으며 이야기가 이순신의 충렬에 미치자 나는 얼굴에 눈물이 가득하였다」고 말하였다.

이때 진린(陳璘)은 선조에게 「성(城)을 버리고 군사를 잃은 무리들이 공신이라 자임하여 자기 방창(房窓) 아래에서 늙어 죽건만 이순신에게는 그 혁혁한 충렬과 큰 공에도 불구하고 스스로 몸을 버림에까지 이르니 이것이 어찌 하늘의 보답인가?」하고 한탄하였다

而公之忠烈 竟至殞身 何天之報 　　　이공지충렬 경지운신 하천지보
施不同也 嗚呼 使公不死當日 　　　시부동야 오호 사공불사당일
則不過一功臣焉耳 　　　즉불과일공신언이
上出迎于漢之濱 　　　상출영우한지빈
語及忠烈之狀 流涕滿面. 　　　어급충렬지장 류체만면.
　　　《박승종의 충민사기》.

이순신이 죽지 않았다 하더라도 선조는 이순신수군의 명량 및 노량대첩을 인정하지 않고 있으므로 이순신은 그냥 일개 공신에 불과한 것으로 정리될 것이다. 박승종은 이순신보다 17세 아래이고 이순신이 망신순국, 즉 순사하였음을 강조하고 있다. 선조 32년 때는 박승종은 대사간이었다.

주

진린은 중국 본국으로 가서 일등공신이 되었다. 진린은 고금도에서 서울로 왔을 때 선조로부터 극진하게 환대를 받았으나 이순신은 죽어서도 냉대를 받았음을 박승종은 눈물로 하소연하고 있다. 선조는 생전의 이순신은 물론이고 죽어서도 얼마나 냉대하고 핍박하였는가를 말해주고 있다.

※오호애재(嗚呼哀哉)=아아! 가슴 아프고 슬프다, 운신(殞身)=제 몸을 죽이다, 즉 목숨을 끊다, 焉耳=뿐이다.

● 광해군 때 금산군(錦山君)인 이성윤(李誠胤, 1570~1620)은 한시(漢詩) 「제(題) 노량 충렬사」에서 「공(公)은 공(功)이 너무 커서 상 못 탈것을 미리알고 결심하여 제 몸 죽여 만고의 충정이 이슬이 되니 영혼은 어디에 있는가? 초라한 초가 한 칸의 사당이 있는데 들판에 깔린 구름은 차갑기만 하구나!」라고 하였다.

心知功大 終難賞 決心身殲　　심지공대 종난상 결심신섬
竟露肝萬古 英靈何處在　　경로간만고 영령하처재
一間祠屋 野雲寒.　　일간사옥 야운한.
　　　　　　《이성윤의 제노량충렬사》.

주

이순신은 망신순국 하였으나 누구도 거두지 않아 영혼은 안면하지 못하고 쓸쓸하게 남쪽바다 들녘에 떠돌고 있음을 말한다. 이제 산 사람은 죽은 사람을 위하여 초가 한 칸의 사당, 즉 초묘(草廟)를 짓고 그의 영혼을 위로하는 길뿐이다는 사실을 강조하였다. 이성윤은 이순신보다 25세 아래다.

● 인조 때 목사(牧使)인 임홍량(任弘亮, 1634~1707)은 현충사(顯忠祠) 상량문(上樑文)에서 「(이순신은) 오늘은 기어코 죽기로 결심한다 하니 전쟁에서 죽겠노라고 첫 번 맹세한 그 마음을 저버리지 않았고 그리고 하늘의 신령은 끝내 살려 두려고 하지 않아 마침내 순절하려던 본뜻을 이루었다」라고 하였다.

今日固決死 寧負喪革之初心　　금일고결사 녕부상혁지초심
皇天不愁遺 終成殉節之素志　　황천불은유 종성순절지소지
　　　　　　《임홍량의 현충사 상량문》.

> **주**
>
> 이항복의 충민사에서 「금일고결사(今日固決死)」 즉 오늘은 반드시 죽을 것이다는 결심을 임홍량이 재확인 한 것으로서 이순신은 순절(殉節), 즉 망신순국(忘身殉國)하였음을 말하고 있다.

※순절(殉節)=충절을 위해 스스로 목숨을 버림, 은유(慇遺)=애써 남겨둠, 소지(素志)=본디품고 있는 뜻.

● 효종 10년 효종은 「아침에 이순신의 비문(碑文)을 보았는데 죽을힘을 다하여 싸우다가 순절(殉節)한 일에 이르러서는 눈물이 줄줄 흘러내리는 것을 (나는) 깨닫지 못했다」라고 하였다.《효종》.

● 효종 때 부윤(府尹)인 맹주서(孟冑瑞, 1622~1654)는 한시(漢詩) 「노량 조 이통제(露梁 弔 李統制)」에서 「본시 한 죽음에 깊은 뜻이 있건만 그 까닭을 훗날 사람들이 어이 알리오」라 하였다.

自是一死知有意 後人那得揣其故　　　자시 일사 지유의 후인 나득췌 기고
　　　　　　　　　　　　　　　　《맹주서의 노량 조이통제》.

> **주**
>
> 이순신은 그냥 총 맞아 죽은 것이 아니고 의도된 죽음이지만 이의 깊은 뜻을 헤아릴 수 없다고 하였다.

● 숙종 때 이조판서였던 이여(李畲, 1645~1718)는 정탁(鄭琢)의 신구차(伸救箚)의 발문(跋文)에 부연(敷衍)하여 말하기를 「세상에서 말하기를 공(公)이 죽음에서 벗어나 나온 뒤로 공로가 클수록 용납되기가 어려울 것으로 스스로 알고 마침내 싸움에 다다르자 몸을 버렸으니 공의 죽음은 본시부터 작정된 것이다. 그때 경우와 처지로 보면 혹시 그 말에 근사한 점도 있다. 어허! 슬픈 일이다」.

自知功大難容遂 臨陣以殞其身　　　자지 공대난용수 임진이운기신
公之一死固所 素完而其所 嗚呼.　　　공지일사고소 소완이기소 오호.
　　　　　　　　　　　　　　　　《이여의 신구차 발문》.

신구차(伸救箚)는 죄가 없음을 들어내어 목숨을 구원하는 상소문이다. 이순신 사후 114년 지난 숙종 때까지도 이순신이 스스로 몸을 버리고 죽었다고 민중들이 믿고 있었음을 말한다. 이여(李畲)는 덕수 이씨로 이순신의 시장(諡狀)을 썼던 이식(李植, 1584~1647)의 손자이다. 이식의 시장으로 인조 21년(이순신 사후 45년) 3월 28일 인조는 이순신에게 충무(공) 시호를 내렸다. 시장(諡狀)은 국왕이 시호를 내리도록 요청할 때 그 사람의 생전의 일을 적은 보고서이다.

※발문(跋文)=후기.

● 숙종 때 좌의정인 판부사(判府事) 이이명(李頤命, 1658~1722)은 가승발(家乘跋)에서 「공(公)은 용의주도하게 방비하여 자기 몸을 아끼지 않고 왜 몸을 버리고 죽어야 했을까? 세상 사람들이 말하되 공이 성공한 뒤에 몸이 위태해질 것을 스스로 헤아리고 화살과 탄환을 맞으면서도 피하지 않았다고 했다. 어허! 참으로 슬프다. 과연 그랬을까?」

또 이어서 「묻혀서 화를 당하는 것은 명백하게 절개를 위해서 스스로 목숨을 버리는 것보다 못하거니와 더구나 이 적들이 물러가면 다시 죽을 곳이 없을 것이다는 공의 영민함으로 일찍이 스스로 알아서 정하였음이라」라고 하였다.

何不周防自惜終以身殉也	하블주방자석 종이신 순야
世言公自度功成而身危	세언공자도공성이신위
當矢石而不避	당시석이블피
嗟呼或其然乎今	차호혹기연호금
與其掩昧罹禍 無寧明白立懂	여기엄매리화 무녕명백입근
況此賊一退 又無可死之所矣	황차적일퇴 우무가사지소의
以公之明早自審定.	이공지명조자심정.
	《이이명의 가승발》.

이순신이 전사한 후 120년쯤 지나자 이순신이 과연 망신순국 즉 순절(殉節)을 하였을까? 이이명은 반신반의 하면서 다음과 같은 뜻으로 말하였다. 「이순신이 스스로 몸을 버리고 전사했다는 것은 도저히 믿을 수 없다. 만약 이것이 사실이라면 너무나도 슬픈 일이 될 것이다」.
※嗟呼(차호)=참으로 슬프다. 절개(節槪)=옳은 일을 지켜 뜻을 굽히지 않은 굳건한 의지나 태도.
입근(立懂)=대의나 절개를 위해서 스스로 목숨을 버림. 가승발(家乘跋)=한 집안 조상의 전설이나 사적에 관해 기록한 발문. 발문(跋文)=간단하게 본문 뒤에 기록한 글 또는 후기(後記).

관음포 이락사 사진임.

이락사(李落祠)는 관음포에서 이순신의 영구를 맨 먼저 육지에 안치한 곳이다. 경내의 대성운해(大星殞海) 비각 안에는 순조 32년 (1832년) 대제학, 문간공(文簡公) 홍석주(洪奭周)가 쓴 「충무 이순신 유허비」가 있다. 이 유허비는 통제사 이항권이 세웠다. 이락사 못가서 충무공이 탔다는 말무덤이 있다고 한다.

「바로 남해현 동쪽 20리 떨어진 곳, 관음포가 있다.
(直南海縣 東二十里 名其地 觀音浦)」
230년 전 충무 이공이 탄환에 맞아 죽은 곳이다.
한 몸으로 나라 운명을 좌우하여
정성을 펼치고 공평하게 베풀며
몸을 바쳐 온 힘을 다하였다…
(其開誠布 公鞠躬盡)

마침내 뜻을 결단하고 몸을 버렸다 …
(以志決身殲).
《충무 이순신 유허비에서 발췌》.

역시 이 당시까지도 이순신이 스스로 목숨을 버리고 전사하였음을 말해주고 있다. 숙종 이후(120년 뒤)로는 임진왜란과 이순신 전사에 대한 관심이 민중으로부터 멀어지고 모두 살기에 바빴다. 그 후 나라가 망하고 일본의 식민지가 되자 민중들은 민족정기를 되찾기 위하여 이순신을 다시 주목하게 된다. 선조 31년(1598) 11월 19일 이순신이 남해 관음포에서 전사한 후 시신을 거두어 처음에는 안치하였으나 후속조치가 없어 이를 계속 그냥 둠으로써 시신을 방치하는 꼴이 되었다. 선조 32년(1599) 2월 11일 아산의 금성산 얼음목으로 반장할 때까지 약 80일이 소요되었다. 여기서 이순신의 시신이 남해 충렬사 가묘에서 최장 12일간 안치 되어오다가 1598년 12월 1일경 발상하여 아산으로 바로 이장하였다(약 8일 소요)고 전하고 있으므로 남는 60일, 즉 2개월이 설명할 수 없는 공백기간이 생겨 상당한 문제가 되었는데 이 사실이 「위장전사설」을 위한 하나의 근거가 되었다.

충무공 동상 사진임

한국의 모든 초등학교 교정에 있는 충무공 동상이다. 자라나고 있는 어린이 세대는 이순신을 어떤 모습으로 마음에 담고 있을까?

3. 이순신의 시신은 왜 고금도(묘당도)로 갔는가?

고금도의 묘당도(廟堂島)는 이순신의 마지막 통제영이다. 나는 왜성답사에 몰두하고 있을 때 순천왜성을 보고 난 후 시간이 있어 그동안 「잃어버린 작은섬 묘당도(廟堂島)」를 찾기 위하여 2006년 8월 완도군 고금도 덕동리에 고금 군내 버스를 타고 갔으나 묘당도는 고금도와 양쪽 방조제로 연결하고 그 사이를 매립하여 연륙(連陸)화 되어 있었다. 이순신 수군의 통제영이 있었던 이 묘당도는 1598년 7월 16일 명수군 5천 명이 도독 진린(陳璘)과 같이 도착하여 조명(朝明)연합 수군의 본영이 되었다. 현재도 충무사, 옥천사 및 관왕묘비(關王廟碑)가 남아 있으나 유독 눈길을 끄는 것은 월송대(月松臺)에 있는 이순신의 가묘(假墓)이다. 이곳에 이순신의 시신이 2개월간(1598년 12월 11일부터 1599년 2월 11일까지로 추정하고 특히 2월 25일은 등자룡 시신이 서울에 도착한 날이다) 가매장 되었다는 이곳 주민들의 증언이다. 그러나 어디서 왔는지? 왜 왔는지? 그리고 2개월 후 어디로 갔는지? 알 수 없고 주민들은 이곳 충무사에서 이순신 기일(忌日)을 양력 12월 22일(실제는 12월 16일) 동짓날로 알고 이날에 매년 제향하여 넋을 위로하고 있다고 하였다.
　※2개월은 분명하나 이의 날짜는 불명확하다고 말함.

시신이 굳이 온 이유를 말하려면 초분(草墳) 때문이 아닌가 하였다. 이때까지는 남해 사람들은 노량 충렬사에서 제사 지내고 시신을 잠시 안치하였다가 바로 남해에서 아산으로 시신을 운구하였다고 하였다. 충렬사 송시열(宋時烈)의 노량묘비(露梁廟碑)에서도 이순신의 영구가 드디어 남해에서 출발하여 아산으로 향하자 아산에 이르기까지 천리길에 영구를 마중하여 나온 백성들이 통곡하였다고 전했다. 즉 완도군 고금도 덕동리 「묘당도」는 고금도 남쪽 끝에 있는 독립된 작은 섬으로 이순신이 1598년 2월 17일 보화도(현재 목포 앞 고하도로서 108일 주둔함)에서 이곳으로 통제사 진영을 옮긴 곳이다. 1597년 7월 16일 원균(元均) 수군이 칠천량 옥계 해전에서 왜군에게 일방적으로 참패 궤멸하자 위기의식을 느낀 明은 수군의 도독 진린(陳璘)에 5천 명의 수군을 조선에 파병, 목포 앞바다의 고하도를 거쳐 1598년 7월 16일 묘당도에 도착하여 이 통제영이 조선과 명의 연합수군의 본영이 된다. 현재도 등자룡(鄧子龍)을 제향하는 옥천사(玉泉寺)가 있고 충무사옆에 관왕묘비(關王

廟碑)가 있으나 관우(關羽)를 모신 사당, 즉 관왕묘당(關王廟堂)은 일제 때 파괴되고 현재는 볼 수 없다. 이곳 주민들은 묘당도 월송대(月松臺) 가묘터에 2개월간 이순신의 시신이 가매장되어 있었다고 증언하였다(2006년 8월). 이순신의 시신이 왜 여기에 왔는지 확실한 사연은 알 수 없으나 초분(草墳 또는 草殯)하기 위해서 온 것으로 생각한다고 하였다. 완도군 청산도에서는 지금도(2010) 시신을 초분하고 있는 데 초분은 마을 밖 가묘에서 시신을 짚이엉으로 덮고 3년 동안 부패시켜 조상에 불경스러운 썩는 냄새를 없앤 다음 백골이 된 시신을 조상의 선영에 이장, 매장한다고 하였다.

주

明軍에게는 관우가 전쟁승리의 수호신이다. 현재는 방조제로 연육(連陸)화 되어 있으나 주민들은 관왕묘당이 있는 섬으로 임진왜란 후 묘당도라 불렀다.

※묘당도의 옛이름은 알 수 없음.

묘당도 지도임. 현재 월송대 가묘(봉분)는 사라지고 그자리에 유허비가 서 있다.(2012)

묘당도는 고금도 바로 동쪽에 있는 아주 작은 섬이다. 그러나 현재는 양쪽에 방조제로 연륙화 되어 고금군내 버스가 들어오고 있다. 묘당도는 주위가 고금도, 신지도, 조약도로 둘러싸여 있어 찾기 힘든 천연요새 수군기지이다. 망덕산(102m)은 이순신수군 통제영의 후망산(堠望山)이고 산마루에는 요망대(瞭望臺)가 있었다. 임진 때는 고금도와 석교(石橋)로 연결되어 있었고 임진란 후에는 망덕산 밑에 고금도진(古今島鎭)을 두었다. 이곳 월송대 가묘터에 이순신의 시신이 2개월간 묻혀 있었다.

묘당도는 명나라 진린수군의 본영 및 이순신수군의 마지막 통제영이 있었던 곳이다. 고금관왕묘 석비(古今關王廟 石碑)는 좌의정 이이명(李頤命)이 쓰고 통제사 이우항(李宇恒)이 숙종 39년(1713)에 세웠다. 관왕묘는 陳璘(진린)이 관왕(관우)를 제향한 곳으로 현종 7년(1666) 관왕묘를 개수, 암자를 지어 승려 천휘(天煇)가 와서 묘당(廟堂)을 지켰다. 그 후 조선왕명으로 옥천사(玉泉寺)를 건립하였다.

그 후 2006년 가을 나는 도서관에서 선조실록을 차례로 읽어가던 중 뜻밖에 충격적인 한 기록을 보고 크게 놀라 나의 눈을 의심하였다. 즉 그것은 다음의 선조실록의 기록이다.

● 선조실록 31년(1598) 12월 11일 선조(宣祖)에게 예조(판서)는 말한다. 「등총병(鄧總兵)의 치제관(致祭官)은 이미 차출하였으므로 곧 내려 보낼 것입니다. 그러나 듣건대 이순신의 상구(喪柩)가 이미 전사한 곳에서 출발하여 아산의 장지에 도착할 예정으로 등총병의 상구와 한 곳에 있지 않다고 합니다. 제사를 올리는 순위는 서로 구애된다고 생각되지 않아 이순신에게는 본조(예조)의 낭청(郎廳)을 먼저 보냈고 등총병에게는 이축(李軸)을 오늘, 내일 보내려고 합니다. 어떻게 하면 좋겠습니까?」 선조는 말한다. 「중국 장수를 먼저 장사 지내고 우리나라 장수는 뒤에 하는 것이 예의상 옳다. 상구가 한 곳에 있다고 선후의 절차를 따지고 상구가 서로 각기 다른 곳에 있다고 선후 절차를 따지지 않는다면 중국인이 우리가 하는 일을 모를 것이라고 여겨 우리나라 장수를 먼저 제사 하는 것은 온당치 않다. 등총병에게 먼저 치제관(致祭官)을 보내라」고 하였다.

傳敎矣 鄧總兵致祭官　　　전교의 등총병치제관
則已爲差出 近當下去　　　즉이위차출 근당하거
<u>而聞李舜臣喪柩 已離身</u>　이문이순신상구 이리신
<u>死之地 到牙山葬所</u>　　　사지지 도아산장소
不與鄧喪 同在一處云　　　불여등상 동재일처운
致祭官先後 以不相妨　　　치제관선후 이불상방
故曹郞廳 先爲發送矣　　　고조낭청 선위발송의
李軸今明日內 催促下送 如何.　이축금명일내 최촉하송 여하.
　　　　　　　　　　　　　《선조실록 31년 12월 11일》.

주

예조는 예조판서(禮曹判書)이고 등총병은 등자룡 부총병에서 증직한 것이다(총병은 도독 진린이다). 진린(陳璘)은 「내가 선두에서 추격하고 있을 때 나를 돕기 위해서 좌우에서 뒤따라오던 이순신과 등자룡이 왜적 조총병 저격으로 같이 전사 하였다」고 말하였다.

※到(도)=이르다, 도달하다, 도착하다. 낭청(郎廳)=종 6품 실무관, 치제관(致祭官)=국왕의 명으로 국왕의 제문(祭文)과 제물(祭物) 갖고 내려와서 죽은 공신의 제사를 지내는 관리. 상구(喪柩)=장례를 치를 시신이 들어있는 목관.

　남해 충렬사 창건기에 의하면 이순신 전사 후 34년까지 조정에서 아무런 조치가 없어 이를 분개한 유림 향토인들이 가묘, 즉 시신을 일시 안치했던 곳에 초가 한 칸의 초묘(草廟)를 지었다. 그 후 26년이 지난 후 효종 9년(1658) 사당, 오늘의 남해 충렬사를 건립하였다(일명 노량 충렬사라고도 한다). 나는 처음 이순신의 상여가 전사한 곳 남해 충렬사에서 출발하여 아산으로 향하다가 선조실록의 기록과 같이 선조의 반대로 방향을 돌려서 묘당도로 향한 것으로 확인하였으나 방향을 돌린 지점이 전주쯤 아닌가하고 막연하게 추정하고 있었다. 그 후 2010년 남해 사람들은 이순신 장례 제전에서 이순신의 시신은 이제 아산으로 향하지 않고 바로 배를 이용하여 고금도, 즉 묘당도로 운구했다고 TV뉴스에서 전하고 있었다. 이로써 시신의 이동 경로가 일단락된 것으로 생각하고 나는 더 이상 관심을 갖지 않았다. 그러나 남해 사람들은 처음에는 이순신의 시신이 묘당도로 간 사실을 왜 몰랐을까? 그 후 나는 이순신의 사후 자료를 얻기 위하여 2011년 6월 초 이은상의 이충무공 전서를 차례로 읽어가던 중 뜻밖에도 신판 이충무공전서 하권 67쪽 「충무공 전몰과 그 뒤의 실록기사」에서 선조실록 31년 12월 11일에 이순신의 상여가 이미 죽은 곳을 떠나 <u>아산에 거의 도착하였다고</u> 기록되어 있다고 이은상은 말하였다. 나는 이 충격적인 기록에 전율을 느끼고 바로 다시 부산 중앙 도서관에 와서 선조실록 31년 12월 11일의 기록을 정밀하게 읽고 이의 실록 한자 원문도 발췌하여 이를 바로 앞에 이기(移記)하여 놓았다.

여기 재인용하면
而聞 李舜臣喪柩   이문 이순신상구
已離身死之地 到牙山葬所.   이이신사지지 도아산장소.
이은상의 번역은 「(보고로)듣건대 이순신의 상여는 벌써 죽은 곳을 떠나 거의 아산 장지에 이르게 되었다.」《이충무공전서, 하권 70쪽》.

선조실록의 번역문은 「듣건대 이순신의 상여가 전사한 곳에서 출발하여 아산의 장지에 도착할 예정이다」로 기록하고 있었는데 이것이 진실이라면 이순신의 시신은 아산에 도착한 것으로 인정해야 한다. 따라서 처음 남해 사람들과 송시열의 주장, 즉 이순신의 시신은 <u>남해에서 아산으로 바로 운구 되었다는 주장</u>이 옳았다고 말할 수 있고 그 위에 이 사실은 대단히 충격적이고 비극적인 진실을 내포하고 있음을 말해준다. 즉 이순신의 시신이 남해에서 아산으로 천리길을 올라 왔다가 선조의 말 한마디로 다시 아산에서 더 먼 남쪽 고금도 천리길을 내려와 묘당도에서 2개월간 가매장한 후, 또다시 묘당도에서 아산으로 천리길을 올라 왔다는 것을 의미한다.

시신은 냉동하지 않는 한 계속 부패한다. 가능한 빨리 매장하거나 화장해야 한다.
이은상의 「이충무공 전서」는 정조19년(1795) 규장각 윤행임(尹行恁)과 예문관 류득공(柳得恭)이 편찬한 「李忠武公全書 전14권」을 번역, 해설한 것이다.

이순신의 시신을 2개월 동안 가매장하고 그 위에 천리 길을 왔다 갔다 하다니! 2개월 가매장에서 시신은 부패하고 왕복 3천 리 시신운구 과정에서 흙, 자갈길의 끝없는 진동

으로 살은 떨어져 나가고 뼈는 부러지고 결국 시신은 만신창이가 될 것이다. 생각이 여기까지 미치자 나는 그만 아연하고 전율을 느껴 고통스러운 슬픔에 휩싸였다. 이순신의 죽음에 슬퍼하고 통곡하는 것을 넘어 이제는 임진왜란 때 이순신의 희생으로 살아남은 선조(先祖)의 후손인 우리는 꿇어 엎드려 이순신의 영혼에 용서를 빌어야 할 것이다. 상식적으로 나의 머리로는 도저히 이해할 수 없다. 이 세상에 어떻게 이런 일이 일어날 수 있는가? 하늘이여 용서하소서! 하고 하늘에 빌 뿐이다. 진실이 아니기를 바랄 뿐이다(조선삼도 수군통제사의 국가 진혼제도 없이 선조는 이순신의 시신이 아산 장지에 다 왔다는 보고에도 불구하고 잔인하게도 다시 이순신의 시신을 남쪽으로 되돌려 보냈다. 이는 반인륜적 처사로서 결코 용서 받을 수 없는 일이다).

● 숙종 때 우의정인 송시열(宋時烈, 1607~1689)은 첫 번째 이순신 가묘가 있는 남해 충렬사 노량묘비(露梁廟碑)에서 「공의 발상(發喪)이 있자 조선, 명나라의 군사들은 모두 소리쳐 울어 곡성이 바다를 뒤흔들었다. 남해부터 아산에 이르기까지 상여를 마중하여 천리길에 통곡하면서 제사하는 이들이 끊이지 않았고 심지어는 삼년상도 치르는 이들도 있었으며 스님들도 곳곳에 재를 올렸다」라고 하였다.

自南海至牙山 迎柩哭奠　　　자남해지아산 영구곡전
千里不絶 亦有喪之三年者　　천리부절 역유상지삼년자
僧徒處處設齋.　　　　　　　승도처처설재.
　　　　　　　　　　　　　《송시열의 노량묘비》.

송시열은 분명하게 시신 관구(棺柩)가 남해에서 아산까지 갔으며 이 천리길의 연변에 주민들이 나와 통곡하면서 애도하였다고 했다(이를 일명 천리통곡이라 한다). 내가 2006년 남해 관음포에 갔을 때 남해 사람들은 이순신의 시신은 바로 남해에서 아산까지 운구 되었다고 하였으므로 시신 관구가 아산까지 간 것은 틀림없는 사실로 인정된다. 그리고 내가 고금도 월송대에도 이순신 가묘가 있다고 말하니까 처음에는 모두 믿을 수 없다고 하였다. 이순신의 시신이 고금도(묘당도)에 가서 2개월간 가매장 되었다는 역사적 증거자료는 어디에도 없다. 만약 묘당도 월송대 주민들의 증언이 없었다면 이순신의 가묘는 존재하지 않았을 것이고 2개월의 공백 기간도 영원히 미스터리로 남았을 것이다. 그것은 남해에서 아산으로 옮길 때는 공개적으로 장례예식을 갖추어 운구하였으나 선조의 강력한 반대로 시신을 원위치할 때는 차마 남해로는 되돌아 갈 수 없으므로 고금도(묘당도)를 택한 것이다. 이때 아산에서 고금도로 되돌아가는 과정은 군사 극비작전으로 위장하여 이동하였으므로 일반 민중들은 전혀 알 길이 없었다고 말할 수밖에 없다.

※관구(棺柩)=시신이든 목관. 齋(재)=명복을 비는 불공.

● 충무공 가승발에서

枢發自古今返于牙山　　　　　구발자고금반우아산
一路民庶老幼男女號痛隨之　　일로민서노유남여호통수지
士子備酒奠操文哭之如悲親戚　사자비주전조문곡지여비친척
明年己亥二月十一日 葵于牙山城山下酉之原.
　　　　　　　　　명년기해이월십일일 규우아산성산하유지원.
「영구가 고금도에서 출발하여 아산에 돌아왔다. 가는 길을 따라 남녀노유의 민중들이 뒤따르면서 호곡하고 선비들은 제주를 마련, 조문을 짓고 친척처럼 슬퍼하면서 호곡하였다. 새 기해년 1599년 2월 11일에 아산 성산(금성산)에 안장하였다」.

주

「충무공가승발」의 저자에 관한 기록과 부연 설명이 없으므로 한문내용만 이기하였다.

※民庶(민서)=민중. 士子(사자)=사인 즉 선비. 城山=金城山.

선조는 임진전쟁에서 조선의 의병 및 이순신 수군은 큰 도움이 되지 못하고 명군(明軍)만이 「재조번방(再造藩邦)」 즉 조선을 살려 냈다는 아주 편향된 강한 기본인식을 갖고 있었다. 따라서 관음포 전투에서 같이 전사한 이순신과 등자룡에 대한 선조의 관심은 땅(壤)과 하늘(天)로 다를 수밖에 없다. 1598년 11월 19일 이순신(54세)과 등자룡(68세)이 전사한 후 두시신을 현 충렬사 장소로 옮겨서 같이 안치하였으나 장례 절차 및 선영운구의 우선 순위가 등자룡에게 먼저 주어졌으므로, 이순신은 뒷전에 밀려났다. 따라서 明황제의 치제관(致祭官)이 올 때까지 이순신의 시신은 무작정 반장(返葬)도 못하고 덩달아 방치된다. 그 후 근 12일 동안 기다리다 못해 조정에서 예조의 낭청(郎廳)을 치제관으로 보내 시신을 아산으로 운구하였으나 선조의 반대로 다시 시신을 남쪽 멀리 묘당도로 유배를 보낸 것이다. 明황제의 치제관(致祭官)이 와서 제사하고 등자룡의 시신을 서울을 향하여 운구를 시작하자 이때 이순신의 시신도 묘당도에서 아산으로 운구하여 1599년 2월 11일 금성산(金城山) 얼음목에 안장하였다. 선조실록 32년(1599) 2월 25일 선조는 등자룡의 상여가 서울에 왔을 때 미리 안치 장소를 마련하지 못한 죄로 접대도감 낭청(郎廳)을 파직시키고 시신이 안치되자 3월 6일 선조는 총병 등자룡 장례를 조선 국장으로 하고 등자룡 문상에 거둥하여 친히 극진하게 제사를 올렸다(喪次致祭禮 상차치제례). 그 후 등자룡 시신은 명나라로 운구하였다. 이순신의 시신은 아산군 금성산(錦城山)에 매장한 후 다시 15년 뒤 광해군 6년(1614)에 안쪽으로 600m 떨어진 어라산(於羅山)으로 또다시 이장하였는 데 현충사에서는 이순신의 부인이 죽자 진린 보좌관 두사충(杜史忠)이 정해준 금성산 묘에서 지관(地官) 박이인(朴履仁)이 정한 어라산 선영에 부인과 합장하기 위하여 이장하였다고 했다.《현충사, 2008년 10월》. 그러나 여기서 확인해야 할 것은 선조실록에 의하면 선조 32년(1599) 2월 25일 등자룡의 상여가 서울에 도착하고 이어 3월 6일 선조가 직접 제사를 올렸다. 따라서 3월 7일 이후에 등자룡의 시신은 중국을 향하여 서울을 떠났으므로 이순신의 시신 안장은 3월 7일 이후에 가능하게 된다. 즉 <u>선조의 반대로 다시 남쪽으로 내려간 이순신의 영구를 선조가 서울에서 등자룡의 장례를 치르기 전에 아산으로 반장한다는 것은 불가능한 일이다. 따라서 1599년 2월 11일 금성산 얼음목에 안장 날짜는 한 달 늦게 3월 11일로 보는 것이 타당하다.</u> 이순신의 시신이 천리길을 3번「왔다갔다왔다」하였으므로 소요기간이 최소한 1개월이 필요하고 묘당도에서는 2개월간 가매장되어 있었으므로 이순신이 전사한 후 금성산에 안장할 때까지 3개월 20일(1598년 11월 19일~ 1599년 3월 11일)소요된 것으로 볼 수 있다. 즉 안장 날짜 <u>三月十一日이 二月十一日로 오기한 것이 아닌가</u> 추정된다. 참고로 이순신이 체포되어 이순신 함거가 한산도를 출발하여 서울에 도착하는 데 만 8일이 소요되었으나 해가 짧은 겨울에는 더 늘어난다.

※ 정리하면 이순신 전사(11월 19일) 12일 후 12월 1일경 발상(發喪)하여 10일 후 1599년 2월 11일 아산(忠南 牙山)에 도착하였으나 선조의 반대로 바로 먼 남쪽 묘당도(廟堂島)로 내려가 2개월간 가매장 되었다. 그 후 등자룡 시신(鄧子龍 屍身)이 서울에 도착한 날 2월 25일 이후 묘당도를 출발하여 10일 후 3월 8일경 아산에 도착 3일장으로 드디어 3월 11일 아산 금성산(金城山) 땅속에 안장되었다. (전사 110일 후임). 따라서 한번 더 부언(附言)하면 시신의 장지 아산 도착은 선조가 등자룡을 제사한 3월 6일 이후가 되어야 하며

그전에 이장(移葬)은 절대로 불가능한 일이다.

주

진주목사 김시민(金時敏, 1554~1592)이 1592년 12월 26일 총상으로 앓다가 사망하자 처음 괴산에 매장하였으나 23년 뒤 부인이 죽자 충주 신당리 원자산에 합장하였다. 그 당시에는 부인이 죽으면 새로운 묘터를 찾아서 합장하기 위하여 이장하는 것이 일반화된 장례 관습이었다.

※거둥=국왕의 행차.

그리고 무려 세 번이나 이장하는 과정에서 하물며 상여가 아산 장지에 다 왔다가 다시 되돌아 남해보다 더 먼 남쪽 묘당도로 가서 다시 아산으로 오는 그 먼 길에서 시달리고 고초를 겪은 이순신의 시신은 이제는 상처투성이로 살아있는 이순신을 죽으라고 고문한 이 나라가 또다시 죽은 이순신을 끝없이 고문한 것이다. 이 사실은 나는 도저히 이해 할 수가 없는 것으로서 이는 끊임없이 계속된 「극악무도한 시신학대」이다. 이제 안면하지 못하고 망신창이가 된 이순신의 영혼은 이제 갈 곳을 잃어버리고 쓸쓸한 고혼(孤魂)이 되어 자신이 싸웠던 황량한 바다의 전쟁터를 끝없이 방황하게 되었다. 이 사실을 들은 민중들은 이순신이 왜적과의 해전에서 잠시 머물렀던 곳곳에 초가 한 칸의 사당을 짓고 이순신의 위패 앞에서 영혼을 눈물로 위로하는 일이 오늘날까지 이어왔다, 남쪽지방의 연안 곳곳에 이순신의 사당이 많은 것은 이유가 여기에 있다. 「이순신의 길은 백성과 나라, 역사를 구한 길이나 또한 나를 버리고 끝없이 죽는 길이었다」.

주

선조(宣祖)는 산 이순신, 죽은 이순신을 가리지 않고 모두 끝없이 죽였다. 시신은 이장하면 많이 훼손되고 망실이 일어난다. 가능한 이장은 않는 것이 바람직하다.

※ 재조번방(再造藩邦)=중국이 속국인 조선을 살려냄.
반장(返葬)=객사한 사람의 시신을 고향으로 옮겨 장사 지냄.
치제관(致祭官)=국왕이 제물과 제문을 보내 죽은 공신을 제사 지내도록 보낸 관리.
낭청(郎廳)=낭관(郎官), 접대도감의 종6품 실무직.
지관(地官)=풍수설에 따라 집터나 묘 터를 잡아 주는 사람.

4. 이순신의 비석은 어디에 있는가?

그 후 이순신의 시신이 아산 금성산에 안장한 후에도 공적비, 묘비 하나도 세울 수 없었다. 명수군 부총병 등자룡(68세)의 장제는 등자룡의 시신이 서울로 올라오자 선조가 국장을 직접 시행하였음을 선조실록에서 엿볼 수 있다. 선조는 이순신을 버렸고 또 그의 전공(戰功)도 인정하지 않았다. 그 위에 이순신이 전사한 15년 후(1602년) 5대 통제사를 지낸 황해 병마절도사 류형(柳珩, 1566~1615)이 광해군 7년(1615)에 죽을 때 남긴 유언 「이순신의 비를 세우기 전에 내 무덤에 비석을 세우지 마라」를 생각해 보면 역설적으로 이순신의 어떠한 비도 그 전에는 세울 수 없었고 국가 수준의 장례, 즉 국장도 없는 국가로부터 철저히 외면당한 버림 받은 장군이었다.

「이순신의 비」는 전라좌수영 대첩비(여수시 소재)를 말하며 이것은 광해군 7년(1615) 5월에 영의정 이항복(李恒福, 1556~1618)이 비문을 쓴 「통제(사) 이공 수군대첩비(統制李公水軍大捷碑)」를 말한다. 이 비의 건립을 차일피일 미루어 오다가 8년 뒤 광해군 15년(1623년) 1월에 세웠다. 비석돌은 황해도 강음(江陰)에서 류형이 실어 왔다. 전라좌수영 대첩비와 타루비는 1942년 조선총독부의 「반시국 고적」으로 지하창고에 버린 것을 1948년 경복궁에서 되찾아 여수에 다시 세웠다.

이순신이 죽고 23년이 지나도록 전라 좌수영 대첩비를 세울 때까지 하물며 묘비도 세울 수 없었다. 그동안 유일한 것은 전사 후 5년 선조 36년(1603년)에 여수의 민중들과 류형 및 영하 수졸들이 모여서 눈물을 흘리면서 여수 수영(水營)에 세운 타루비(墮淚碑, 여수시 고소3길 13, 즉 고소동 고소대)로서 공적 내용도 없고 아주 짤막하고 초라한 비석이다. 왜 공덕비, 물망비라 하지 않고 「墮淚碑」석 자만 새겼는지 이의 애절한 사연을 알려주는 자료는 없으나 그 눈물에는 죽음의 슬픔과 삶의 한이 서리어 있는 것은 틀림없다(원 위치는 여수, 수영 동쪽 산마루 즉 東嶺임).

타루비 비석임.

「墮淚碑」   「타루비」

營下水卒爲統制使   영하수졸 위통제사
李公舜臣 立短碣   이공순신 입단갈
名曰墮淚蓋取襄陽人   명왈타루개취양양인
思羊祜而竪 其碑則   사양호이수 기비즉
淚必墮者也.   루필타자야.

萬曆三十一年秋立.   만력삼십일년추립.
(선조36년, 1603)

「타루비」. 영하 수졸들이 모여 통제사 이순신공을 위해 짤막한
비석을 세우니 「눈물 떨어뜨림」이라 한다. 양양 백성들이 모두
나아가 羊祜(양호, 晋(진)나라 명장으로 오(吳)를 칠 때 병사함)
를 사모하며 비석을 세우니 모두 보고 눈물을 떨구었다.
만력 31년(선조 36년, 1603). 가을에 세움.

중국 주변 속국(藩國)은 왕권을 인정받는, 즉 책봉(冊封)의 대가로 중국연호 사용 및 매년 조공(朝貢)을 해야 했다. 만력(萬曆)은 明나라 신종(神宗)의 연호로서 조선의 선조 시대에 해당된다. 만력 1년(원년)은 1573년(선조 6년)이다. 양호(羊祜)를 사모하는 비석을 중국 현산(峴山)에 세웠는데 그 비를 보는 사람은 모두 눈물을 흘렸다(**望其碑者 莫不 流涕 杜豫其名 墮淚碑 망기비자 막불류체 두예기명 타루비**) 그래서 두예(杜豫)는 그 비를 타루비라 했다. 여수의 타루비는 심인조(沈仁祚)가 썼으며 이 비에는 애틋하게 추모(追 慕)한 누흔(淚痕)만이 현재 남아있다. 이때 류형(柳珩)은 해남현감이고 심인조(沈仁祚)는

진안(鎭安)현감이다.

● 효종 때 영의정을 지낸 판중추부사(判中樞府事) 김육(金堉, 1580~1658)은 이충무공 신도비(神道碑)에서 「도원수 권율(權慄)의 묘에는 큰 비석이 있으나 통제사 이순신묘에는 아직 사적(事績)을 기록한 비석이 없다. 이 어찌 선비들의 유감이 아니겠는가?」라고 하였다.

元帥之墓旣有豊碑之樹而	원수지묘기유풍비지수이
統制之隧尙無紀績之文	통제지수상무기적지문
玆豈非薦紳諸先生之有餘憾 .	자기비천신제선생지유여감.
	《김육의 신도비》

주

이 비석은 이순신 전사 95년 후 숙종 19년(1693)에 세워졌다.

※사적(事績)=사람이 이룬 업적. 천신(薦紳)=관직에 있는 사람(벼슬아치).

● 저자 미상의 충무공유사(忠武公遺事)에서 「사람들이 말하기를 (충무)공의 공적기록은 사관(史官)에게 달렸으나 그것을 전함에 비석이 없는 것을 탄식한다. <u>공에게 있어서는 이에 대해 빼거나 더하는 것이 없고 아예 논의조차 꺾어버렸다</u>」라고 하였다.

或言公之功業在史官	혹언공지공업재사관
其傳也無以石爲吁	기전야무이석위우
於公則非所以損益	어공즉비소이손익
於此而拗議.	어차이요의.
	《저자미상, 충무공유사》.

● 이순신이 나라를 구하다가 노량해전에서 전사하였음에도 불구하고 이 노량에는 사후 35년 동안 충혼을 위로하는 사당 하나 없었다. 이에 탄식 분개한 향토인 김여빈, 고승후가 나서서 1633년 한 칸의 초가로 이순신사당을 지었다. 이는 너무나 초라하여 김여

빈의 손자 김경리(金慶履)가 상소하여 1658년 효종의 도움으로 현위치에 기와집 충렬사가 건립되었다. 다음은 상소문의 일부분이다.

「대저 국가를 위해 나랏일로 죽게 된 자를 위해서는 반드시 그곳에 사당을 세워 풍성(風聲)을 수립케 하거늘 유독 이순신이 목숨을 바친 이곳(노량)에서 오랫동안 봉안(奉安) 의식이 없었습니다」라고 하였다.

凡爲國家而死於王事者   범위국가이사어왕사자
必於其所爲之立祠以樹風聲   필어기소위지입사이수풍성
而獨(李公)效死之地缺缺揭虔之儀.   이독(이공)효사지지결결게건지의.
                                       《김경리의 상소문》.

※풍성(風聲)=풍체와 품격 및 명성과 덕망. 왕사(王事)=국왕을 위하여 하는 나랏일.

전국에 있는 옛 좌, 우수영에는 그렇게 수사(水使)의 선정비(善政碑)는 많으나 통제사 이순신의 선정비는 찾아 볼 수 없다. 그의 공적을 기리는 선정비, 공적비를 23년 동안 한 개도 세울 수 없었고 유일한 것은 공적비가 아닌 타루비뿐이다. 그 후 이순신 묘에는 묘비도 없고 너무나도 초라하므로 후손들은 숙종 때 좌의정인 이이명(李頤命)에게 청하여 숙종 46년(1720)에 비문을 쓴 것을 가산이 여의치 않아 56년 뒤 영조 52년(1776)에 가서 처음으로 묘비로 세웠다. 신도비(神道碑)는 효종 때 영의정인 김육(金堉)에게 청하여 비문을 현종 원년(1660년)에 받았으나 후손들이 힘이 없어 숙종 19년(1693)에 묘소 입구에 세웠다고 한다.《현충사》. 이것은 선조가 이순신을 미워하여 「그의 공적은 과대평가 된 것」으로서 결코 생전에 인정하지 않고 외면했기 때문이다. 한 마을에 비석을 세우거나 묘비를 세울 때는 지방 수령이나 종가의 허락을 얻어야 했다. 그러나 사당은 누구나 자유롭게 세울 수 있었으므로 남도의 민중들은 스스로 뜻을 모아 이순신이 머물렀던 곳에 초가 한 칸의 사우(祠宇)를 짓고 이순신의 영혼을 위로하였다. 이순신의 첫 사당은 여수 바닷가에 지은 민충사(愍忠祠)로서 이의 세운 날짜와 정확한 위치는 알려지지 않고 있다.

신도비(神道碑)는 종2품(가선대부)이상의 벼슬아치 묘소 입구 또는 길가에 세우는 사적비이다.

● 류성룡(柳成龍, 1542~1607)은 징비록(懲毖錄)에서 다음과 같이 전하고 있다. 이순신의 영구 행렬이 지나는 곳에는 모든 백성들이 길가에 나와 제사를 지내면서 통곡하였다. 「공은 우리를 살려 주었는데 이제 목숨까지 버리고 우리를 두고 어디로 가십니까?」라고 말하였다. 수많은 백성들이 이순신의 영구를 잡고 통곡하고 길가는 행인들도 눈물을 흘리지 않는 이가 없었다. 조정에서 이순신을 의정부 우의정으로 추증했다. 그러나 明나라 군문(軍門) 형개(邢玠)가 나서서 말했다. 「당연히 이순신을 제향하는 사당을 바닷가에 지어 충혼을 달래주어야 한다」. 그러나 선조는 그의 제안을 선뜻 받아드리지 않고 묵살하였다. 이에 바닷가 백성들이 모여 초가 한 칸의 사우(祠宇)를 짓고 이를 민충사(愍忠祠)라 하고 기일(忌日)에 제사를 지냈으며 장사치들과 어부들도 오가며 그곳에서 제사를 지냈다」라고 하였다.

行路之人無不揮涕 贈議政府	행로지인무불휘체 증의정부
右議政 刑軍門謂當立祠海上	우의정 형군문위당입사해상
以奬忠魂事竟不行 於是海邊之人	이장충혼사경불행 어시해변지인
相率爲祠號曰 愍忠以時致祭	상솔위사호왈 민충이시치제
商賣漁船往來過其下者	상매어선왕래과기하자
人人祭之云.	인인제지운.
	《류성룡의 징비록》.

이에 이초객(李楚客)은 수영(水營)을 읊은 시 삼수(詩 三首)를 남겼는 데 이의 민충사의 시에서 「오늘의 푸른 바다에서 이 큰 공을 누가 이으리(**至今滄海上 誰復嗣戎功 지금창해상 수복사융공**)」라 하였다.

이순신이 관음포에서 순절하자 남도 민중들은 이순신의 죽음을 듣고 통곡(=호곡, 號哭)을 하면서 이순신이 싸웠던 남도 곳곳에 많은 사당을 지어 영혼을 위로하였다.

순천시 신선포 충무사 사진임.

순천시 해룡면 신성포에 있는 충무사는 이순신의 영정을 모신 곳으로 기일(忌日)에 제향(祭享)
하여 넋을 추모하고 있다. 처음에는 주민들이 초가 한 칸 사당을 만들었으나 고종 5년(1868년)
대원군의 향사및 서원 철폐령으로 헐었다가 1988년 순천향교 유림들의 성금을 모아 재건립하
였다. 그러나 충무사 입구는 화강암 비석으로 화려하게 장식되어 있으나 1년 내내 참배객의 인
적이 끊어져 그지없이 쓸쓸하기만 하다. 전국에 있는 이순신의 사당은 모두 이와 비슷한 상황
속에 놓여있다.
지금 이 사진에도 사람의 모습은 아예 볼 수 없다. 충무공 이순신은 어느 나라를 위해서 싸우다
가 죽은 사람인지? 안타깝기만하다.

민충사(愍忠祠)는 불쌍한 충신의 넋을 모신 초가 한 칸의 사우, 즉 초묘(草廟)를 말하
며 충신은 비운의 명장 이순신을 말한다. 이순신이 전사한 후 조정(국가)에서 아무런 조
처가 없어 이에 탄식 분개한 유림 향토인들이 나서서 사비(私費)를 모아 이순신이 머물

렸던 곳곳에 민중이 이순신의 사당을 지었다. 즉 민충사(여수 바닷가), 착량묘(통영), 충렬사(남해 노량), 초량사당(부산 영도), 유묘(거제), 착량 초묘(거제), 충무사(순천 신성포), 충무사(해남 용정리), 충무사(묘당도), 유애사(정읍), 충렬사(정읍), 반계사(장흥), 금강사(강진), 월산사(함평), 충효당(온양), 오충사(해남), 충무사(고흥), 현충사(아산), 무광사(광주), 숭충사(고성), 오충사(여수) 등 알려지고 있다. 관에서 건립한 것은 여수 충민사 (이시언), 한산도 충무사(김억추), 통영 충렬사(이운용) 등 이다.

고종 5년(1868) 대원군의 사당(祠堂) 및 서원(書院)철폐령으로 전국(이북포함)의 사당 및 서원은 주향인(主享人) 한 사람당 한 곳만 택하여 전국(이북포함)에 67곳만 남기고 그 외는 모두 철폐하였다. 이순신의 사당은 통영 충렬사 하나만 남기고 그 외 사당은 철폐하여 이때 모두 철거하였다. 아산 현충사도 1868년 철거되었다가 1932년 조선민(朝鮮民)의 모금으로 재건립되었다. 그 외 이순신사당은 모두 광복 후 그 지방 주민에 의해서 이전과 같은 위치에 재건립한 것이다.

> **주**
>
> 충민사(忠愍祠)는 선조 34년(1601) 도체찰사 이항복(李恒福)이 통제사 이시언(李時言)에 명하여 건립한 사당으로 이순신, 이억기, 안홍국을 제향(祭享)한다(여수시 소재). 충민사도 1868년(고종 5년) 폐사한 후 1873년(고종 10년) 재건하여 매년 3월 10일 춘기, 9월 10일 추기 석채례(釋菜禮) 및 4월 28일 충무공 탄신제를 올리고 있다(충무공탄신일은 음력으로는 3월 8일이다). 그리고 민충사(愍忠祠)는 민사(民祠)이고 충민사(忠愍祠)는 관사(官祠)이다.

5. 명 수장(明 首將)들은 이순신을 옹호하였다

임진전쟁 때 조선에 파병 온 「명천병(明天兵)」 수장(首將)들은 그들의 속국인 조선국왕 선조와 장수들을 깔보고 늘 업신여겨 왔다. 특히 이순신 생전에는 늘 반대 입장에 서서 괴롭혀 온 오만한 그들이 이순신 사후에는 그의 지략, 공적 및 인격에 매료, 감복하면서 선조에게 이순신을 옹호하는 발언이 선조실록에서 곳곳에 엿볼 수 있다. 이것은 생각

못했던 뜻밖의 역사적 사실로 이순신 사후에도 선조가 얼마나 이순신을 못마땅하게 생각하고 있었다는 것을 역설적으로 설명해주는 것이다. 참으로 역사의 아이러니(Irony)이라 아니할 수 없다.

주

조선(朝鮮)과 中國, 明은 책봉(冊封), 조공(朝貢)관계에 있었다. 따라서 조선은 明에게 왕권을 인정받고 매년 조공하였으며 明나라 연호(年號)를 그대로 썼다.

※천병(天兵)=중국 황제의 군사.

● 선조실록 30년 10월 20일.

명군(明軍)의 수장, 경리 양호(楊鎬)는 말한다. 「이순신은 훌륭한 사람입니다. 칠천량 해전에서 다 흩어진 전선(戰船)을 수습하여 패배한 후 명량해전에서 큰 공을 세웠으니 나는 돈과 비단을 보내어 기쁜 마음을 표하려고 합니다」라고 말하고 선조에게도 권하자 선조는 엉뚱하게도 동문서답을 하였다.《선조실록》.

주

명량해전에서 양호는 이순신의 공적을 높이 평가하였으나 선조는 「그의 직분에 마땅한 일이며 큰 공이 있는 것이 아니다」라고 평가 절하하였다.

※선조 30년(1597년)=萬曆(만력) 25년, 만력은 明 神宗의 연호이다.

● 선조실록 31년 11월 30일.

예조(禮曹, 예조판서)는 선조에게 말한다. 「군문 형개(邢玠)가 이순신의 죽음을 몹시 슬퍼하면서 사람을 보내 제사를 지냈다고 합니다. 우리는 어떻게 하면 좋겠습니까?」 선조는 그냥 「알아서 하라」라고 말하였다.

《선조실록》

주

선조는 이순신의 장례에 전혀 관심이 없음을 말한다.

● 선조실록 32년 1월 6일.

선조가 명군 부총병 이방춘(李芳春)의 관소(官所)에 왔을 때 이방춘은 말한다. 「이순신은 충신입니다. 이런 사람이 (선조에게) 10사람만 있으면 왜적에 대해 무슨 걱정이 있겠습니까?」 하면서 이순신은 훌륭한 장수로서 나라를 구한 충신임을 거듭 강조하였다.《선조실록》.

주

문자 그대로 보면 역설적으로 이순신은 선조에게 역신(逆臣)이 된다.

● 선조실록 32년 1월 9일.

선조가 제독 마귀(麻貴)의 숙소에 갔을 때 마귀는 말한다. 「이순신은 혈전(血戰)을 벌이다가 죽었는데 직접 만난 일은 없으나 그의 공적은 탄복할 만합니다. 그와 그의 자손을 포상하여 충렬을 정표(旌表)로 하는 것이 좋겠습니다」라고 하였다.《선조실록》.

주

정표(旌表)=어진행실을 세상에 드러내어 널리 알림. 선조 조정 밑에서는 이순신의 공적비, 묘비도 세울 수 없음을 말해 준다. 그리고 선조에게 냉대 받고 있는 이순신과 그의 자손을 포상할 것을 권하였다.

● 선조실록 32년 1월 21일.

선조에게 급사중(給事中) 서관란(徐觀瀾)이 말한다. 「죽은 이를 후대해야 산 자가 충성을 다합니다. 사당을 지어 이순신을 봄, 가을 제사 지내고 자손을 돌봐주도록 요청합니다.」《선조실록》.

주

이는 죽은 이순신이 선조 조정으로부터 냉대를 받고 있으므로 봄, 가을은 물론 평소 기(忌)제사도 못 지내고 그 위에 유가족들이 아주 빈곤한 생활을 하고 있음을 말해준다.

| 참고 |

사당에서는 춘추향사(春秋享祀) 및 기제사(忌祭祀)를 지낸다.

주

제독(提督), 도독(都督), 총병(摠兵), 경리(經理), 군문(軍門), 급사중(給事中)은 모두 역대 명군 수장(明軍首將)들의 직함이다.

《정리》

이순신이 살아있을 때는 조선 수군과 연합하여 왜적을 물리치지 않고 「소서의 화친(小西和親)」제의를 앞세워 무리하게 목숨 걸고 왜적과 싸울 필요가 없다고 종천순리론(從天順理論)을 주장하면서 이순신을 괴롭혔던 명군 수장들이 이순신 사후에는 이순신의 조국에 대한 지극 충성과 인격을 높이 평가하면서 선조에게 국가적 장제 및 녹훈을 거듭 주장하였다. 그러나 국가적 장례는 아예 이루어지지 않았고 녹훈은 전사 후 6년 뒤에 이루어진다. 이때 받은 행상(行賞)으로 유가족은 가난에서 벗어난다. 명 황제 신종(神宗)은 이순신의 전공을 인정하여 수군도독(都督)으로 임명하나 선조는 죽은 이순신조차 외면하고 버렸는데 참으로 역사적 ironical한 사실이다. 나는 선조가 산 이순신은 물론이고 죽은 이순신조차 왜 그렇게 미워했는지 그 이유를 지금도 알 수가 없다(조선국왕 선조 자신이 임명한 조선삼도 수군통제사 이순신의 전사를 왜 이렇게 허망하게 사후처리를 하다니 상식적으로 이해하기가 어렵다).

주

소서의 화친은 왜장 소서행장(小西行長)이 제의한 강화를 말한다.

| 참고 |

Stalin은 2차 대전 명성으로 「국가영웅」이 된 Georgi Zhukov를 몹시 두려워하여 1945년 4월 Berlin을 함락하자 바로 최고 사령관에서 숙청하여 그의 무대에서 사라지게 하였다. 이 좁은 반도국가에서 선조는 또 하나의 태양을 용납하기가 어렵다고 생각되므로 설사 이순신이 전사하지 않고 살아 남았다 하더라도 전후에는 살아남기가 어려웠을 것이라고 추정된다. 물론 역사에는 가정은 없지만….

한 가족의 가장(家長)인 이순신이 죽은 후 유가족은 정신적, 물질적으로 매우 궁핍된 비참한 생활을 하고 있었다. 선조실록 31년 12월 1일 비변사가 남해 현장에서 이순신의 장례를 치르고 자식들에게는 관직을 주었다고 보고하고 있으나 잘 실행되지 않았던 것으로 추정된다. 이순신의 유가족은 해변가의 메마른 전답과 품으로 겨우 생존을 유지하고 있었는데 이를 보다 못한 충청도 관찰사 김륵(金玏, 1540~1616)이 이 사실을 기록하여 유가족의 세금과 노역의 면제를 권하고 생활의 곤궁을 알리는 장계를 8월에 올리고 대책을 건의하였다.

다음은 장계 내용의 일부분이다.

「임란의 일등공신인 이순신의 곧고 충성되며 열혈(熱血)한 정의는 우주에 빛나건만 그의 처자(妻子)가 아산 해곡에서 거친 논밭과 모자란 종들로 관역을 감당하지 못하고 그 상묘에 조석으로 보양하기를 어렵게 이어가고 있어 보고 들으니 측은하지 아니할 수 없으므로 연호 잡역이나 제하여 주옵소서」라고 하였다. 이에 김기환(1876~1968)은 「조정의 야박함이여 통탄케하도다」라고 말했다.《이순신 세가》.

연호(煙戶)=굴뚝에서 연기 나는 집이 아니고 여기서는 각 집에서 관역에 동원되는 일꾼을 말한다.

그 후 다시 조정의 공신도감에서 공론화하여 드디어 전후 6년 만에 선조 37년(1604) 10월 29일 녹훈(錄勳)이 이루어진다. 이순신, 권율 및 원균을 선무1등 공신으로 포상하여 본인, 부모, 처자 3계급 승진, 150결의 토지, 노비는 부족으로 13인에서 8인으로, 옷감 1단(겉감과 안감), 은자(銀子) 10냥, 말(내구마) 1필을 받아 드디어 유가족은 가난에서 벗어나게 된다.

다음은 이순신이 전사한 지 307년 후 1905년 러·일해전에서 승리하여 일본의 국가 영웅「살아있는 군신(軍神)」이 된 제독 東鄕平八郎(도오고 헤이하찌로)의 평가 발언이다. 나는 도오고가 가장 정확하게 이순신을 평가하였으며 역시「영웅이 영웅을 알아주는구나!」하고 감탄하였다. 다음은 나의 졸저「성웅이순신 그리고 일본성(왜성)」에서 부분 인용한 것이다.

1905년 러·일해전에서 승리를 거둔 「일본해군 연합함대」의 총사령관 東鄕平八郎(도오고 헤이하찌로)원수는 연합함대 해산식 파티에서 술 취한 한 정객이 자신을 외팔, 외눈의 영국의 「국가 영웅(National Hero)」 Nelson에 비유하는 찬사를 유쾌하게 듣다가 「대장은 조선의 이순신 제독과 같은 명장입니다」라고 말하자 東鄕(도오고)는 갑자기 옷깃을 여미면서 다음과 같이 말하였다. 「내(도오고)가 이순신 제독과 동렬에 서려고 한다면 그것은 잘못입니다. 그것은 세 가지 이유에서 입니다. 첫째 우리 연합함대는 톤 수에 있어 발틱함대를 능가하고 있고 일본해군의 승리는 오히려 당연합니다. 그러나 이순신 제독은 언제나 열세의 함선을 지휘하여 10전 10승의 전과를 거두었습니다. 그것이 내가 이순신 제독에 못 따라가는 첫째 이유입니다. 둘째는 일로(日露)전쟁에서 일본 육군은 연전연승, 그래서 해군이 적군에 기지를 위협당한 적이 없습니다. 이와는 반대로 조선의 육군은 연전연패, 이순신의 수군은 언제나 그 기지가 적의 위협을 받고 보급로가 차단되었습니다. 그런 역경 속에서 오직 이긴 것이 이순신 제독이지요. 내가 이순신 제독에게 족탈불급인 세 번째 이유는 나 도오고는 황공하게도 위로는 천황 폐하, 그리고 아래는 한 사병에 이르기까지 전국의 일치단결한 성원을 받고 나섰는데 반하여 이순신 제독은 그 공을 시기하는 도배의 모함에 시달리고, 간신배의 계략으로 고문까지 받았으나 왕명으로 겨우 목숨을 부지하고 출옥하였습니다. 이 궁지(窮地) 속에서도 그는 굴하지 않고 <u>명량, 노량해전에서 대승을 거둔 것입니다.</u> 그러나 그는 최후의 해전인 노량해전에서 전사하였습니다」.

그 파티에서 東鄕(도오고) 원수의 말을 직접들은 東鄕의 노부인(老婦人)의 회고담으로 朝日(아사히)신문사에서 간행된 책에 수록되어 있다. 이순신에 대한 東鄕(도오고)의 평가는 정곡을 찌른 것으로 이순신이 위대하다는 것을 수긍하게 한다. 그러나 한편으로는 마음속에서 우러나오는 숙연함과 가슴속에서 터져 나오는 울분과 슬픔을 금할 수가 없다. 그가 무슨 죄가 있다고 그렇게 끝없는 죽음의 길로 가야하는지?

1794년 Calvi 해전에서 오른쪽 눈의 시력을, 1797년 Santa Cruz 해전에서 오른팔을 잃어버린 Horatio Nelson(1758~1805)은 The Victory(호)을 타고 「England expects that everyman will do his duty(영국은 모두가 자신의 의무를 다할 것을 바라고 있다)」라고 말하고 1805년 10월 21일 Trafalgar 앞바다로 출전하여 Napoleon 1세 연합함대(프랑스 18척, 이스파니아 15척)를 「Nelson Touch」 즉 T자 전법으로 격파하여 완승을 눈앞에 두고 소총 저격탄을 가슴에 맞고 전사하면서 Nelson이 남긴 최후의 말은 「Now I am satisfied, Thank God, I have done my duty(이제 나의 임무를 다한 것을 신에게 감사한다)」 이때 영국은 위로는 국왕으로부터 아래는 어린이까지 슬퍼하면서 Horatio Nelson을 「국가 영웅(National Hero)」으로 추앙하였다.

1905년 러·일전쟁 때 영국의 거부로 Suez운하를 통과하지 못하고 멀리 아프리카 남단 Capetown을 돌아서 오느라고 식량난, 식수난 및 신선채소 부족 등으로 거의 빈사 상태가 된 러시아의 Baltic함대를 1905년 5월 27일 일본의 東鄕平八郎(도오고 헤이하찌로)는 진해만에서 대기하다가 대마해협 沖島(오끼노시마) 북서쪽 해역에서 맞이하여 丁字(정자)전법으로 24시간 해전에서 45척을 격파하고 5,045명의 러시아 수병을 수장시켰다. 러시아 자료에서는 34척이 침몰하고 겨우 3척만이 Vladivostok로 기항하였다. 그리고 이날은 용기와 자신감을 준 일본의 해군 승전기념일이고 동시에 러시아의 국치일이다. 이 러·일전쟁 해전에서 승리한 東鄕(도오고)를 위로는 국왕으로부터 아래는 아이들까지 박수갈채를 보내면서 살아있는 「軍神(군신)」으로 추대하였다.

주

東鄕(도오고)가 옷깃을 여미고 이순신을 경외(敬畏), 앙모(仰慕)한 것은 이순신은 Nelson과 같이 전쟁, 국가의 영웅이 아니고 자신의 모든 것을 다 버리고 희생한 역사, 민족의 성웅이기 때문이다. 세계 해전 사상 위대한 다 같은 해군제독으로서 대승전하여 그들의 조국과 민족을 구한 Nelson과 東鄕(도오고)는 위로는 국왕으로부터 아래는 어린이까지 전 국민의 박수갈채와 아울러 「국가의 영웅」으로 또는 「살아있는 군신(軍神)」으로 추대되고 그들의 죽음은 국왕과 전 국민의 애도를 받으면서 국장을 치르었다. 그러나 이들보다 더 큰 공적을 세운 이순신을 선조 국왕은 고문하고 노량해전에서 전사한 후 초라한 현지 장례식에 끝없는 시신학대를 받으면서 이순신은 이 땅에 묻혔다. 국장도, 묘비도, 공적비도 없고 충무(공) 시호도 45년 사후 종친인 이식(李植)의 요청에 의하여 인조가 내린 것이다. 선조 국왕은 죽은 이순신을 또다시 버림으로써 멀리 고금도 덕동리 묘당도에 가매장했다. 여기서 이순신의 영혼을 아무도 거두지 않아 쓸쓸하게 자기의 전쟁터를 영원히 맴돌게 하였다. 과연 이순신은 조선의 삼도 수군통제사가 맞는지? 다 같은 국가의 영웅으로서 이순신이 국가로부터 받은 냉대는 너무나도 한스럽고 애절하며 통탄스러워 끝내 우리를 슬프게 만든다.

東鄕(도오고)는 출진하기 전에 한산도 제승당에서 이순신 진혼제를 올리고 이곳에 동백나무를 기념식수하였다.《김태준》. 일본해군 진해사령부가 연중행사로 중요시했던 하나는 통영 충렬사 이순신의 진혼제로서 일본 해군성의 예산에 충렬사제(祭) 및 경비항목으로 계상되어 있었다.《지용희》.

6. 이순신을 왜 성웅(聖雄)이라 하는가?

　　이제 나는 결론으로 임진전쟁 7년 동안 온몸을 던져 같이 싸웠던 같은 시기의 사람들의 증언을 다시 여기서 언급하려고 한다.

　　이항복(李恒福, 1556~1618)은 충민사기(忠愍祠記)에서 이순신(李舜臣, 1545~1598)은 노량으로 진군 직전에 선상(船上)에서 꿇어 앉아 빌기를 「(나는)오늘 반드시 죽기로 굳게 결심한다(今日固決死 금일고결사)」라고 말하였다고 기록하고 있다. 이순신이 전사한 직후 남해 관음포 현장 장례식에서 명(明)수군 도독 진린(都督 陳璘)은 제 이통제문(祭李統制文)에서 말하기를 이순신은 「나라(선조 국왕)를 욕되게 한 사람이라 이제 오직 죽는 일만 남았다 하더니 (이제 전쟁이 끝난 마당에) 무엇 때문에 평소의 뜻을 꼭 행동으로 실천해야만 했나?(辱國之夫只缺 一死 何猶踐夫素勵 욕국지부지결일사 하유천부소려)」라고 하면서 제문(祭文)에서 이순신 영혼에게 「꼭 죽어야만 했습니까?」라고 질문을 던지고 있었다. 류성룡(柳成龍, 1542~1607)은 징비록(懲毖錄)에서 이순신은 「가슴속에 담력이 있어 (스스로) 몸을 버리고 나라 위해 죽었다(而中有膽氣 忘身殉國 이중유담기 망신순국)」고 하였다. 이 세 사람의 확고한 증언으로 이순신은 관음포 전투에서 스스로 목숨을 버린 것으로 단정된다. 즉 모두 살기 위해서 죽기로 싸웠으나 이순신은 갑옷을 벗고 죽기 위해서 죽기로 싸운 것이다.

류성룡(이순신보다 3살 위)과 이항복(11살 아래)은 이순신과 같이 임진왜란을 최전선에서 몸소 치른 측근이고 진린은 이순신과 같이 조명(朝明) 연합 수군을 지휘 통솔한 사람이다.

● 선조실록(宣祖實錄) 31년 11월 27일 이순신 전사 8일 후 사관(史官)은 다음과 같이

기록하고 있다. 「이순신의 (비극적인) 죽음이 알려지자 백성들은 모두 슬퍼하였으나 특히 호남의 전 도민은 늙은이, 나이 어린 아이들까지 통곡하지 않는 사람이 없었다. 이순신은 지극 충성(至極 忠誠)으로써 나라를 구하고 몸을 돌보지 않고 버리고 대의(大義)를 위해 죽었다(丹忠許國 忘身死義 단충허국 망신사의). 아무리 훌륭한 옛 장수라도 이(이순신)보다 더할수는 없다. 아! 참으로 슬프고 안타깝다(難古之良將 無以加也 惜乎 난고지 양장 무이가야 석호)」라 하였다. 결론으로 **이순신의 전사(李舜臣, 戰死)는 단충허국 망신사의 (丹忠許國 忘身死義)이다.**

<hr>

주

　선조실록를 기록한 사관(史官)이 이순신의 죽음을 가장 완벽하게 표현한 것이다.

　※사의(死義)=대의(大義)를 위하여 죽음, 대의는 사람으로서 마땅히 행하거나 또는 지켜야 할 본분이나 도리를 말한다. 즉 대의는 사회적 정의이다. 참고로 의사(義死)는 남의 생명을 구하기 위한 의로운 죽음, 의사자(義死者)는 남의 생명을 구하고 죽은 사람을 말한다. 공원택 병장은 수류탄을 자기 몸으로 덮어 자기 목숨을 버리고 4명을 살렸다.《2011. 현충일》.

　현대에 들어와서 이은상(李殷相)은 이 충무공전서 2권 231쪽(1989년간)에서 이순신의 죽음을 「두 가지 견해」로 나누었으나 이를 요약 설명하면 다음과 같다.

　❶ 살신순국(殺身殉國) 즉 죽음을 각오한 전사로서 서울에서 받은 고문, 고초는 「단 1회 약한 고문」으로 큰 문제가 되지 않고 비교적 건강하게 백의종군 하다가 통제사가 되어 노량해전에서 불의에 한발의 유탄을 맞고 장렬하게 전사하였다. 이순신은 국가의 충신으로서 「불멸의 영웅, 충무공 이순신」이다. 이 주장이 가장 일반화 되어 있고 모든 사람들은 의도적이든 무의식적이든 듣기 좋고 보기 좋은 이 사실을 선호하여 진실로 믿고 이순신을 추앙하고 있다. 이를 주장한 사람은 이은상(李殷相), 조성도(趙成都), 이경석(李烱錫) 등이다.

<hr>

주

　만약 이원수를 없앨 수 있다면 나는 죽더라도 유한이 없다. (죽을 수 있다)(若殲斯讎 死亦無憾 약섬사수 사역무감)《선조중흥지》. 이때 死는 동사로서 자신의 의지와 관계없는 우연의 죽음을 말한다(유탄=우연).

❷ 망신순국(忘身殉國) 즉 죽음을 자초한 전사로서 「1차 고문, 고초」는 장사(杖死) 직전까지 갔으며 정탁의 신구차 도움으로 겨우 고문의 지옥에서 벗어나 심신이 아주 불편한 고통 속에서 백의종군하다가 노량 해전에서 슬프게도 스스로 갑옷을 벗고 저격탄을 맞아 전사한 「민족과 조국의 수호신, 성웅 이순신」이다. 이를 주장한 사람은 선조실록 사관(史官), 류성룡(柳成龍), 진린(陳璘), 이여(李畬), 이민서(李敏敍), 최석남(崔碩南) 등이다.

이원수를 만약 없앤다면 나의 죽음은 유한이 없을 것이다.(반드시 죽는다)**(此讎若除 死卽無憾 차수약제 사즉무감)**《李芬의 이충무공행록》. 이때 死는 명사로서 자신의 의지에서 온 필연의 죽음을 말한다(저격탄=필연).

처음 이순신이 전사 했을 때는 백성, 조선 조정 및 明군의 수장들은 모두 이순신의 죽음을 비극적인 망신순국(忘身殉國)으로 인정하고 이를 애통해 하면서 슬퍼하였다. 그 후 세월이 흘러가면서 「군주 체제하」에서 국왕을 욕되게 할 수 없으므로 조선의 선비, 학자들은 이순신의 죽음을 모호하게 표현하였으며 현대에 들어와서는 많은 학자들은 살신순국(殺身殉國) 쪽으로 결론짓고 영원한 국가의 충신인 「충무공 이순신」으로 크게 숭앙하고 있다. 이순신 전사에 대한 진실을 가장 잘 알고 있는 것으로 추정되는 이은상은 「이충무공전서」에서 「공의 죽음을 이거다 저거다 따지지 말고 천추에 의안(영원한 의혹으로)을 그대로 던져 놓는 것이 좋겠다」고 하여 진실을 덮어 버렸다. 이러한 의혹 속에서 이순신의 죽음에 대한 여러 주장이 나오게 되고 심지어는 「죽지 않았다」는 위장 전사설까지 회자 되고 있다.

※천추(千秋)=오랜 세월, 의안(疑案)=의혹.

「이순신은 선조의 충실한 신하로서 나라와 백성을 구한 위대한 장군, 즉 국가의 영웅이다」로 듣기 좋게, 보기 좋게, 포장한다면 이는 진실과는 너무나도 거리가 먼 왜곡된 사실이다. 이순신이 「국가의 영웅」이라면 그의 국장에 준하는 장례도 없이 하물며 시신을 멀리 천리길의 외로운 섬에 보내어 가매장 할 수 있는가? 하고 묻고 싶다. 오늘날 이순신은 민중으로부터 존경을 받지 못하고 점점 멀어지고 있으며 남도 곳곳에 있는 이순신의 사당에서는 제향하여 영혼을 위로하는 민중들의 모습은 이제 거의 볼 수 없다. 참으로 안타까운 일이다. 자라나고 있는 미래의 세대는 초등학교 교정에 있는 작은 이순신 동상을 보고 그 후 서울의 중심, 세종로에 있는 장엄한 큰 동상을 보면서 그때의 이순신을 생각했을 때 과연 이순신은 어떤 모습으로 우리에 다가와서 마음속에 자리를 잡을 것인가? 그냥 「임진왜란 때 26전 전승하였으나 최후의 해전에서 유탄에 장렬하게 전사한 장군이다」라고 한다면 위대한 장군임은 틀림없으나 심금을 울리는 존경의 대상은 아니고 그의 죽음을 슬퍼할 수는 있으나 통곡까지는 할 필요가 없을 것이다. 지금부터라도 진실을 외면하지 말고 진실을 찾는 연구가 선행되어 새로운 이순신의 모습을 되찾아야 한다.

이순신이 한 장군보다 한 인간으로서 「위대한 성웅」임을 보여 주는 것은 선조 30년(1597) 2월 26일 파직나국(罷職拿鞫), 3월 24일 투옥 고문당한 후 백의종군하여 선조 31년(1598) 11월 19일 노량해전 관음포 전투에서 전사할 때까지 이 1년 7개월 동안 보여 준 구국일념(救國一念)과 희생적인 노력에 있다. 그는 이제 혹독한 고문의 고통을 가슴에 묻고 백의(白衣)에 혼자 맨발로 「무거운 십자가를 지고 최전선의 길(The way of the cross)」로 내려간다. 명량과 노량해전에서 승리하여 위기에 처한 조국과 민중을 구하는 위업을 달성하고 이미 정해진 운명처럼 스스로 목숨을 버리고 이 세상의 삶을 포기한다. 영국의 Nelson처럼 국왕과 전 국민이 참여 애도하는 국장도 없었고 반대로 시신을 멀리 남쪽 고금도 옛 진영으로 보내 2개월간 가매장하였다. 이제 슬프게도 죽은 이순신은 생전에 나라 위해 싸웠던 남쪽바다의 구천(九泉)에서 쓸쓸하게 맴도는 고혼(孤魂)이 되었다. 이에 「나라와 우리를 구하였소」라고 말 한마디도 못하고 살아남은 민중은 지울 수 없는 회한(悔恨)에 한(恨)서린 눈물을 흘리면서 이순신이 머물었던 곳곳에 초라한 초가 한 칸의 사당을 짓고 앞에 위패를 놓고 제향(祭享)하여 이순신을 다시 가슴에 심으면서 혼령을 위로하는 일이 오늘날까지 어어 왔다. 여기서 우리는 민족과 조국을 위하여 모든 것을 「다 버린 이 사람」을 성웅(聖雄)이라 부른다. 이순신이 그 큰 무거운 「십자가」를 지고 혼자서라도 나라와 백성을 구하겠다고 나섰을 때 하늘은 결코 이순신을 저버리지 않았다. 이순신의 길은 「백성과 나라를 구하는 길」이요 또한 「나를 버리는 길」이었다. 그 위에 이 길은 「끝없이 죽는 길」이었다. 죽으라고 고문 당한 후 백의종군하여 노량에서 전사할 때까지 1년 7개월 동안 자신의 모든 것을 바쳐 실천한 그의 활동은 눈물겨운 것으로서 적과의 싸움에서 승리를 쟁취하여 적으로부터 오로지 민족과 조국을 구하겠다는 그의 숭고한 정신과 인간애, 조국애로서 끝없는 노력과 희생에 있다. 여기서 우리는 이순신의 죽음에 통곡하는 것이다. 즉 모두 살기 위해서 죽기로 싸웠으나 이순신은 죽기 위해서 죽기로 싸웠다.

주

이 무거운 십자가를 「이순신의 십자가」라 한다.

이제 끝으로 나는 모두에게 묻고 싶다.

東鄕(도오고)는 이순신을 경외하면서 옷깃을 여민 이유는 무엇인가? 맹주서(孟冑瑞)가 말한 이순신 「죽음의 본디 뜻」은 무엇인가? 陳璘(진린)이 이순신에게 한 질문 「이제 전쟁도 다 끝난 마당에 구태여 죽어야 할 이유는 무엇인가?」하고 이순신의 영혼에게 묻고 있었다. 이에 이순신은 다음과 같이 대답을 할는지도 모른다. 「내가 나라로부터 받은 고문의 고통, 나의 이기심, 탐욕 등 모든 것을 버리고 나는 조선삼도 수군통제사로서 오로지 백성과 나라를 위해 나의 목숨을 바칠 것이다. 이제 나는 왜적을 무찌르는 데 나의 전력을 다 할 것이다. 나는 이 노량, 관음포에 가서 그곳의 싸움터를 나의 죽을 곳으로 삼을 것이다. 이제 드디어 나는 오로지 백성과 나라를 위해서 나의 삶의 의무를 다했다. 다시 살아남아서 영욕스러운 삶을 계속하기 보다는 이미 죽은 이들의 곁으로 가고 싶다. 나는 오늘 이 최후의 해전에서 생명을 버리고 나의 영혼은 내가 싸우고 머물렀던 곳을 지킬 것이다. 이제 나는 영원히 눈을 감고 이 세상에서 사라질 것이다」.

신채호(申采浩, 1880~1936)는 대한매일신보에 연재(1908년 5월 2일~8월 18일)한 「수군의 제일 거룩한 인물 리순신전」에서 처음으로 충무공 이순신을 「민족의 성자(民族의聖者)」라 불렀다. 정인보(鄭寅普, 1893~?, 납북)는 「이 충무공 순신 기념비(온양 온천

역 광장에 있음)」에서 「공은 명장(名將)보다는 성자(聖者)이다. 신통 영묘도 끝이 없으나 조국에 대한 그의 지성함이 끝없이 애닯도다(神妙不測 至誠惻怛 신묘불측 지성측달)」라고 하였다. 1930년 이윤재(李允宰, 1888~1943)는 조국과 민족을 구한 「성웅 이순신, (동아일보 연재 1930년 10월 3일~12월 13일)」이라 했다. 이제 이순신 장군은 국가의 충신이기 보다는 민족과 조국의 수호자로서 충무공보다는 성웅으로서 우리에게 다가온다.

※측달(惻怛)=가엽게 여겨 슬퍼함. 신채호는 일본의 호적제도에 반발하여 무적(無籍)으로 있다가 늦게 2009년 대한민국 국적을 회복하였다. 신채호는 「역사(歷史)만이 조선 독립(朝鮮獨立)의 희망이다」라고 말하였다.

이광수(李光洙)는 동아일보에 연재(1931년 6월 26일~1932년 4월 3일)한 「이순신(李舜臣)」전을 끝내면서 이순신을 평하기를 「이순신은 자기희생적, 초훼예(超毀譽)적이며 끝없는 충의(忠義)를 보여 주었다. 그러나 나는 「충무공」이란 말을 싫어한다. 그것은 왕과 썩은 무리들이 준 것이기 때문이다」라고 말했다.

※초훼예(超毀譽)=훼방해도 칭찬해도(남이 욕을 하던 칭찬을 하던), 즉 포폄(褒貶)에 흔들리지 않고 초연하게 본연의 자세를 갖는 것이다. 충무공은 자신은 위태롭더라도 임금을 받드는 신하를 말한다.

「충무공이란 말을 싫어한다」는 것은 조선 왕조 사회의 끊임없는 당쟁과 뇌물로 얼룩진 부패한 양반 지배층 관료를 질타(叱咤)한 것이다. 그리고 선조는 남해로 내려 보낸 제문에서 「나는 그대를 버렸으나 그대는 나를 버리지 않았다」고 하였다. 그러나 전후(戰後) 선조국왕은 죽은 이순신도 끝없이 학대함으로써 산 이순신은 물론 죽은 이순신도 다 버렸다. 이제 국가가 이순신을 죽도록 고문하고 백의종군 후 두 해전의 공적도 인정하지 않았고 전사한 후 국왕이 애도하는 국가의 장례도 없었고 더욱이 시신을 멀리 유배를 보내 가매장하고 천리 길을 왔다 갔다 하면서 끝없이 시신을 학대하였다. 「산 이순신, 죽은 이순신」을 끝없이 죽음의 길로 몰아넣었던 이 국가가 이순신을 충무공이라고 한다면 국가는 너무나도 염치가 없는 것이 아닌가? 그러나 이순신은 이런 국가를 원망하지 않았다.

주

군주체제하에서는 국왕이 바로 국가이다. 조선시대의 사회는 양극화하여 1%인 양반 지배층은 권력과 재력을 독점하여 탐욕과 뇌물(흔히 말하는 Rebate 즉 뒷돈도 넣어서)로 부패되어 있고 99% 민중은 근근이 생계를 유지하면서 고통스러운 삶의 연속 속에서 국가에 노역의 의무와 세금을 내고 있었다.

주

Nelson은 「국가의 영웅(National Hero)」이고 이순신은 「민족의 성웅」이다. 「국가의 영웅」은 국가에 대한 충성은 절대적이다. 전쟁터에서 국가와 국민을 위해 생명을 바친 그는 전쟁의 승리를 위해 일치단결하여 모든 성원을 보냈던 위로는 국왕으로부터 아래로는 아동까지 전 국민의 눈물어린 애도 속에서 장례를 치르고 최고 훈장에 국립묘지에 안장되었다. 그러나 「역사, 민족의 성웅」은 민족과 조국에 대한 충의는 한결같으며 민족과 조국의 생존을 위하여 자신의 모든 것을 다 버리고 자기를 희생하면서 전쟁에서 승리를 이끌어 내었다. 그러나 국왕은 그의 공적을 평가절하하고 국장도 치르지 않았으며 사당도 짓지 않았고 공적비도 묘비도 세우지 않았다. 이제 목숨을 버린 그에게 민중은 한에 맺혀 애도하면서 통곡하였다. <u>이순신의 죽음은 우리의 영원한 비극이다.</u>

- <u>십자가의 길(The Way of the Cross)</u>

이제 무거운 십자가를 혼자 어깨에 지고 최전선으로 가는 길을 맨발로 끝없이 걸어가서 조국과 민중을 구한 다음 드디어 언덕에 올라갔다. 주변은 황량하고 하늘은 어둠이 짙게 내려오고 있었다. 드디어 그들은 땅을 파고 그 사람의 십자가를 세웠다. 이 십자가를 지고 맨발로 가는 길은 고통의 연속이고 몸을 버리고 이 십자가에 못 박혀 죽는 것은 희생의 연속이다. 우리를 살린 그 사람이 스스로 자신을 버리고 우리와 나라를 위해 죽었다면 우리는 그 사람을 보고 눈물을 흘리면서 한없이 통곡 할 것이다. 즉 이순신 그는 안타깝게도 스스로 십자가에 매달려 죽은 것이다.

주

「Roma의 십자가 처형」은 인류가 생각해 낸 전기고문보다 더 악랄하고 잔인한 처형이다. 낮에는 뜨거운 햇볕으로 탈수증에 물을 찾고 밤에는 냉기로 온몸을 떨게 만든다. 끊임없는 출혈에 박힌 못은 자신의 체중으로 생살을 찢고 신경을 끊어 결국 뼛속까지 깎아 들어간다. 단말마적인 고통 속에서 끝내 울부짖으면서 3일 동안 서서히 육신에 영혼마저 죽여 버린다. 즉 <u>십자가 처형은 사람을 끝없이 죽이는 것이다.</u> Roma군이 지배했던 도시에는 모두 십자가 처형장이 있었다.

※The cross is emblematic of Christ's suffering.

- 이순신은 23전 모두 승리하여 조국과 민족을 구한 「국가의 영웅(National Hero)」으로서 세계 해전 사상 불멸의 영웅이다. 그러나 파직나국(罷職拿鞠) 후 백의종군, 다시

민중과 함께한 조국의 수호신, 「민족의 성웅」이 되었다.

　우리는 모든 초등학교 교정에 있는 작은 이순신 동상과 서울 세종로에 있는 큰 동상을 보면서 이순신을 어떤 모습으로 키워 왔으며 다음 세대에 어떤 모습으로 투영하여 설명할 것인가? 그냥 이순신은 국가의 충신 「불멸의 영웅, 충무공 이순신」만으로 그대로 머물 것인가? 아니면 「민족과 조국의 수호신, 성웅 이순신」으로 우리 곁에 새롭게 다가올 것인가?

　이순신은 모든 것(충효도, 고문의 고통도)을 버리고 심지어 목숨도 버리고 오로지 민중과 조국을 구한 숭고한 인간애 및 조국애에 우리는 머리 숙여 성웅으로 숭앙하는 것이다. 즉 이순신은 국가와 국민을 구한 충무공으로서 위대한 지도자가 아니고 끝없는 고통과 희생으로서 끝까지 민족과 조국을 수호한 우리의 성웅이다. 즉 이순신의 길은 자신을 희생하고 헌신하는 길이었다. 결코 이순신을 의도적으로 성웅화, 신격화한 것은 더더욱 아니다.

주

「이충무공은 병든 몸을 이끌고… 그의 심정을 아는 이 없어 혼자 눈물을 지으시니…」.《이은상의 충무공 벽파진 대첩비문(한글)》.「난중일기에서 이순신은(출옥 후) 141일간 아팠으며 176회(특히 1597년 7월 18일부터 9월 16일 58일간은 45회)나 고통을 하소연하였다. 이의 와병증상을 보면 그는 치료가 불가능한 환자임을 알 수 있다」.《최두환의 리순신(681쪽)》.
즉 이순신은 고문당한 뒤에 병든 몸으로 끝없는 심신의 큰 고통에 괴로워하면서 서서히 죽어가고 있었다. 그의 남은 삶은 비참하고 처절하며 절박하였다. 그러나 그는 정신적으로 인내하면서 왜적과의 해전에서 패전(敗戰)할 수 있는 자신(自身)을 결코 용납(容納)하지 않았다. 그러나 탐욕과 이기심으로 젖어 있는 이 영악한 세상에서 고문 당한 뒤 병든 몸으로 명량 및 노량해전에서 승전하여 민족과 조국을 구하고 대의(大義)를 위해서 모든 것을 다 버리고 죽음을 택한 이순신은 어쩌면 이 세상에서 가장 불쌍하고 고지식하고 어리석은 사람일는지도 모른다.

《나의 잡록(雜錄)》

「우리가 살아온 길이 우리의 역사이다. 이 역사는 중단 없이
이어갈 것이다. 우리의 역사를 모르면 오늘의 역사를
바르게 진단할 수 없고 또 오는 역사를 바르게 예측할 수 없다.
특히 부끄러운 역사는 우리의 갈 길을 판별하여 제시해준다.
우리는 역사에서 교훈을 얻어야한다」

「개인 이기주의는 강하고 민족주체성은 약하다.
다 피하고 도망가고 나라 위해 죽은 사람만 불쌍하고
억울하다. 지금도 그렇다. 나를 버리고 민족과 조국을
구하니 그래서 이순신을 성웅이라 한다. 오늘날 이순신
사당에는 참배하는 사람은 거의 볼수 없다.
日本(닛뽕) 京都(교또)에 놀러간 한국인은
二條城(니조조)에는 다 가보나 귀무덤에
가보는 사람은 드물다. 누가 목숨 바쳐
이 나라를 또 지키겠는가?」

※日本 JR 京都驛에서 동쪽으로 걸어서 20분 정도 떨어진 東山七條로 가면 豊國神社(풍신수길의 위패안
치소) 정문 앞에 조그마한 봉분이 있다. 이것이 귀무덤이다.

守令則俺惡褒啓	수령즉엄악포계
欺罔天廳至於此極	기망천청지어차극
國事如是萬無平定之理	국사여시만무평정지리
仰屋而已.	앙옥이이.

《난중일기(1594년 2월 16일)》.

「수령들은(뇌물을 받아) 비리를 덮어주고 포상을 받게 해주었다.
국왕의 귀를 기망하니 이것이 극에 다다랐다. 국사가 이러하니 나라가 결코 (깨끗하
고) 편안할 수 없다. 나는 그냥(멍청하게) 천장만 바라볼 뿐이다」.

| 참고 |┈┈
뇌물비리의 질곡에서 벗어나 깨끗한 국가를 이룬 Singapore가 부럽기만 하다.

오늘날의 한국사회는 부끄러운 과거의 전통을 이어 받아 개인의 탐욕과 이기주의로 그 끝을 볼 수 없는 경쟁, 갈등, 불신, 사기, 폭력, 뇌물, 비리 및 부정부패한 사회로 나락(奈落)하였다. 즉 자신의 욕구를 해결하기 위한 비(非), 반(反) 사회적인 범죄가 죄의식 없이 들끓고 있고 서로 미워하고 큰 상처를 주는 무서운 이웃으로서 만인의 적이 되는 원시적인 정글 투쟁사회로 전락(轉落)하였다. 남보다 앞서가고 남보다 더 많이 갖기 위해서 지도층은 늘 「대가성 없는 뇌물」에 「Rebate」를 받고 학교 교육은 모두 성적 경쟁에 휘말려 선행학습에 열을 올리고 있다. 최근 3년간 초, 중등학교 폭력사건은 약 6만 8천 건으로 놀랍게도 초등학교 신고수가 전체의 43%에 달하였다(2012. 9월). 2011년 OECD의 「사회의 질」에서 한국은 최하위에 속하고 2012년 강간, 살인 등 「반사회적인 범죄발생」은 OECD에서 영광스럽게도 2위로 올라갔다. 이제 우리는 영악한 이기(利己) 및 기회주의에서 벗어나 남을 배려하는 문화 그리고 부끄러움과 상식을 되찾아야 한다. 우리는 서로 협력하고 정보를 공유하는 공동체로서 「정직한 인간중심의 사회」를 만들어야 한다. 결코 「가진 자」는 없는 사람의 돈, 기회, 생존권을 빼앗지 말아야 한다. 이제 한국은 먼저 정치권력과 자본권력을 분산하여 정치, 경제 민주화를 실현하고 모두가 정직하게 더불어 같이 사는 「우리의 살길」을 찾아야 한다.

※OECD에 가입한 나라는 34개국이다 (2013년 현재).

「북극의 눈물(2012)」
북극지방의 에스키모는 선조 대대로 겨울, 여름 가릴 것 없이
사냥꾼으로 살아왔다. 백곰도 그렇다.
그러나 2012년 북극에는 얼음이 사라지고 넓은 뭍은
푸른 초원으로 변하였다. 지금 그들은 근본적으로
사냥감이 사라졌기 때문에 사냥꾼에서 벗어나
어부로 살고 있다. 여름에는 밭을 일구어
감자, 무도 심어서 가꾸어 먹고 있다.
그러나 북극의 환경 파괴로 백곰은 굶주리고 있다.

백곰은 하루 굶으면 몸무게는 1kg씩 줄어든다.
결국 백곰은 굶주리다 못해 먼저 멸종할 것이다.
흰 눈, 흰 얼음에 백곰을 볼 수 있었는데
이제는 푸른 초원에 흰 백곰을 보다니 너무나도 충격적인 현상으로서
서로 어울리지 않는 환경과 동물이 되었다.
이것은 인류가 초래한 비극이며 인류도 곧 오래가지 않아 자멸할 것이다.
인간의 지구환경 파괴는 가속도를 보이고 있다.

※4월 22일은 지구의 날입니다.

지구에서 살고 있는 우리는 낮에는 햇볕을 받으며 태양계 속에서, 밤에는 먼 우주를 바라보면서 우주 속에서 살고 있다. 지구의 역사가 24시간이라면 인류의 역사는 겨우 2초 밖에 지나지 않는다. 인류의 탄생은 언젠가는 곧 인류의 멸망으로 끝날 것이다. 이제 2012년 인류의 인구는 70억에 달하고 인간쓰레기는 작은 섬이 되어 태평양과 대서양에서 떠돌아다니고 있다. 인간의 탐욕에서 오는 자연파괴와 이산화탄소(CO_2)의 배출은 지구기후의 큰 변화를 일으키고 인간이 개발한 무기는 반드시 사용된다는 전제하에 결국 3차 대전 핵전쟁을 피할 길이 없다. 고도의 문명과 다양한 문화를 이룩한 인류의 탄생은 극히 우연한 일로서 지구에서 인류가 멸망한 후 이 우주에서 다시 고지능의 생명체의 탄생을 기대한다는 것은 극히 불가능한 일이다. 인류가 사라진 후의 지구는 다시 생명체가 넘치고 아름다운 푸른 지구의 모습을 되찾을 것이다. 오늘의 우리는 인류의 멸망을 초래한 첫 세대가 될 것이다. 2012년 UN보고에 의하면 인류의 자구책이 없으면 동식물이 다 멸종하는 첫 단계가 될 것이라고 경고하였다.

※이 주장은 최근에 유럽에서 나온 것입니다.

지구상에서 생전에 가졌던 모든 경험은 풀잎에
이슬처럼 잠시 머물면서 「나의 가슴 깊은 곳」을
흔들어놓고 모두 지나가 버렸다.
이제 여기서 모든 나의 인연은 끝나려고 하고 있다.

나는 한 생명체로서 이 푸른 지구에서 태어나
우주 속에서 살았다니 그냥 신비스럽기만 하다.
그러나 이 지구는 인간과 인간이 버린 쓰레기로 덮여가고 있다.
인간은 자연(지구)을 파괴하는
지구의 유일한 실패작이 되었다.
지구인(地球人)의 절약(節約), 절제(節制), 청결(淸潔)만이
이 병든 지구를 살리는 길이다.
　　　　　癸巳年, 釜山에서 이종락.

「얻는 것보다 주는 것이 어렵고
붙들고 있는 것을 내려놓는 것이 어렵다.
더 가지려고 할 때는 이를 버리기가 더 어렵다.
손에 쥐고 있는 것이 없을 때 손을 놓으면
몸과 마음에 고요한 편안이 온다.
연속되는 절제와 침묵의 삶」

『그 어머니는 자신의 모든 것을 다 버리고 헌신,
희생하면서 이 세상의 자식들을 보살피고 생명을 구하였다.
우리는 이 거룩한 어머니를 성모(聖母)라 한다.
그 영웅은 자신의 모든것을 다 버리고 헌신,
희생하면서 왜적을 물리치고 이 세상의 사람들과 나라를 구하였다.
우리는 이거룩한 영웅을 성웅(聖雄)이라 한다』

서생포왜성 사진임.

서생포왜성(울산군 서생면 진하리)의 외성(外城)과 이의 선착장이다. 사진에 보이는 높다란 석축위에는 군량미 및 군수물자를 보관하는 기와 목조건물이 있었다. 왼쪽 돌아서 남문으로 들어가면 본성(本城)으로 올라가는 길(登城道)이 있다. 서생포왜성은 肥後(히고, 현 熊本縣)의 藩主(한슈)인 加藤淸正(가또 기요마사)가 축조한 日本城으로 豊臣秀吉(도요또미 히데요시)의 名護屋城(나고야죠)과 같은 구조를 갖고 있다. 그 당시의 성적(城跡)이 모두 남아있어 많은 日本人들이 찾고 있다. 임진왜란 때 왜성은 다음과 같다.

임진(1592) 18성=부산포, 자성대, 동래, 구포, 동삼동, 기장, 죽도, 가덕도, 성북, 서생포, 임랑포, 안골포, 웅천, 명동, 자마, 영등포, 송진포, 장문포, 정유(1598) 8성=울산, 양산, 마산, 고성, 견내량, 사천, 남해, 순천, 日本(1591) 5성=名護屋(나고야, 九州 唐津), 勝本(까쓰모또, 壹岐島), 淸水(시미즈, 대마도 嚴原), 豊崎(도요사끼, 대마도 大浦), 加藤(가또, 대마도 大浦).

왜성은 공통적으로 독립된 단봉이나 쌍봉의 산마루에 본성(本城)을 두고 여기에 망루대이자 왜장의 숙소인 3층 기와 목조건물인 천수각(天守閣)을 두었다.

본성 밑에 있는 강이나 바닷가에는 외성(外城)을 두고 여기에 선착장이 있었다.

《성웅 이순신 그리고 日本城(왜성)》.

2

취도(鷲島, 吹島)
포탄탑(砲彈塔)의
한시(漢詩)는 누가 썼는가?

1. 러•일전쟁(Russo-Japanese War, 1904~1905)

2. 淸•日해전(Sino-Japanese Naval Battle, 1894)

3. 러•일해전(Russo-Japanese Naval Battle of Tsusima, 1905)

취도(鷲島, 吹島) 포탄탑(砲彈塔)의 한시(漢詩)는 누가 썼는가?

진해만 남쪽, 거제시 가조도(加助島) 북동쪽에 있는 아주 작은 섬 취도(吹島)에는 웅장한 포탄탑(砲彈塔)이 우뚝 솟아 있고 여기에는 한시(漢詩)가 새겨져 있다. 이 포탄탑을 누가 세웠으며 이 한시를 쓴 사람은 누구인가? 나는 한시의 내용을 알고 싶다.

취도의 위치는 거제시 사등면 창호리이다. 취도에 가는 길은 거제시 고현(古縣) 시외터미널에서 가조도행 시내버스(매 1시간마다 있음)를 타고 성동(城東)에서 연륙교를 건너 가조도의 옥녀봉(玉女峰, 332m) 동쪽 밑에 있는 신교마을에서 하차한다. 여기서 북쪽으로 바다를 보면 작은 섬에 포탄탑이 보인다. 원래는 독수리 섬 취도(鷲島)였으나 함포사격으로 원형을 잃은 후 취섬(吹島)이 되었다. 마을 주민은 1904년 러·일전쟁 때 일본 해군이 승전 기념으로 「포탄탑」을 세우고 여기에 일본제국(日本帝國) 해군 중장이 쓴 한시가 새겨져 있다고 전한다.

취도사진임

취도는 신교마을에서 뱃길로 북쪽에 15분 거리에 있으며 길쭉한 군함의 모습을 하고 있다. 뱃머리 함교가 있는 곳에 포탄탑(●)이 서있다.

1. 러·일전쟁(Russo-Japanese War, 1904~1905)

러·일이 한반도 지배권을 놓고 각축전을 벌이고 있을 때 1904년 러시아가 한반도 북위 39도 북쪽지역을 할양할 것을 요구하였으나 이는 결코 양보 할 수 없는 「日本의 이익선(利益線)인 朝鮮을 확보」하기 위하여 日本은 거부하였다. 이것이 러·일전쟁의 발발의 직접적인 원인이 되었다.《司馬遼太郎「坂の上の雲」(NHK, 2010)》. 이때 영, 미, 독이 日本쪽에 서고 러시아가 고립되자 日本軍은 1904년 2월 8일 제물포(인천)에 상륙하고 해군이 만주 여순항(旅順港, Port Arthur)을 기습 공격한 후 日本은 재빠르게 1904년 2월 23일 한일 의정서를 맺고 바로 한반도를 대륙 침략을 위한 군사 보급기지화 및 식민지화를 노골화하였다(1905년 을사늑약, 1910년 한일 병합 및 조선총독부설치).

> **주**
>
> 북위 39도는 평양을 통과하고 38도 소위 삼팔선은 개성을 통과한다.

> **주**
>
> 日本은 조선이 日本의 식민지가 됨으로써 문명화(文明化) 되었다고 하였다. 즉 조선은 日本으로부터 「재조(再造)의 은혜」를 입었다고 하였다(식민지 근대화론). 세계사에서 오랜 역사와 군주제도를 갖고 있는 나라가 식민지가 된 나라는 조선이 유일하다(더군다나 바로 이웃나라의 식민지로). 그 책임은 먼저 뇌물, 부패, 당파싸움으로 조직이 썩고 몰락한 조선 왕조에 있다. 러시아의 남진(南進)을 막기 위해서 영국과 미국의 日本 원조 및 동의가 조선의 식민지화의 길을 열어 주었다.

취도 포탄탑 사진임

「송진포 근거지」에서 발진한 도오고(東鄕) 함대는 진동(鎭東)만의 남쪽해역에서 대기 하면서 바로 남쪽에 있는 작은 섬 취섬을 적함(敵艦)으로 간주하고 취섬을 향하여 밤낮을 가리지 않고 함포사격 연습을 하였다. 그 중 몇 발이 잘못 발사 되어 옥녀봉(玉女峰, 332m)을 넘어서 현재 거제시 출장소가 있는 창호(倉湖)에 떨어졌다. 그 후 깨어진 바위는 운반하여 구들장 또는 방파제로 쓰고 포탄 파편은 주워서 엿장수에게 주고 돈을 받았다고 신교마을의 한 노인이 증언하였다. 포탄탑 앞면에는 「吹島記念」, 뒷면에는 漢詩가 새겨져 있다.

1867년 12월 9일 九州(규슈) 鹿兒島(가고시마)현의 薩摩藩(사쓰마한)과 山口(야마구찌)현의 長州藩(죠슈한)이 동맹하여 江戶(에도)의 德川(도꾸가와) 막부(260년)를 타도한 후 明治(메이지)왕의 王政復古(왕정복고)를 실현하였다. 이의 일등공신인 薩摩藩(사쓰마한)의 藩士(한시) 西鄕隆盛(사이고 다까모리)는 征韓論(정한론)을 주장하고 長州藩(죠슈한)의 藩士(한시) 伊藤博文(이또 히로부미)는 한일병합을 강제로 실현시켰다. 이 두 지역 薩摩(사쓰마)와 長州(죠슈)의 출신은 日本 군국주의의 쌍두마차 역할을 하였으며 明治(메이지) 정권의 정치 및 군사의 고위직을 독차지하였다. 이들이 日本우익의 원조이다.

주

임진왜란 때 日本은 8도 66소국(小國)으로 나누어져 있었다. 京都(교또)에 있는 왕은 그냥 상징적인 존재이고 幕府(막부)의 將軍(쇼군)이 日本을 통치하였다. 그 후 소국이 藩(한)으로, 이의 영주는 大名(다이묘)에서 藩主(한슈)로 바뀌었다. 1871년 廢藩置縣(폐번치현)으로 藩(한)이 縣(겐, 현)으로 되었다.

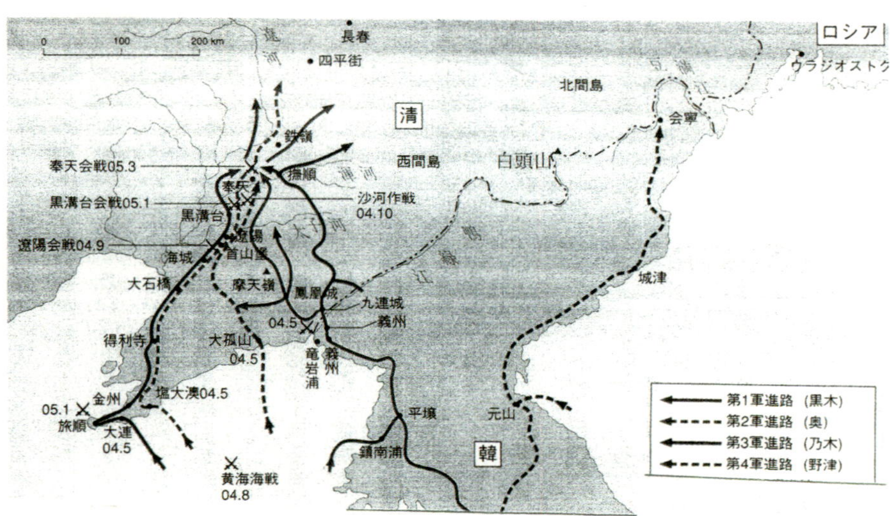

「280mm 榴彈砲(류탄포, 이태리산)」
「爾靈山(203고지)의 포탄탑」

러·일전쟁은 일본 쪽의 자료를 선택하여 인용하였다. 이때는 아직 자동차(Truck)가 없었으므로 우마(牛馬)가 군수 수송수단이었다. 따라서 군부대가 이동할 때는 군인들은 완전무장하여 하루 40㎞씩 두 발로 행군하였다.

중국의 청(淸)왕조의 서태후(西太后, 1835~1908)는 혁신 없는 전단통치(專斷統治)를 함으로써 몰락을 가속화 시켰다. 1912년 청제국이 멸망하기 직전 중국은 열강제국(帝國)들의 이권쟁탈을 하는 격전지가 되었는데 소위 「먼저 먹는 놈이 임자다」의 구호 하에 「동네 개들이 모두 달려드는 먹잇감」이 되는 꼴이 되었다. 한때 아시아에서 중화(中華)의 영광을 누리던 중국이 약육강식의 희생양이 되어 버린 것이다. 1895년 日本은 청일전쟁에서 승리하여 청으로부터 할양받은 여순항(旅順港, Port Arthur)과 요동(遼東)반도를 삼국 간섭 즉 러시아, 독일, 프랑스의 압력으로 결국 먹지 못하고 내어 놓았다. 이를 기다렸다는 듯이 1898년 독단으로 러시아제국(帝國)은 부동항을 갖기 위한 남진 전략으로 제국 군대가 남쪽으로 밀고 내려와 만리장성, 압록강, 두만강을 경계선으로 하는 내몽고 및 만주(滿洲, Manchuria) 전체를 러시아의 세력권에 넣었다. 물론 여순항과 요동반도도 러시아 수중에 들어갔다. 요동반도 끝자락에 있는 여순항에 러시아 태평양 제1함대 즉 극동 함대의 본거지를 만들고 이 군항에 19척의 군함을 상주시켰다. 영국제국(帝國)은 극도로 러시아의 남진정책을 경계하였으므로 일본제국(帝國)을 사주하여 1902년 「영일동맹(Anglo-Japanese Alliance)」을 맺고 영국의 대리전쟁을 할 수 있도록 일본에게 거의 공짜로 군함을 팔았다. 이때 만주를 강점하고 있던 러시아가 압록강 벌목권에 관여하자 일본은 항의 하면서 러시아가 만주에서 철수하도록 요구하였으나 러시아는 거부하였다. 결국 러시아와 일본은 만주를 놓고 이의 이권 쟁탈전으로 이전투구가 벌어지게 된다. 즉 먹이를 서로 먹겠다고 전쟁을 하는 것이다.

제국주의(帝國主義)=군사적 경제적으로 강한 국가가 상대적으로 약한 후진국가를 정복하여 자국의 영토와 권력을 확대하려는 주의. Vladivostok항은 겨울에 결빙됨으로 러시아 극동함대는 부동항인 여순항으로 옮겼다. 1959년12월 영하 20℃ 혹한의 날이 계속되자 한국의 인천 앞바다가 결빙하여 1주일 동안 인천항이 폐쇄된 적이 있었다.

일본은 러시아가 점령하고 있는 만주(滿洲, Manchuria)를 공략하기 위하여 만주군 육군 4군을 편성하고 대장 黑木爲楨(그로끼 다메모또) 제1군의 선발대 4개 대대 2천 2백명(木越安綱 끼고시 야스쓰나, 소장지휘)을 싣고 온 일본군함 11척이 1904년 2월 8일 제물포(인천)에 상륙하고 다음날 2월 9일 인천항에 정박하고 있는 러시아군함 2척을 격파했다. 곧이어 2월 16일~2월 27일 동안에 제1군 12사단 1만 2천 명이 인천에 상륙하고 2월 23일 강압으로 「한일 의정서」를 맺고 대한제국(1897년 수립)의 외교권을 박탈하였다. 나머지 2개 사단 병력은 진남포에 상륙하여 제1군 총 4만 명이 한국 내 러시아군을 소탕 청소하면서 북진하여 5월 1일 압록강을 건너 구연성(九連城)을 점령하고 遼陽(요양, 랴오양)으로 향하였다. 奧保鞏(오오구 야스까다)의 제2군은 요동반도 大連(대련, 다롄) 鹽大澳(염대욱, 엔따오)에 상륙하여 이곳 南山(남산)에서 1904년 5월 25일 러시아군의 기습을 받아 치열한 전투가 벌어졌다. 野津道貫(노즈 미찌쓰라, 64세)의 제4군은 1904년 5월 5일~5월 25일 동안에 大連(대련)에 상륙하여 요동반도에 있는 러시아군의 방위진지를 공격하면서 遼陽(요양, 랴오양)으로 진격하였다. 그 후 만주군 총사령관 大山巖(오오야마 이와오, 63세) 대장은 8월 28일 제1, 2, 4군을 遼陽(요양)에 집결시키고(日本군 25만) 1905년 3월 1일~3월 10일 러시아군(32만)과 奉天(봉천)의 대회전(大會戰)에서 3월 9일 일본만주군 기병단 6천 명이 奉天(봉천)의 북쪽후방 철도시설을 공격하자 러시아군은 작전상 후퇴하므로 이때 러시아 만주군을 공격하여 결정적인 승리를 거두었다. 다시 그 후 1931년 9월 일본 만주 관동군은 만주사변을 일으키고 만주를 점령, 1932년 만주국을 세우고 이때 1924년 11월 15일 북경 자금성에서 쫓겨난 청(淸)의 마지막 황제 「溥儀(부의, 푸이, 1906년~1967년)」를 초대 황제로 세우고 이의 만주국 수도를 長春(장춘, 창춘)으로 정하여 이를 新京(신경)이라 했다. 그 후 일본은 신의주에서 봉천까지 철도를 부설하고 1933년 4월 1일부터 부산에서 奉天(봉천, 현 瀋陽)까지 특급 「히까리호」, 「노조미호」를 운행하였다.

<table><tr><td>주</td></tr></table>

奉天(봉천)은 현재의 瀋陽(심양, 선양)이고 大連(다롄)은 旅大(뤼다)이다. 1636년 만주족(여진족) 「누르하치」가 세운 後金(후금)의 만주 수도로서 지금도 瀋陽(심양)에는 많은 유적이 남아 있다. 그 후 1644년 국호를 淸(청)으로 바꾸고 北京(북경, 베이징)으로 천도 하였다.

1904년 2월 8일 日本 해군의 순양함 6척, 수뢰정 1척 및 1개 여단 병력을 싣고 온 수

송함등 모두 11척으로 구성된 일본함대는 2월 9일 10시 인천항에 정박하고 있는 러시아 극동함대소속 순양함 바랴그호(Varyag, 6500t) 및 포함 코레츠호(Koreets, 1200t)에게 오후 4시까지 인천항에서 철수를 요구하는 최후통첩을 보냈다. 그러나 오후 4시에 포함은 자폭하고 바랴그호는 항복하거나 물러서지 않고 1시간 동안 포격으로 상호 교전하다가 오후 5시경에 바랴그호도 자폭하여 승선인원 모두 전사하였다. 이 불굴의 투쟁정신을 러시아는 러시아 해군의「바랴그 정신」이라하고 있다.

여순관광안내도임

203고지(공원)에는 1904년 5월에 乃木希典(노기 마래쓰께)가 고지 점령을 기념하는「爾靈山(이령산)포탄탑」이 있고 여기에 그의 한시가 새겨져 있다. 白玉山(백옥산)탑은 1909년 11월 乃木希

典(노기 마래쓰께)와 東鄕平八郎(도오고 헤이하찌로)가 공동으로 건립한 「表忠塔(표충탑)」이다. 러·일전쟁때 전사한 日本軍의 유골을 보관한 곳이다.

《爾靈山(이령산)포탄탑》

　　日本은 1904년 2월 8일 일방적으로 러시아와 외교관계를 끊고 가장 위협적인 존재인 러시아 태평양 제1함대 즉 극동함대(The Russian Far Eastern Fleet)를 제일 공격 목표로 하고 일본의 연합함대(사령관 東鄕平八郎중장)는 1904년 2월 8일~2월 9일 2일 동안 여순항 밖에 있는 이 함대를 야밤에 어뢰로 기습 공격하여 여순항 내로 몰아넣고 일본 해군이 여순항을 일단 포위하고 항내에 러시아함대를 가두는 데 즉 양떼처럼 우리에 몰아넣고 가두는 「폐색작전」이 성공하자 1904년 2월 10일 日本은 러시아에 선전포고를 하였다. 이때 해군은 한국에서 돌(화강암)을 가득 싣고 온 중고선 5척을 여순항 입구에 침몰시켜 항구를 폐쇄하여 서해(황해)의 제해권을 확보하였다. 그리고 일본 해군이 기습공격할 때 러시아함대의 사관들은 「성 마리아축제」로 모두 여순에 상륙 중이었다고 한다. 이로써 자신감을 얻은 日本육군 제1, 2군 및 제4군은 러시아가 점령하고 있는 요동반도로 진격하여 만주로 향하고 육군 제3군은 러시아의 군항인 여순항의 배후에 있는 203고지(203m)를 점령하기 위하여 제3군 사령관 乃木希典(노기 마래쓰께, 57세 1845년~1912년)은 「帝國興亡在此一戰 제국흥망 재차일전(제국의 흥망은 이 일전에 있다)」이라고 말하고 토치카 및 대포로 무장한 난공불락의 러시아 여순 요새인 203고지로 향하였다. 1904년 8월 19일 日本軍은 1차 공격을 하였으나 1만 6천 명의 사상자를 내고 실패, 다시 10월 31일 2차 공격도 1만 4천 명 사상으로 실패로 끝나자 11월 26일 3차 공격에서는 만주군 총참모장 兒玉源太郎(고다마 겐따로, 53세)가 총지휘하여 이번에는 203고지를 보면서 1, 2차 공격과 같이 정면 돌격작전(사무라이 전법)을 하지 않고 옆의 골짜기를 거쳐 위로 진격하였다. 이때 인력으로 끌고 올라간 280㎜ 榴彈砲(류탄포, 이태리산 수입 복제생산)를 쏘아 드디어 러시아의 요새는 함락되고 1904년 12월 5일 日本軍은 203고지 정상을 점령하였다. 이때 사상자는 1만 8천 명이었다. 여기서 바로 밑에 여순 내항에 꼼짝 못하고 갇혀있는 러시아 극동함대 19척(전함 7척, 순양함 6척 등 기타)을 203고지에서 류탄포로 쏘아 모두 격침시켰다. 이로써 극동함대는 궤멸되고 황해의 제해권을 日本이 확보하자 1905년 1월 1일 러시아의 육군 여순여단 사령관 Stoessel(58세)은 수사영진(水師營鎭)에서 항복하였다. 그 후 乃木(노기)대장은 1904년 12월 5일 203고지 정상 정복기념으로 1913년 8월 31일 높이가 10.3m되는 포탄탑을 203고지 정상에 건립하였다. 그리고 한시(漢詩)에 능한 乃木(노기)가 쓴 한시를 써서 탑에다 새겨 놓았다.

다음은 乃木希典(노기 마래쓰께)의 한시(漢詩)이다.

爾靈山　　　　　　이령산

陸軍大將 乃木希典 書(육군대장 노기 마래쓰께 서)

爾靈山險豈難攀.　　이령산험기난반.
男子功名期克艱.　　남자공명기극간.
鐵血複山山形改.　　철혈복산산형개.
萬人齊仰爾靈山.　　만인제앙이령산.
「이령산이 험한들 어찌 오르기가 어렵다고 하겠는가?
남자의 공명은 어려움과 괴로움을 극복하는 데 있다.
무기와 군인은 온 산을 덮어 산의 모습을 바꾸었구나.
만인이 모두 함께 우러러보는 이령산」.

乃木는 203고지 기념탑의 탑신 정면에 「爾靈山」이라 써서 새겨 넣었다.
　이곳 사람들은 「爾靈山(203고지)의 포탄탑」이라 했다. 숫자 203은 일어로 「니레이산」이므로 이를 같은 발음으로 乃木(노기)는 爾靈山(니레이산, 이령산)으로 표현하였다. 155mm 포위포는 장사포이고 280mm 류탄포는 단거리 인명 살상용이다. 203고지는 중국의 猴石山(후석산)이다.

203고지=爾靈山(너의 영혼이 깃들여 있는 산). 철혈(鐵血)=무기와 군인. 한시는 칠언절구(七言絶句)
즉 7, 7조로 4구절(起,承,轉,結)이 시 한수(詩 一首)를 이루고 있다.

포탄탑은 일본형식의 3단 석탑으로 땅을 파서 약간 넓게 탑기반(塔基盤)을 만들고 그 위에 탑기단(塔基壇), 탑신주(塔身柱), 탑정(塔頂)으로 3단 탑을 구성하고 탑정 위에 포탄을 세웠다.

　　203고지 하나를 점령하기 위하여 작전기간 155일 동안 日本軍의 총동원 13만 명에서 총 5만 7천 8백 명의 사상자가 나고 전사는 1만 5천 4백 명이었다(러시아는 사상자가 2만 8천 2백 명이었다). 이는 완강하게 저항한 러시아군이 전술적으로 우세하였거나 아니면 乃木사령관이 무능해서 일어난 결과인지는 알 수 없다. 그러나 乃木은 日本군의 희생이 너무 큰 데 대해 늘 자책감을 갖고 있었다고 한다. 만주군 총사령관 그리고 제1, 2군 및 제4군 사령관은 모두 薩摩(사쓰마)출신이나 乃木은 長州(죠슈)출신이다. 乃木(노기)대장은 1894년 청일전쟁 시 제1여단장, 1896년 제2사단장, 학습원 원장, 1896년 10월 14일 제3대 대만총독으로 부임 1898년 사직, 귀국 후 1912년 明治(메이지)왕 장례식날 처(靜子)를 죽이고 할복자살(殉死)을 하였다. 그리고 두 아들도 러·일전쟁에서 전사하였다. 지금도 乃木(노기)는 日本 무사도의 영원한 정신적 상징이다. 乃木(노기)의 자가(自家, 東京市 千代田區 九段下)터 옆에 1869년 전사자들을 제향하는 동경 충혼(東京忠魂)신사를 창건하였으나 1895년 청일전쟁 직후 靖國神社(야스꾸니신사)로 개칭하고 여기에 1904년 203고지 전사자들과 1912년에 죽은 乃木(노기)는 물론 다른 장성들과 러·일전쟁 때 희생당한 약 6만 명의 명복을 비는 규모가 큰 신당이 되었다. 이곳은 日本의 무사정신이 깃든 곳이고 日本 군국주의 및 우익의 전쟁 과거사(史)에 대한 인식이 집약되어 있는 곳이다. 203고지 포탄탑을 중국인들이 그대로 보존하고 있으나 「문화 대혁명」 때 홍위병들이 「爾靈山」명판을 떼어내고 「向陽山(향양산)」으로 대체하여 붙였다. 이곳 여순 군항은 세계적으로 유명한 군항의 하나이고 중요한 전략적 위치로 「京津門戶(경진문호)」라 하고 또한 淸國(청국) 北洋艦隊(북양함대)의 전진기지였다. 현재는 중국해군의 핵심기지로 외국인 출입금지 지역이었으나 1997년부터 「203景區(공원)」로 조성되어 부분적으로 개방되어 있다. 여순항은 중국 역사상 水師營(수사영, 수영)으로 중국 수군의 진영이 있었던 곳이다. 항내에는 1998년 쿠즈네초프급(6만 7천 톤) 러시아 항공모함 「바랴그」호를 고철값 2천만 불을 주고 인수하여 이를 개조 갑판부분을 새로 건조하고 이를 2011년 7월 27일 중국은 항공모함 1호가 건조 완료했다고 발표하였다. 중국 군부는 2012년 8월 20일

「댜오위다오(釣魚島)」호로 명명할 것을 요구하였으나 「랴오닝(遼寧)」호로 명명하고 2012년 9월 23일 랴오닝(遼寧)성 대련항에서 정식으로 취역식을 가졌다(중국산 「젠15」 전투기 68대 함재 가능함). 2012년 12월 26일 「젠15」 함재기가 항공모함에서 이착륙에 성공하였다. 이의 모항(母港)은 山東(산동)반도 威海(웨이하이)항이다. 그리고 상해(上海)에서 핵 추진 항공모함 2척이 독자 건조중인 것으로 알려졌다.

《白玉山(백옥산, 배유샨)포탄탑》

　백옥산탑은 여순항 바로 북쪽 뒷산 백옥산(134m)산정에 세운 거대한 3단 포탄탑으로 높이 67m 탑신 위에 길쭉한 포탄이 하늘로 향하고 있다. 大連市(대련시, 다롄시)의 현판 설명(1985년 7월 11일)에 의하면 1905년 러·일전쟁이 끝난 후 일본해군 연합함대 사령관 東鄕平八郎(도오고 헤이하찌로)과 일본 만주군 제3군 사령관 乃木希典(노기 마래쓰께)가 공동으로 러·일전쟁 때 전사한 日本軍의 유골을 보관하기 위하여 1907년 6월부터 1909년 11월까지 2년 5개월에 걸쳐 중국인 3천 명을 동원하여 거대한 3단 석탑을 건립하고 이를 「表忠塔(표충탑, 효츄또)」이라 하였다. 塔基壇(탑기단)은 화강암으로 이 돌은 일본 해군이 여순항을 폐색할 때 침몰선에 실었던 것을 掃海艇(소해정)이 건져 올린 것이다. 塔身柱(탑기둥)의 돌은 전부 일본에서 수송해 왔다. 塔頂(탑꼭대기)에는 길쭉한 포탄이 얹혀 있고 포탄 끝은 하늘로 향하고 있다. 탑기둥의 북쪽 윗끝면에 붙어 있는 동판 銘文(명문)에 東鄕平八郎 및 乃木希典의 이름이 새겨져 있고 그 밑에 러·일간에 치열했던 여순 요새 공방전이 간단하게 기록되어 있는데 이 공방전에서 러·일 상호간에 2만여 명의 군인이 전사하였다고 했다. 1985년 大連市(대련시) 인민정부는 表忠塔(표충탑)을 白玉山塔(백옥산탑)으로 개칭하고 市級文物保護單位(시지정보호문물)로 지정하였다.

주

　　원래는 백옥산 정상 북동쪽에 백옥신사의 납골사(祠)가 있었고 여기에 일본 전사자 2만 2,723구의 골회가 보관되어 있었다고 한다.

　여순항에 주둔하고 있던 러시아 극동함대가 日本해군의 군항 입구 봉쇄로 항내에 갇혀 버리자 이를 구원하여 황해 제해권을 되찾고 러시아가 점령하고 있는 만주로 日本軍이 본격적으로 공략하여 들어오자 러시아는 日本軍이 만주를 넘어 유일한 보급 및 이동 통로인 시베리아 철도(The single track Trans−Siberian Railroad)를 끊어 버리면 순식간에 Vladivostok는 고립무원이 되므로 이에 위기의식을 느낀 러시아는 발틱함대(Baltic fleet)를 긴급하게 극동으로 파병한다. 이때 발틱함대(Baltic fleet)의 기함인 전함「스와로프」에 승선한 사령관 Rozhdestvensky제독(중장)으로서 후에 러·일해전에서 크게 부상을 당하고 의식 불명이 되어 포로가 되었다. 그리고 日本은 만주 공략을 위하여 필요한 병참기지를 바다 건너 日本보다는 압록강 건너 한국으로 택하고 이를 위해 1905년 을사늑약, 1910년 한일병합을 서둘러 강제로 성사시켰다. 러시아는 러시아 극동함대를 구원하고 러시아군을 지원하기 위해서 발틱함대(Baltic fleet)를 태평양 제2함대(Second Pacific Fleet, 전함 8척, 순양함 11척, 구축함 9척 등 총 38척 병력 1만 명)로 편성하고 1904년 10월 14일 발틱해의 리바우항(현 Latvia Liepaya항)을 출항하여 Vladivostok을 향하여 7개월 동안 28,800km(약 18,000해리) 항해의 대장정에 올랐다. 1902년 영일 동맹(Englo−Japanse Alliance)을 맺고 있는 영국은 영국에 귀속되어 있는 Suez 운하 통과 및 Singapore기항을 거부하였으므로 식수난, 식량난 및 신선채소난에 설상가상으로 저 멀리 남아프리카 Cape of Good Hope(희망봉)을 돌아서 올라오는 고난의 항해가 되었다. Baltic함대가 1905년 4월 8일 Singapore근해에 왔을 때 러시아 영사관으로부터 무전으로 봉천(奉天)패전 소식을 듣고 상당히 당황하면서 수병들의 사기가 저하되었다. 영국으로부터 발틱함대의 출정 첩보를 입수한 日本은 바로 전함 4척, 순양함 20척, 구축함 21척 및 수뢰정(水雷艇) 42척 등 총 92척 병력 1만여 명으로 일본해군 연합함대를 구성하고 이의 사령관은 東鄕平八郞(도오고 헤이하찌로, 59세, 1847~1934)가 취임하였다. 이어 발틱함대가 대한해협을 통과하여 Vladivostok로 갈 것을 예상하고 1905년 2월 22일 日本은 거제도 송진포를 강점하여 긴급하게 여기에 일본해군「함대 근거지」즉 전진기지인 군항을 설치하였다(후에는 1912년 진해로 옮겨서「진해만 요항 사령부」가 된다). 그리고 1905년 1월 松井庫之助 공병중좌의 부대가 거제도 천장산, 지심도, 가덕도, 저도에 동굴을 파서 해안포(포신이 긴 장사포로 152㎜ 포위포) 설치공사를 완료하고 1905년 4월

26일 가덕도 외양포에 해안포대 사령부를 두기로 결정하였다. 지금도 그때의 포대와 포탄고를 볼 수 있다. 그 후 이 日本함대는 진동만(鎭東灣) 남쪽해역 즉 마산시 구산면 저도(猪島) 앞바다에서 대기하면서 거제시 가조도(加助島) 북동쪽 바로 앞에 있는 취섬(鷲島)를 적함으로 간주하고 실탄 함포 사격연습을 3개월 5일 동안(1905년 2월 22일~1905년 5월 27일) 밤낮을 가리지 않고 맹훈련을 매일 실시하였다. 이로써 해전 후 평가에 의하면 러시아 발틱함대보다 포사격 속도가 3배 명중률(the deadly accuracy of Japanese guns: 한 미국인의 평가)도 3배 높았다고 하였다. 이때 가조도 옥녀봉(玉女峰, 332m)정상에 있는 수병들이 취도 착탄 성공 여부를 수기로 신호를 보냈다고 신교마을의 노인이 말하였다. 또 포격을 받은 이 섬은 망가져 원래 3천 평에서 2천 평으로 줄어들었다고 하였다. 그리고 日本해군의 맹훈련으로 밤낮을 가리지 않고 포탄이 떨어져 파열하자 작열하는 폭발음에 산산조각으로 망가지고 죽어나는 것은 가상 적함인 한국의 취도(섬)이고 주변에 사는 주민들이었다.

주

日本자료에 의하면 「2개월 반」 동안에 실탄 사격연습을 하면서 이의 장소는 고의로 밝히지 않고 「1년분의 총탄량(포탄, 수뢰등)을 단 10일 만에 소비하였다」고 하였다. 따라서 日本해군 연합함대 총 92척이 번갈아 가면서 밤낮으로 쉬지 않고 75일 동안에 7년분의 총탄을 연습사격으로 왕창 소비한 것이다. 이로서 집중포화를 받은 취도는 포연에 휩싸이면서 산산조각이나 3천 평에서 2천 평으로 줄어들고 결국 독수리섬 鷲島(취도)는 「연기 내뿜을 吹(취)」 吹島로 완전히 망신창이가 되어 버렸다. 日本 해군연합함대 東鄕(도오고)의 승리는 바로 이 망가진 한국 취도에서 온 것이다. 이에 쓸개 빠진 몇몇의 한국인은 앞장서서 철저하게 망가진 자기조국의 섬을 외면하고 日本해군이 아주 잘했다고 日本人과 같이 취도에 기념 포탄탑을 세웠다.

※부산일보 1935년 3월 25일 및 6월 1일 기사 참조

※1905년 2월 22일 송진포를 강점한 이날 日本의 島根縣(시마네현)은 슬그머니 독도를 縣內回覽(현내회람)문서로 縣(현)에 편입시켰다. 1936년 일제강점기 日本제국 육군성에서 발행한 지도에 의하면 朝鮮지도에서 독도는 「竹島(다께시마)」로 표기하고 조선 영역 안에 표시하였다. 그리고 日本의 태평양 연해를 「日本海」, 조선의 동해를 「朝鮮海」라 표기하였다.《2012년 10월 24일 KBS》.

2. 淸・日해전(Chino-Japanese Naval Battle, 1894)

東鄕平八郞(도오고 헤이하찌로, 1847~1934)는 薩摩(사쓰마) 출신으로 1866년 일본해군 입대, 1871년~1878년 영국 해군 견습사관으로 유학. 1894년 일본해군 연합함대의 浪速(나니와)호의 함장으로서 청일전쟁 때 황해해전을, 그리고 1905년 5월 27일 러・일해전 때는 일본해군 연합함대 사령관으로서 대마해협 해전을 모두 승리로 이끌었다. 그 후 1913년 東鄕는 원수로 진급하였다. 청일전쟁 때 해전을 두 번 치렀는데 1차는 「豊島(풍도)해전」으로 1894년 7월 25일 일본의 연합함대(사령관은 중장 伊東祐亨 이또오 스께유끼, 53세)가 인천근해 화성군 대부면 풍도(豊島) 앞바다에서 청국 북양함대와 교전하여 승리하였다. 2차는 「黃海(황해)해전」으로 1894년 9월 17일 북한 남포에서 서쪽, 중국 長山(장산)열도에서는 남쪽인 황해 해역에서 淸國 北洋艦隊(청국 북양함대)의 주력함 定遠(띵위안), 鎭遠(전위안)호와 해전이 벌어졌으나 사기가 저하되어있는 청국해군은 전의를 상실하고 중국 山東(산동)반도 끝에 있는 威海衛(웨이하이웨이) 청국 北洋(북양)함대 해군기지로 일방적으로 철수하였다. 1895년 1월 20일 제2군 사령관 大山巖(오오야마 이와오)는 산동반도 榮城灣(영성만)에 상륙하고 1895일 2일 2일 일본 연합함대와 공동작전으로 威海衛(웨이하이웨이)를 점령하여 청국해군을 궤멸시키고 중국의 황해 제해권을 일본해군의 수중에 넣었다. 그 후 청일 강화조약으로 일본은 여순과 요동반도 및 대만을 영유(領有)하였다. 청국의 북양함대 주력함인 定遠(띵위안) 및 鎭遠(전위안)호는 1881년 독일이 건조한 쌍둥이군함으로 똑같이 7.335t, 주포 300㎜ 4문에 작은 함포 20문을 장비한 최신전함이다.

주

日人들은 청일전쟁을 甲午役(갑오역)이라고도 하고 「일본해군 연합함대(1903년 12월 편성)」를 「東鄕艦隊(도오고 함대, 도오고 깐따이)」라 했다. 1895년 2월 2일 청일해전에서 패전하자 淸國 北洋水師(청국북양함대) 제독 丁汝昌(정여창)은 항복하고 바로 자살(殉節)하였다.
※威海衛는 현 威海(웨이하이)이다.

지심도 해안포대 사진임

東鄕(도오고)가 1905년 거재도 지심도(지심도)에 설치한 4기 포위포 해안포대 및 이에 딸린 포탄고이다. 2차 대전 때 日本이 설치했다는 주장도 있다.

3. 러·일해전(Russo-Japanese Naval Battle of Tsusima, 1905)

드디어 진해만에 대기하고 있던 東鄕(도오고)함대는 1905년 5월 27일 발진하여 오후 13시 39분 대마해협 오끼섬(沖島) 북서쪽 25km해역에서 올라오는 Baltic함대(러시아 태평양 제2함대)를 맞이하였다. 이때 東鄕(도오고)는 「皇國興廢在此一戰 各員一層奮勵努力 (황국의 흥패는 이 일전에 있으므로 각 대원은 한층 분발 노력하라)」이라 말하고 丁字(정자) 전법으로 24시간 상호 포격전을 벌여 Baltic함대의 38척 중 19척 격침, 5척 포획 나지는 자폭(自爆) 또는 뒤로 돌아 중립항 Philippines Manila로 도망가고 Vladivostok로 살아간 배는 순양함 1척, 구축함 2척으로 단지 3척뿐이었다(日本은 수뢰정 3척만 침몰함). 이는 머나먼 긴 7개월 항해에 지친 Baltic함대의 대원들은 지칠 대로 지치고 염전(厭戰)기분이 만연하여 이 해전은 日本의 일방적 게임으로 끝나고 말았다. 日本에서는 러·일해전은 日本이 이길 전쟁을 이긴 것이고 러시아는 질 전쟁을 졌다고 말하였다. 이 해전은 세계해전 사상 첫 근대의 군함 전투가 된다. 그리고 東鄕(도오고)과 참모들은 진해에서 발진하기 전에 제승당에 가서 이순신장군의 진혼제를 올리고 승전을 기원한 후 동백나무를 기념식수 하였다고 한다(5월 27일은 일본해군의 승전기념일이고 러시아의 국치일이다). 1905년 10월 22일 동경(東京)으로 개선한 東鄕(도오고)는 위로는 국왕으로부터 아래로는 아이들까지 전 국민의 박수갈채와 더불어 환영을 받은 후 「살아있는 日本의 軍神(군신), 聖將(성장)」으로 추대 되었다. 그 후 제정러시아의 최후 황제 니코라이 2세 (Nicholas Ⅱ)는 인민들이 모두 러·일전쟁에 관심이 없고 1905년 1월 러시아 국내 제1차 공산주의 혁명으로 국내 동요가 일어나고 전쟁을 계속하는 것이 불가능해지자 그는 만주를 포기하고 미국에서 日本과 강화조약을 맺었다. 1905년 9월 5일 미국 포츠머스 강화조약(Treaty of Portsmouth)에서 ❶ 日本의 한국 지도권에 대한 우위권 인정(Japanese interests in Korea recognized <u>as paramount</u>), ❷ 러시아는 만주에서 철수, ❸ 사할린 섬 남쪽 반 日本에 할양, ❹ 여순, 대련 日本 조차권 인정 및 東淸(동청)철도의 남부지선 (남만주철도)인 하얼빈(哈爾濱, Harbin)에서 여순(旅順)까지 철도이권을 日本에 이양 등으로 러시아는 세계 군사 강대국에서 물러나고 日本이 이를 이어 받아 세계무대에 등장하였다. 이때 1905년 7월 29일 美日 간에 사전 밀약을 하여 일본은 한국을, 미국은 필리핀의 독점 지배권을 서로 인정하기로 하였다. 이로써 日本은 한국에 식민지로 가는 군사적 압력을 강화하고 결국 병합하여 일본 영토화하였다. 1910년 나라를 빼앗기고 21년 후 1931년 5월 27일 일본해군 전승기념일에 거제, 통영 한국인 유지 8명이 기금 4천원을 모아서 日本 연합함대의 기지가 있었던 송진포에 「松眞浦 日本海 海戰 聯合艦隊 根據地 記念碑(송진포 일본해 해전 연합함대 근거지 기념비)」를 세우고 이 기념비에 東鄕(도오고)의 친필 한문 비문을 새겨 넣었다. 러·일전쟁 때 이 당시 日本해군은 군항을 「日本海軍 艦隊根據地(함대근거지)」 및 「日本海軍 要港部(요항부)」라 하고 「송진포 함대근거지」를 1912년 「요항부」로 승격하여 진해로 옮기기 전까지 <u>1905년부터 7년간 송진포에 있었다.</u>

주

「정자(丁字)전법」은 발틱함대의 선도선 기함 스와로프(Swarov)가 접근하는 東鄕의 미카사(三笠)에 먼저 발포하자 마카사는 180도 회전하여 뒤로 돌아 도망가던 중 추격하는 스와로프의 진행방향을 앞에서 갑자기 90도 회전하여(敵前大回頭) 가로 질러 一字로 진로를 차단하고 일제히 선두 적함대에 집중 포격을 가한다. 이에 기함 스와로프가 대파하여 발틱함대의 전열이 무너지고 큰 혼란에 빠졌다. 이는 이순신의 학진, 넬슨의 T字 전법과 같다. 동청(東淸)철도는 1898년 러시아가 건설한 치치하얼— 하얼빈— 블라디보스토크를 연결하는 철도를 말한다. 동청철도 지선인 남만주철도(하얼빈-여순)는 러시아가 1903년 7월 건설 개통하였다. 그 후 日本은 이를 접수하여 러시아 광궤(1520mm)를 국제 표준궤(1435mm)로 줄였다. 철도 부설 및 전신전보 확보는 그곳 식민지화의 첨병이다.

日人들은 「송진포 일본해 해전 연합함대 근거지 기념비」를 일명 「도오고 함대 기념비」라 하였다. 1894년 청일전쟁 「황해(서해)해전」에서 일본 연합함대 浪速(나니와)호 함장으로서 일본의 승리에 기여하고 그 후 일본 해군 연합함대 사령관이 된 東鄕(도오고)는 1904년 영국으로부터 러시아의 Baltic함대가 러시아 극동군을 지원하기 위하여 극동으로 항진 중이라는 영국 해군 정보를 입수하고 <u>의 Baltic함대가 대한해협의 한국 쪽 해역을 따라서 북상할 것으로 예상하여</u>(실제로는 대마해협을 통과함) 이를 중간에서 요격하기 위하여 사전 준비에 들어갔다. 대한제국 한반도 남쪽바다에서 해군기지를 물색 중 임진왜란 때 조선 수군을 궤멸하여 일본수군의 위상을 높여 준 곳으로 칠천량에서 남쪽

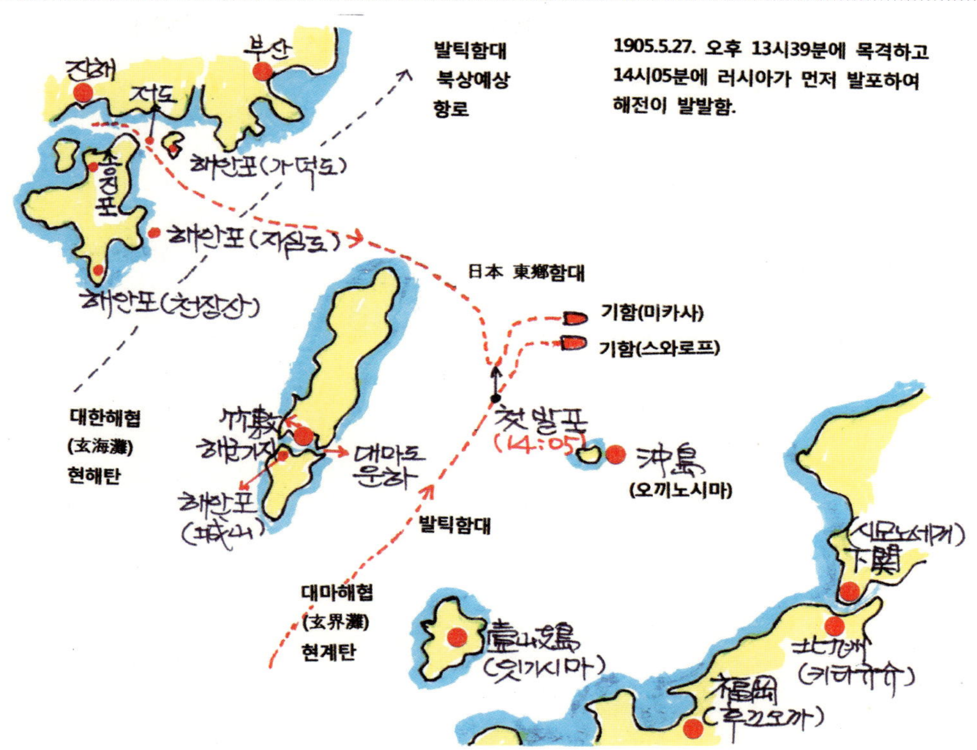

러·일해전에서 처음 조우한 해역은 沖島(오끼노시마) 북서쪽 25km 해역
(동경 129도 50분. 북위 34도33분)이다 .

으로는 송진포왜성, 북쪽으로는 대봉산(258m)에 영등포왜성이 있고 만주의 여순항처럼
사방이 병풍같이 산으로 둘러싸인, 수심이 깊은 천년 요새항 송진포를 해군전진기지 즉
「함대근거지」로 택하고 이곳을 「일본해군 송진포 함대근거지」라 하였다. 그 후 진해로 옮
긴 이후는 「日本海軍 鎭海灣 要港部(일본해군 진해만 요항부)」라 하였다.

　영등포왜성의 본성이 있는 대봉산(258m)에서는 진해만, 부산 심지어 멀리 대마도 및 대한해협을 둘러
볼 수 있는 옛날부터 후망산(堠望山)으로 산마루에는 요망대(瞭望臺)가 있었다. 장문포(장목항)와 송진

포는 조선시대부터 천년 요새항으로 장목에는 조선수군 경상우수영의 장목진성(현재 객사만 남아 있음)
이 있었고 현재 국립 해양연구소(분소)가 이곳에 있다. 임진왜란 때는 장목항은 장문포왜성, 송진포에
는 송진포왜성의 선착장이 있고 또한 묘박지(錨泊地)였었다.

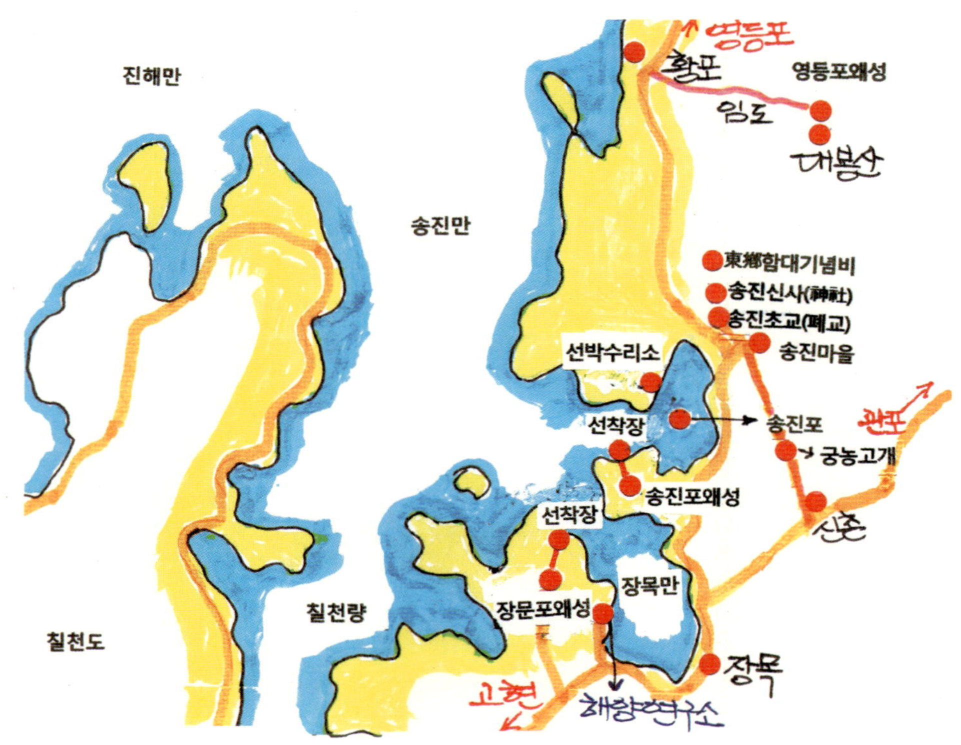

송진포는 일본 해군기지로 숨겨진 천연요새항이다. 현재 선박수리소가 있는
오른쪽 연안이 일본 해군기지가 있었던 곳이다(추정). 1945년 광복직전까지
송진(포)마을은 일인들만의 거류지였다.

송진포 사진임

송진포왜성에서 본 송진포이다.(●)가 궁농 고갯길이고 왼쪽이 송진마을이다.
일본은 1905년 2월 22일 이 송진포에 해군기지를 설치하고 1912년 진해로 옮기기 전까지 만 7년
동안 東鄕(도오고)함대가 주둔하였다. 1945년 광복 직전까지 모든 해군시설이 그대로 남아 있
었다고 마을주민이 전하였다.

거제지명 총람(1996)에 의하면 1904년 3월 6일 일본은 대한제국 정부의 사전허가를
받지 않고 東鄕함대의 군함 5척이 와서 멋대로 송진포의 해양 및 지형 조사를 하고 그 후
1904년 8월 11일 시설부대(공병대)가 와서 본격적으로 기지 건설에 들어갔다. 이때 송진
마을(松眞浦村)의 한국주민 약 300호를 궁농 고갯길(장목으로 가는 옛길)을 넘어 현재
신촌(新村) 및 궁농(宮農)마을로 강제로 이주 시키고 서쪽 해안쪽에 선착장을, 송진마을
에는 일본인 마을을 건설하였다. 곧이어 1905년 2월 22일 이 송진포에 「도오고 함대 근
거지」를 설치하고 병력 3천 및 일본 민간인 5백 명 먼저 이주하여 주둔하고 바로 2월 말
에 연합함대 총 92척이 진해만에 집결하였다. 그리고 1905년 대한해협이 눈 아래 보이

는 대봉산정에 감시 관측소를 두었다. 그리고 4월 26일 가덕도 외포리에는 해안포대 사령부를 편성하령하고 5월 7일 설치 완료하였다. 이어 주위 남쪽해역에 있는 가덕도, 지심도, 저도, 천장산등에 각각 4기 이상의 요격용 포대와 포탄고를 설치하고 대마도 성산(城山)에는 이미 1900년에 대한해협을 향하여 포대 5기를 설치하였다. 현재도 그대로 남아있다. 그리고 이곳 송진포에도 해안포대 5기를 설치하였다고 전하고 있으나 현재 그 정확한 위치는 확인 안 되고 있다.

주

東鄕는 임진왜란 때 사천왜성의 왜장이고 日本 薩摩(사쓰마, 현재 가고시마현)의 藩主(한슈)인 島津義弘(시마즈 요시히로)의 후예이다. 거가대로가 지나가는 저도에는 대통령 여름별장이 있어 출입금지 구역이라고 들었다. 그리고 거제시지(市誌)에 의하면 러·일전쟁 이전에 이미 한국을 日本영토화를 위한 해군전진기지로서 1903년 9월 30일 군령해(軍令海) 제1호 「방비대 조례」에 따라 송진포에 1904년 1월에 「일본해군 진해만 송진포 방비대(防備隊)」를 두었고 1905년 2월 22일 이 방비대가 「송진포 도오고 함대근거지」가 된다. 송진초교 뒤 송진신사 평지가 병영지이고 그 위쪽에 이의 사령부가 있었다고 한다.

도오고 함대 기념비 사진임

1931년 5월 27일 건립한 東鄕(도오고)함대 기념비이다. 3단 석탑비로 윗부분은 파괴되어 있고 명문판을 떼어 낸 콘크리트로 된 큰 조각들이 바로 뒤에 뒹굴고 있다. 송진포신사에서 이곳까지 석계단이 있었고 이 일대는 공원이었다고 한다. 탑신단은 화강암으로 규모가 크고 많은 돈과 정성을 들여 세운 석탑비임을 알 수 있다.

　　오늘(2011년 10월 15일) 송진포에 와서 답사해 보니 어느 어촌과 다름없는 한적한 곳으로 여기에 한때 일본의 해군기지가 있었다는 사실을 믿을 수가 없었다. 현재 서쪽 해안에 있는 레일을 깐 선박 수리소부터 송진마을까지 해안 산록을 계단평지로 깎아서 여기에 병영 및 물류창고를 두었고 이곳이 선착장으로 추정된다. 송진마을에는 日人들을 위한 현재 폐교된 송진초교에 송진 신상소학교 그리고 바로 뒷산에는 송진포신사가 있었고 송진마을 쪽에는 우체국, 경찰서, 마산 헌병대 송진포 파견소, 수산감독소 은치공장, 병원, 시장, 유연탄 저탄장, 함선급수용 지상 콘크리트 저수조, 해군병사, 화약고, 연병장등 광복직전까지 있었다고 주민들이 전한다. 그리고 송진포 신사 터에는 파괴된 신사표지 비석이 현재 남아 있고 여기서 산 위로 약 100m 바로 올라가면 1931년 5월 27일에 세운 3단 석탑으로 된 도오고 함대의 송진포 기념비가 있으나 윗부분은 파괴되어 없었다. 이 기념비는 석축한 탑의 기초지반 위에 화강암으로 2단 탑을 쌓고 그 위에 콘크리트로 비석을 올린 것으로서 규모가 크고 상당히 거액을 들여 만든 것으로 보였다. 여기서 떼어낸 도오고의 친필 한문 비석판이 현재 거제시청 수장고에 보관 되어있으나 곧 거제 박물관으로 옮겨 전시할 예정이라고 한다.

　　일제강점기에는 日人마을에 모든 시설이 남아 있었고 1945년 8월 15일 해방 직전까지 매년 5월 27일 도오고함대의 기념비 앞에서 러·일해전 승전 기념식을 日人과 한국인 지역유지들이 합동으로 성대하게 가졌다고 하였다.

주

광복된 후 65년 지난 현재 송진마을에서는 일제의 흔적을 거의 찾아 볼 수 없었다.

해안포대 사령부 사진임

東鄕(도오고)가 1905년 북상하는 러시아 발틱함대를 요격하기 위하여 대한해협의 한반도 남쪽 및 대마도에 해안포대 진지를 구축하고 가덕도 외양포에는 「일본해군해안포대사령부」를 두었다. 뒷쪽에 있는 3단 석탑비(●) 전면에는 「司令部 發祥之地(사령부 발상지지) 明治38년(1905년) 4월 26일 編成下令(편성하령), 同年 5月7日 外洋浦上陸(외양포상륙)」 뒷면에는 「昭和 11年(1936년) 6月 建之(세움)」라고 새겨져있다. 오른쪽과 왼쪽 건조물은 포탄고로 내부는 넓은 공간을 갖고 있다.

다음은 東鄕(도오고)함대 기념탑에서 떼어낸 비석 앞면에 있는 日本海軍 聯合艦隊司令官 海軍大將 東鄕平八郎(해군 연합함대 사령관 해군대장 도오고 헤이하찌로)의 친필 한문비문이다.

비문을 쓸 때 東鄕(도오고)는 日本해군의 승전은 송진포 해군기지의 덕이 었다고 말했다.

接敵艦見之警報 聯合　　　접적함견지경보 연합
艦隊 欲直出動擊滅之　　　함대 욕직출동격멸지
本日 天氣晴朗波高　　　　본일 천기청랑파고
平八郎書 「手決」.　　　　평팔랑서 「수결」.

즉 초계함의 「敵艦見ゆ(적함보임)」 긴급타전 보고를 접하고
「直ちに出動, これを擊滅せんとする. 本日天氣晴朗なれども波高し」.
「즉시 출동하여 반드시 이들을 격멸하도록 하겠다.
오늘의 천기는 맑고 밝으나 파도가 높다」.
　　　　　　　東鄕平八郎(도오고 헤이하찌로)
이것은 東鄕(도오고)가 동경(東京)에 있는 大本營(대본영,
최고 통수부)에 긴급보고로 타전한 내용이다.

비석 뒷면에는
「日本海海戰 東鄕艦隊 根據地 鎭海灣松眞浦.
記念碑文 文寫 昭和三年五月二十七日 御揮毫」.
「일본해해전 동향함대 근거지 진해만 송진포
기념비문 문사 소화3년 5월 27일 어휘호」
즉 <u>도오고가 1928년 5월 27일 쓴 휘호</u>를 기념비문으로 복사했다고 쓰여 있다.

| 참고 |..
　거제시에서 보관중인 東鄕의 친필비석을 日本측에서 양여 해주도록 간절하게 요청하고 있다고 한다.

　　長崎縣 五島(나가사끼현, 고또오)열도의 서쪽바다에서 망보고 있던 초계함 信濃丸(시나노호)가 1905년 5월 27일 새벽 4시 45분「적함이 보임, 456지점」긴급타전 보고를 하자 東鄕(도오고)는 한국 진해만에서 집결하여 대기하고 있던 일본연합함대 총 92척에 즉시 沖島(오끼노시마)근해로 출격명령을 내리고 6시 43분 東鄕(도오고, 59세)는 전함 三笠丸(미카사호) 旗艦(기함)을 타고 선봉에 서서 출전하였다.

주

「456지점」은 長崎縣 五島(고또오)열도 북서쪽, 동경 128도 10분, 북위 33도 10분 해역이다. 발틱함대는 기함 스와로프(함장, 중장 로체스밴스키)를 선두로 뒤에는 37척이 3열종대로 순항하면서 모든 전함의 긴 굴뚝에서 유연탄 연기를 시꺼멓게 내뿜으면서 뒤따라 올라왔다.

주

송진포(松眞浦)는 거제시 장목면 송진리에 있다. 송진포로 가는 길은 고현 버스터미널에서 황포, 구영행 시내버스(10시 35분부터는 2시간 간격)를 타고 약 40분 후 송진마을에서 내린다. 여기서 남쪽에 있는 것이 송진포왜성(일명 시루성)이고 북쪽의 대봉산 산정(HP 중계탑이 보임)에 있는 것이 영등포왜성이다. 이곳은 황포에서 임도(林道)을 따라 올라가 볼 수 있다. 日本海는 한국의 동해(東海)를 말한다.

| 참고 |⋯⋯
마침 송진포에 탐사 차 와 보니 인간의 탐욕으로 1%의 위락을 위해서 송진포 서쪽 산등성이를 잔인하게 마구 길게 깎아서 꼴보기 흉하게 만든 골프장이 나의 눈에 들어왔다. 이 아름다운 거제도의 자연을 어떻게 저렇게도 사정없이 망가뜨려 놓을 수 있을까 하고 보면서 골프와 전혀 인연이 없는 99%인 나는 몹시 안타깝고 분노마저 느꼈다. 「한국은 골프를 못 쳐서 환장(換腸)하는 나라 같다」.

주

三笠(미카사)호는 1900년 11월 8일 영국에서 제작 진수된 최신예의 전함이다.

1931년 5월 27일 「도오고 함대 기념비」를 세운 뒤 다시 4년 후 1935년 8월 23일 이번에는 日本人과 한국인이 연합하여 東鄕平八郎(도오고 헤이하찌로)의 러·일전쟁의 승전 기념으로 취도에 「吹島記念(취도기념)탑」을 세웠다. 이 탑은 여순의 「203고지 포탄탑」을 그대로 모방한 것으로 규모는 훨씬 작은 편이다. 높이 4m, 폭 2m인 삼단 석탑으로 꼭대기에는 을씨년스럽게 포탄이 세워져 이의 끝이 하늘로 향하고 있다. 이곳 주민들은 「취도의 포탄탑」이라 한다. 취도에 포탄탑은 현재도 그대로 남아있고 여기에 한시가 새겨져 있다.

이 한시는 「일본해군 진해만 요항 사령부」 사령관인 小林省三郎(고바야시 세이자브로) 중장이 쓴 것으로서 비석 앞면에는 「吹島記念(취도기념)」이라 쓰고 바로 왼쪽에 작은 글씨로 「海軍中將 小林省三郎 書(해군중장 고바야시 세이자브로 서)」라 병기하였다. 그리고 비석 뒷면에는 「吹島懷古(취도회고)」라 쓰고 다음과 같은 비문과 함께 한시를 남겼다.

「吹島懷古」 昭和十年八月**(취도회고 소화 10년 8월)**

海軍中將 小林省三郎 書(해군중장 고바야시 세이자브로 서)

吹島在鎭海灣隈 日露戰爭之際 我聯合艦隊待機在.
于此日夜行實彈射擊 以此島爲標的始 不留原形.
日本海之功名亦多所負 于此島令建碑 成詩以頌之云爾.
취도재진해만외 일로전쟁지제 아연합함대대기재.
우차일야행실탄사격 이차도위표적시 불류원형.
일본해지공명역다소부 우차도령건비 성시이송지운이.

「취도는 진해만 서쪽 모퉁이에 있고 일로전쟁 때 아군 연합함대가
대기했다. 이 밤낮으로 실탄 사격을 이 섬을 표적으로 하였으므로
섬의 원형은 머물지 못하였다. 일본해의 공명은 이 섬에 신세를
많이 졌으므로 비석을 세워 한시를 써서 이를 기리기로 하였다」.

　※所負(소부)=신세, 昭和(쇼와) 10년은 1935년이다.
　※부산일보 1935년 8월 25일 및 6월 1일 기사참조.

취도 기념탑 사진임

취도에 세워진 포탄탑의 탑신 전면에
「吹島記念(취도기념) 海軍中將 小林省
三郎 書(해군중장 고바야시 세이자브
로 서)」라 음각되어있다.

다음은 小林省三郎(고바야시 세이자브로)의 한시(漢詩)이다.

吹島記念(취도기념)
海軍中將 小林省三郎 書(해군중장 고바야시 세이자브로 서)
一擊吹島舊形無　　일격취도구형무
亂石崩沙鐵火擊　　난석붕사철화격
喜得旋揚陳迹事　　희득선양진적사
千年不朽補皇國.　　천년불후보황국.
「일격에 취도의 구 모습은 없어지고
철포탄에 맞은 암석은 부서져 모래가 되었다.
지난날의 여러 일들이 돌아와서 기쁨을 떨치고 있다.
이제 천년 영원토록 황국을 위해 노력할 것이다」.
이 한시는 「칠언절구(七言絶句)」 즉 7.7조로서 4구절(起, 承, 轉, 結)이 시 한수(詩一
首)로 되어있다.

주

陳迹(진적)=지난날의 자취, 不朽(불후)=영원히
《거제시 도서관 자료실, 2011년》.

小林省三郎(고바야시 세이자브로, 1883~1956)는 해군사관학교 31기로 1917년 해군
대학을 졸업하고 그 후 연합함대 利根(또네호)함장, 1933년 주 만주 해군사령관, 1934년
해군중장 진해만 요항부 사령관이었다.

이제 정리를 하면 1931년 東鄕(도오고)해군이 주둔했던 송진포(松眞浦)에 東鄕이 친
필로 쓴 한문기념비를 세웠던 한국인들이 1934년 東鄕가 사망하기 전 이번에는 일본인
과 연합하여 1931년 5월 23일 진해만 요항 사령부 小林省三郎(고바야시 세이자브로) 중
장이 쓴 한시기념비를 세우고 5월 27일 기념비 제막식과 제26회 전승기념제를 올렸다.
이것이 「취도의 포탄탑」이다. 한시의 내용은 러·일해전에서 승리한 東鄕해군의 공적의
자취를 기린 것이다. 1905년 5월 27일 日本해군 연합함대 사령관 東鄕平八郎(도오고 헤
이하찌로)의 러·일해전의 승리는 취도에서 출발하였으나 밤낮을 가리지 않고 함포 실탄
사격 연습의 제물로 만신창이가 된 취도는 이제 안타깝게도 그 원형을 잃고 그 위에 포

탄탑을 오늘도 안고 있다. 이를 보러 바다 건너 다가온 나에게 무엇인가 말하고 있는 것과 같은 느낌이 들었다. 「자기가 살고 있는 땅 하나 못 지키는 바보들이 아닌가?」

주
그 후 일본해군 진해만 요항 사령부는 일제강점기 日本海軍 朝鮮鎭海灣 要塞司令部(일본해군 조선진해만 요새 사령부)로 개칭되고 부산부(釜山府)는 이의 관할 하에 있었다.

주
2011년 11월 16일 취도(섬)를 찾아온 나는 모든 것이 망가진 이 작은 섬을 보고 우리의 못난 조상을 만난 탓으로 순진한 한 한국여인이 발가벗겨져 일본 장군에게 능욕당한 모습으로 보여 배에서 섬으로 오르자 바로 땅바닥 바위에 엎드려 용서를 비는 큰절을 하지 않을 수 없었다. 망신창이가 된 이 취섬은 우리가 지켜주지 못한 역사의 한이 맺힌 섬이고 또한 한국에서 가장 가슴 아프고 슬프게 하는 섬이다. 그 위에 지금도 영원히 지울 수 없는 낙인찍힌 여인처럼 섬 위에 포탄탑을 안고 처음 여기 오는 나에게 쓸쓸하게 다가왔다가 다시 멀어져 갔다. 「취도여 용서하소서」.

《대마도의 러·일전쟁 유적》

　19C 말 들어 동아시아는 유럽 열강의 먹잇감이 되었다. 특히 러시아는 시베리아를 지나 중국으로, 영국은 스에즈 운하를 통과하여 극동 아시아로 진출 중국, 한국 및 일본으로 밀어 닥쳤다. 1860년 러시아는 Vladivostok를 강제로 점령하고 그 후 1861년 3월 13일 러시아는 영국이 전략상의 요충지인 대마도를 점령할 것이라는 첩보를 입수하고 선수(先手)로 군함 Posadnik의 함장 Birilov는 대마도 淺茅灣(아소만)에 있는 芋崎浦(이모자끼우라)에 상륙하여 대마도를 점령하고 여기에 해군 전진기지를 설치하였다. 이때 江戶(에도)막부와 對馬藩(쓰씨마한)은 무력으로 해결할 힘이 없어 보고만 있었으나 이의 대마도 점령이 일본에게 러시아에 대한 공포감과 적대감을 갖게 하였다. 그 후 영국의 강력한 경고와 간섭으로 6개월 후 9월 19일 철수 하였으나 이때의 러시아해군의 해안포대 및 포탄고, 선착장의 방파제 및 dock(부두), 우물, 2기의 묘가 있는 군인묘지 등이 芋崎浦(이모자끼우라)에 현재 남아 있다. 그 후 이번에는 고종 22년(1885년) 3월 1일(음력) 영국이 러시아의 조선 진출을 견제하고 Vladivostok를 선제 공격하기 위하여 3척의 동양함대가 와서 요충지인 한국의 거문도를 무단 점령하였다. 여기에 포대와 병영 및 저탄장 시설을 두었다. 영국은 거문도 점령이 「개의 목을 조름으로써 입에 넣었던 뼈를 뱉어

내게 할 것이다」라고 말하였다. 그 후 거문도가 군항으로 부적함을 알고 2년 후 1887년 2월 5일 철수 하였다. 현재는 그 당시의 영국 수병의 묘지 및 비석만이 남아있다. 한편 일본은 청일전쟁을 준비하면서 東鄕平八郞(도오고 헤이하찌로)는 대마도 淺茅灣(아소만)에 있는 竹敷(다께시끼, 대마공항 바로 서쪽에 있음)에 「함대근거지」를 두고 청·일전쟁에 승리한 후 1895년 이를 「요항부」로 승격시켰다. 1900년에는 대마해협 쪽에서 淺茅灣(아소만)으로 가는 萬關(만제끼)운하를 파고 단시간 내 동에서 서로 함대가 이동할 수 있게 하였다. 여기를 통과하는 구축함, 수뢰정이 운하 암벽에 부딪쳐서 파손되는 것을 막기 위하여 산에서 잘라온 나무를 운하 수도를 따라 암벽에 수평으로 매달았다. 東鄕(도오고)가 러·일전쟁을 위하여 「해군 요항부」를 설치했던 竹敷(다께시끼)마을에는 그 당시의 수뢰정부대 기지 및 dock(부두), 함선 급수용 지상 콘크리트 저수조(700t), 유연탄 저탄시설 그리고 金田(가네다)城이 있는 城山(죠야마)의 정상에는 대한해협 쪽으로 향한 포대 및 포탄고(1900년 설치)가 남아 있고 그 후 1903년에 조금 떨어진 곳에 추가로 설치한 포대 및 포탄고 흔적이 남아있다.

러·일전쟁 때의 군함의 동력은 석탄을 사용하는 증기기관(steam engine)에서 나왔다. 증기기관은 많은 물과 석탄이 필요하며 유연탄은 검은 연기가 많이 나지만 발열량이 크다. 따라서 요새항에는 반드시 거대한 급수용 탱크와 저탄 시설이 필요하다. 이 당시 일본해군은 해군의 전진기지를 「함대근거지」 및 「요항부」라 했다. 이 당시 수송수단은 바다에서는 선박에 의존하였으나 육로에서는 아직 자동차가 없었으므로 수송과 이동은 전적으로 사람과 말에 의존하였다. 일본 육군은 진군할 때 완전 군장을 하고 1일 40㎞ 걸어서 이동하였다(영국해군의 주둔지는 현재 거문도 초등학교 자리이다).

주

현재 竹敷(다께시끼)에는 「日本 海上自衛隊(해상자위대) 대마도 방비대 본부」가 있다. 日本 長崎縣 對馬市 美津島町에 있는 淺茅灣(아소만)은 신라시대부터 한국의 남쪽해안에 출몰하여 강도, 강간, 살인, 방화를 한 일본해적의 소굴이 있었던 곳이다. 우리는 이 일본해적을 왜구(倭寇)라 하였다.

| 참고 |
러·일해전 30년 후 1935년에 세운 취도 포탄탑의 뒷면에 기록된 小林(고바야시)의 한시(漢詩)가 유일

한 증거로서 「日本해군이 취도에서 함포 실탄사격 연습을 했다」는 증언을 하지 않았다면 이의 진실은 영원히 수장(水葬)되어 모두 모르는 사실이 되었을 것이다(아무리 한국사람이 주장해도 「종군위안부」처럼 日本은 결코 인정하지 않을 것이다). 더욱 놀라운 사실은 日本도서관에서 러·일해전에 관한 많은 자료를 조사해보면 1905년 2월 22일 日本해군이 한국 거제도 송진포를 강제로 점령하고 여기에 해군기지를 설치한 것과 러·일해전 발발 3개월 전 취도를 적함으로 간주하여 함포 실탄사격 연습을 했다는 사실은 어느 곳에도 찾아 볼 수가 없었다. 즉 日本은 의도적으로 이 사실을 은폐하고 이에 모든 자료를 폐기한 것이다. 따라서 日本에서는 송진포 해군기지에 관한 자료는 아예 어느 곳에도 없다. 즉 송진포의 「松(송)」자도 日本史에는 없다. 그리고 日本史에서는 그냥 東鄕(도오고)함대가 장소를 밝히지 않고 2개월 반 동안 사격연습을 한 후 진해만에서 대기하다가 Baltic함대를 공격하였다고만 기록하고 있다.

취도의 포탄탑 사진임

옥녀봉산정(332m)(●)에서 포탄이 취도에 떨어지면 수병이 수기를 흔들어 착탄신호를 보냈다. 그중 몇 발이 이 옥녀봉을 넘어 날아가 창호(倉湖)마을에 떨어져 쑥대밭으로 만들었다. 우리는 이 작은 섬 하나도 못 지킨 나약한 민족이 아닌가?

나는 상륙하자 나도 모르게 취도에 무릎 꿇고 엎드려 용서를 빌었다. 이 취도는 한국에서 가장 가련한 섬으로 갈기갈기 찢기고 깨지고 부서지고 터진 상처만 남아있다.

| 참고 |

1897년 10월 3일	…	환구단에서 대한제국 수립선포…고종 황제 등극.
1904년 2월 10일	…	日本 러시아에 선전포고(日本의 이익선 조선 확보위해).
1904년 2월 23일	…	「한일의정서」조인…대한제국의 외교권 박탈.
1904년 8월 22일	…	제1차「한일협약」조인…일본의 고문관정치 실시.
		일본에 예속화 됨.
1905년 2월 22일	…	송진포 강점 및 독도 시마네현 편입(「다케시마의 날」).
1905년 9월 5일	…	러·일 포츠머스 강화조약 맺음(러시아 만주 및 조선 포기).
1905년11월 17일	…	제2차「한일협약」=을사늑약(勒約)…韓國 統監府 설치.
		「한국 통감부」로 대한제국 황제는 통치권을 상실함.
		(초대통감 伊藤博文, 이토 히로부미).
1907년 7월 24일	…	제3차「한일협약」=정미조약.
		일본인 차관정치 실시함.
		(대한제국의 자위권, 사법권, 경찰권을 박탈함).
1909년10월 26일	…	안중근 伊藤博文(이토 히로부미)를 총살함.
1910년 8월 29일	…	제4차「한일협약?」=한일 병합조약…朝鮮 總督府 설치.
		「조선 총독부」로 대한제국은 국권을 상실함.
		(대한제국을 조선(朝鮮)으로 부름).
		(초대총독 寺內正毅, 데라우찌 마사다께).

※日本은 러시아에 선전포고한 후 즉각 사전 치밀한 계획에 따라 먼저 만주를 손안에 넣고 러시아를 배제한 후 본격적인 중국 대륙 공략에 나섰다. 이를 위해 한국을 인적, 물적 병참을 지원해주는 전진기지로 만들기 위하여 한국 일본영토화를 노골화 하였다. 즉 豊臣秀吉(도요또미 히데요시)가 중국 明을 정복하려고 했던 그때의 야망을 실현하는 것이다.

※1919년 3.1 운동 후 日本은 종속(從屬)주의에서 동화(同化)주의로 식민지정책을 전환하였다. 이에 호응, 「뿌리잃은 한국인」 79.3%가 창씨개명(創氏改名)하여 日本인으로 동화하였다. 이에 1940년 8월 14일 南次郎(미나미 지로) 총독은 「內鮮一體(내선일체) 증좌이며 半島民衆(반도 민중 즉 한국인)의 自覺所致(자각소치, 즉 스스로 알아서 함)의 결과」라고 몹시 기뻐하였다.

※日人들은 日本은 母(모)이고 琉球(류큐=오끼나와)는 장남, 臺灣(대만)은 차남, 한국은 日本의 삼남(三男)이라했다. 2010년 8월 23일 서울「한일 역사공동연구회」에서 일본 측은「琉球(류큐) 및 朝鮮은 Asia 중심국가인 日本의 藩國(속국)으로서「將軍(쇼군)」이 취임할 때 마다 경하사절(慶賀使節)로「琉球 및 朝鮮통신사」가 왔다고 하였다. 결코「선린과 우호를 위한 문화사절」로 온 것이 아니다 라고 강조했다. 沖繩(오끼나와) 사람들은 대리전쟁의 앞마당으로 희생양이 되는 것을 우려하고 日本에서 독립하여「琉球 공화국」을 원하고 있다. 沖繩(오끼나와) 미군기지는 2020년까지 모두 Guam으로 이전 한다고 발표하였다(2013년 3월 10일).

※2008년 4월 1일 日本을 방문한 韓國 大統領 李明博은 福田康夫 首相(91代總理)과 동석 기자회견에서 日本 과거의 인물인 豊臣秀吉의 家紋 5·7 桐紋을 연설대(lectern) 앞에 걸어 놓고「우리는 과거에 얽매이지 않고 성숙한 韓日 同伴者 관계를 이룩하겠다」고 말하였다. 豊臣秀吉의 家紋은 今川義元의 3·5 桐紋을 이어

받아 오동나무꽃잎을 늘여 5·7 桐紋이 되었다. 이 豊臣秀吉의 5·7 桐紋은 1911년 朝鮮總督府의 紋章이 되고 2005년 小泉俊一郎 수상 때 日本 總理府의 紋章으로 화려하게 다시 부활하였다. 豊臣秀吉은 日本人의 영원한 태양이고 韓國人에게는 우리의 생명을 끝없이 銃殺, 槍殺, 刀殺한 임진왜란의 惡靈이다.

※만주(滿洲)에서 1117년 여진족(女眞) 아구다(阿骨打, 아골타)가 금(金)나라를 건국하여 9대까지 이어오다가 몽골 징기스칸의 정복으로 120년 만에 멸망하였다. 그 후 1616년(만력 44년, 선조 49년) 여진족 누르하치(努兒哈赤, 노아합적)가 후금(後金)을 건국하여 1619년 랴오양(遼陽, 요양)을 수도로 정하고 다시 1620년 선양(瀋陽, 심양)으로 천도하여 20년간 후금의 수도로 있었다. 그 후 2대 홍타이지(皇太極, 황태극)는 청태종(淸太宗)으로서 그는 1636년 후금을 청(淸)으로, 여진(女眞)을 만주(滿洲)로, 여진족을 만주족으로 고쳐 부르고 1640년 선양에서 베이징(北京, 북경)으로 천도하였다. 결국 1644년 청(淸)에 의해서 명(明)은 멸망하였다. 한편 1627년(인조 5년) 청태종은 3만 대군을 이끌고 내려와 조선과 형제의 나라 관계를 맺고(정묘호란) 다시 1636년(인조 14년) 천태종은 10만 대군을 이끌고 조선을 재침하였다.
그들의 군사력에 겁을 먹은 인조는 남한산성에 피난하여 농성하였으나 다음 해 한겨울 1월에 결국 항복하고 삼전도(三田渡, 서울시 송파구 송파동, 석촌 지하철역, 송파 신사거리 삼전도비)에서 의자에 앉아있는 청태종에게 무릎 꿇고 세 번 절하면서 9번 머리를 (얼어있는) 땅바닥에 조아리는(三拜九叩頭, 삼배구고두) 굴욕적인 항복을 하고 군신의 관계를 맺었다(병자호란). 그리고 청조(淸朝)의 4대 강희제(康熙帝)는 만한(滿漢)통합정책을 실시하여 중국 역사 이래 중화(中華)의 전성기를 이루었다.

명량대첩과 울돌목

이순신장군이 옥에서 풀려나 권율 휘하에 있다가 백의종군하던 중 나라의 위태로움 때문에 삼도수군통제사로 재임명을 받고 그날로 장흥 회령포에 이르러 간신히 12척의 범선을 수습하여 이곳 우수영에 당도했다.

이때 왜군들은 4백여 척에 2만 명의 군인을 싣고 울돌목을 통과하여 예성강으로 진출 이미 직산에 머물러 있던 육군과 합세해 서울을 침범하려는 계획이었으나 일본군에 있어 울돌목 장악은 중요한 과제였다. 임진년 전라수사로 있을 때부터 울돌목의 지형조건을 파악한 장군은 치밀하게 준비해 나갔다. 쇠사슬 두 줄을 안목과 밖목에 건너 매 올렸다 내렸다 할 수 있도록 울돌목에 장치해 두고 장수들을 불렀다.

'병법에 이르기를 죽으려 하면 살고 살려고 하면 죽는다 하였고 또 한사람이 길을 막으면 천사람을 두렵게 할 수 있다 하였으니 이것은 지금의 우리를 이름이라. 공들은 살 생각을 말고 조금도 명령을 어기지 말라' '나라를 위해 죽기로서 싸워라, 만일 조금이라도 영을 어기는 자는 군법을 시행하리라' 하여 임전결의를 다졌다. 1597년 9월 16일 새벽. 드디어 어란포에 머물고 있던 일본수군들이 밀물을 타고 명량으로 공격해 왔다. 이순신이 12척의 배로 이를 공격하니 왜선이 이순신의 배를 포위하여 격전이 벌어졌으나 장군은 적장 마다시를 향해 시위를 당겼다. 이때 기다리고 기다렸던 조수가 썰물로 돌아서자 마다시와 기함을 잃은 왜군들은 혼비백산 도망가느라 바빴다. 이때 대파된 왜선은 1백 33척으로 세계해전사상 유래를 찾아보기 힘든 대승리였다. 이것이 그 유명한 명량대첩이다　《우수영 관광지》

명량대첩 재현 행사

3

명랑해전은
명량대첩(鳴梁大捷)이 아니고
벽파대첩(碧波大捷)이다

1. 명량해전의 이해를 돕는 자료

2. 명량해전은 명량대첩이다

3. 명량해전은 벽파대첩이다

4. 이순신이 효수한 「馬多時」는 왜장 小早川隆景이다

명량해전은 명량대첩(鳴梁大捷)이 아니고 벽파대첩(碧波大捷)이다

　　이순신 수군이 승전한 명량해전을 오늘날 모두 불가사의(不可思議)한 해전이라 한
다. 구국의 명장 이순신은 여기서 승리한 것은 천행(此實天幸 즉 승산 확률은 거의 영으
로서 실제는 무모한 도전임)이었다고 하였다. 이제 임진왜란이 끝난 지 415년 지난 후
2013년 오늘 나는 알고 싶다. 과연 명량해전은 어떤 것인가?

주

　　「명량해전은 벽파대첩이다」의 새로운 주장은 나의 졸저 「성웅 이순신 그리고 일본성(왜성)」에서 「명량대
　　해전(大海戰)」의 내용을 전면 수정, 보완하여 다시 새롭게 기록한 것이다.

　　❶ 이순신은 1597년 정유재란 때 13척의 전선으로 왜수군 133척을 명량에서 격파하
였다. 이를 명량대첩이라 한다. 그러나 「우수영 국민관광지」 명량대첩 기념관에서 명량
해전 자료를 얻기 위하여 여기에 찾아온 나는 뜻밖에도 전시되어 있는 해전 설명이 너무
나도 짧고 간단명료하여 실망을 감출 수가 없었다.

　　이순신 수군의 명량 대해전은 세계해전사상(海戰史上) 길이 빛나는 불가사의(不可
思議)한 대첩이다. 세계 4대 해전, 즉 한산대첩(1592년, 조일전쟁)과 더불어 Salamis해
전(BC480년, Persian전쟁), Lepanto해전(1571년, 연합십자군과 Ottoman Turks전쟁),
Trafagar해전(1805년, Napoleon전쟁)의 어느 것도 이 명량대첩과는 비교할 수 없다. 그
것은 인간의 언어로는 도무지 설명하기가 어려운 경이로운 해전이기 때문이다. 그러나
그동안 명량대첩에 대한 합리적인 설명도 없이 전승신화의 주인공인 이순신은 무조건
100전 100승 한다는 생각에 사로잡혀 오늘 명량까지 와서 그날의 역사를 되새길 자료가
부족한 가운데 이순신의 승전을 믿으면서도 실감이 나지 않는 이유는 무엇일까? 여기
온 모두가 나와 같은 생각일는지도 모른다.

❷ 이 명량해전의 승전에서 서해 및 남해의 제해권(制海權)을 다시 확보하여 조선군(朝鮮軍)에게 용기와 자신감을 주었으며 日本은 1875년 운양호 사건 이전까지 276년 동안 두 번 다시 바다 건너 朝鮮을 넘보지 못하게 되었다. 그러나 이 해전에서 전투함선의 수가 13척에 왜적은 133척이고 수병들의 사기는 땅바닥에 떨어져 있고 절대 비교 하위에 있는 조선수군의 함장들은 승기(勝機)가 전혀 보이지 않고 절대절망의 사지(死地)인 이 해전에 동참을 결코 원하지 않고 있었으므로 모두 그들은 이순신에게 냉정하게 등을 돌렸다. 이제 그들의 눈앞에 진격해 오는 수많은 왜적선을 보고 겁에 질려 적개심(敵愾心)을 잃고 오로지 살길만 찾는다. 이순신이 싸우고 싶으면 「혼자 가서 싸우다가 죽어라」 하면서 함장들은 같이 죽기를 노골적으로 거부하고 이를 행동으로 보였는데, 즉 살기위해서 먼저 도망가거나 삼도수군통제사 이순신 기함(旗艦)을 왜적 앞에 희생양으로 혼자 남겨두고 수군함장들은 모두 뒷전으로 후퇴해 버렸다. 이것은 「너는 죽더라도 나는 죽을 수 없다」는 본능적인 삶의 애착과 이기적인 인간심리를 적나라(赤裸裸)하게 보여 주는 것이다. 이와 같은 기가 막힌 상황 속에서 망양일척(茫洋一隻) 고립무원의 이순신함만이 왜적선을 맞아 고군분투하게 된다. 여기서 이순신은 혼자서라도 온몸을 던져 지극충성(至極忠誠)으로 백성과 나라를 구하기 위하여 죽음의 전쟁터로 거리낌 없이 향한다. 이제 몰려오고 있는 왜적선을 향하여 단선(單船)으로 돌격하고 있는 삼도수군통제사 이순신은 「그는 보통사람이 아닌 틀림없이 미친 사람」이거나 아니면 백성과 나라를 구하려는 희대(稀代)의 영웅, 「민족의 성웅」임에 틀림없다. 모든 변수가 뒤범벅이 되어있는 이 명량해전은 조선 삼도수군통제사 이순신이 혼자서라도 싸워야하는 「나 홀로 전쟁」으로서 외롭고, 고달프고, 참담하고, 처절하며 어쩌면 기가 막히는 불가사의(不可思議)한 해전이었다(명량해전은 이순신이 고문을 당한 후 치른 첫 해전이다). 여기서 대첩을 이룬 것은 결국 하늘이 이순신을 버리지 않고 도왔다고 말할 수밖에 없다.

❸ 역사에는 가정(假定)이 없다. 그러나 1597년 7월 23일 이순신이 통제사로 재임명된 2개월 후 9월 이순신이 선조 국왕의 지시대로 「육전에 합류하고 수군을 전폐」하였다면 또는 명량해전에서 13척의 이순신 수군이 패하여 궤멸하였다면 서해 제해권은 왜적

에게 넘어가게 된다. 그러면 그 후 역사는 어떻게 바뀌었을까? 나의 추정으로는 왜수군 133척의 약 1만 6천 명의 병력이 서해로 북상하여 이미 충남 직산(稷山)에 머물고 있는 왜군과 합세하거나 아니면 이순신의 주장대로 바로 한강으로 들어가든지 또는 인천에 상륙하여 육로로 가서 서울(한성)을 조총을 쏘면서 공략하였다면 서울은 다시 불바다가 되고 선조 국왕은 또다시 짐을 싸고 압록강 의주(義州)로 도망가고 남쪽에 내려가 있던 명군(明軍)은 급하게 올라와서 왜군과 또 싸우기 보다는 휴전하거나 강화로 조선 땅을 양분하여 남쪽 4도(경상도, 전라도, 충청도, 경기도)을 일본에 할양할 것이다. 즉 풍신수 길(豊臣秀吉)이 강화조건으로 명(明)황제에게 요구했던 조선 남쪽 4도를 이제는 무력으로 빼앗아 일본의 영토화 하겠다는 풍신수길의 의도가 성공하는 것이다. 그러나 역사는 기적같이 이순신 수군의 13척이 왜수군 133척을 물리치고 승리하여 서해 제해권을 확보하고 나라를 구한 것이다. 즉 이순신의 명량해전 승리가 풍신수길의「한강 진입작전」또는「인천 상륙작전」이 성공하여 조선 땅의 반을 일본영토화 하려는 의도를 좌절시킨 것이다. 따라서 <u>이순신이 명량해전에서 반드시 승리해야 하는 절체절명(絶體絶命)의 전쟁이 되었다</u>(즉 피할 수 없는 막다른 죽음의 해전이 되었다).

I. 명량해전의 이해를 돕는 자료.

(1) <u>정유재란(丁酉再亂), 1597~1598.</u>

> **주**
>
> 정유재란을 일본에서는「慶長の役(게이쬬노 야끄)」라 한다.

전쟁이 교착 상태에 빠지자 왜군은 강화교섭을 서둘러 明과 日本 간에 화의(和議)가 이루어졌으나, 선조 29년(1596) 9월 2일 日本 豊臣秀吉(풍신수길, 도요또미 히데요시)은 大坂城(오오사까성)에서 明의 책봉사절 정사 楊方亨(양방형) 및 부사 沈惟敬(심유경)이 갖고 온 明황제의 국서에 日本을 明의 屬國(속국)으로 하고「封爾平秀吉爲日本國王(봉이

평수길위일본국왕)」 즉 秀吉(수길)을 日本 국왕으로 봉한다는 것 외에는 전혀 다른 언급이 없는 明의 국서를 보고 풍신수길은 그가 제시한 「和件 7條(화건 칠조)」목 중 특히 朝鮮 8도 가운데 남부 4도 즉 경상·전라·충청·경기도를 日本에 할양한다(단, 한성은 제외하여 조선에 돌려준다) 등 모두 무시되었음을 알고 화의를 파기(1596년 9월 2일)하고 朝鮮 남부 4도를 무력으로 강탈하기 위하여 제2차 朝鮮을 침략한다. 明과 강화교섭에서 끝까지 고집했던 것은 조선 남부 영토 할양이었다. 즉 풍신수길의 최대 목적은 영토 획득이었으나 明이 이 요구를 거절하고 조선 반도에서 완전 철수를 요구받자 풍신은 명령하여 재침을 위해 왜군을 8번대까지 편성하고 1597년 1월 14일 제1번대 加藤淸正(가또 기요마사)가 선봉대로 1만 4천 7백 명의 왜군을 이끌고 3백 척 배로 부산포 바로 밑에 있는 두모포에 상륙, 양산을 거처 서생포 왜성에 집결한다. 곧이어 小西行長(고니시 유끼나가)가 웅천 왜성에 상륙하고 1597년 7월, 8월에 걸쳐 속속 후속 부대가 상륙하여 小早川秀秋(고바야까와 히데아끼)의 총지휘 하에 드디어 전라도 남원, 전주로 총 진격한다…. 정유재란의 총병력 11만 5천 및 수군 7천 2백 그리고 왜성 수비군 2만 3천을 합하여 14만 명에 달한다. 그러나 1598년 8월 18일 풍신수길 사망 공표, 1598년 8월 28일 왜군 철수 명령, 1598년 11월 19일 이순신 전사, 1598년 11월 20일 小西(고니시)는 순천왜성을 탈출하여 島津(시마즈)와 함께 부산포를 거처 1598년 11월 26일 (양력 12월 23일) 日本으로 철수함으로써 전 왜군의 철수가 완료된다. 이로써 7년의 임진전쟁은 막을 내린다.

주

여름에는 북태평양에서 日本열도에 아열대성 고기압이 다가오면 남동계절풍이 분다. 따라서 7, 8월에는 이 순풍을 따라 쉽게 대한해협을 건너 조선에 올 수 있다. 겨울에는 반대로 북서계절풍이 분다.
조선에서는 왜장의 姓(성)을 모두 「平(평)」으로 썼다. 平(豊臣)秀吉(평수길), 平(小西)行長(평행장), 平(加藤)淸正(평청정), 平(宗)義智(평의지)등이다. 大坂(오오사까)는 현재 大阪(오오사까)이다.

화의(和議)교섭 당사자인 중국인 沈惟敬(심유경)과 왜장 小西行長(고니시 유끼나가)의 거짓보고로 농락당한 豊臣秀吉(풍신수길)은 엉뚱하게도 朝鮮民衆(민중)에게 화풀이를 하면서 일방적으로 처참한 살육, 방화, 초토화하는 보복전쟁을 전개한다. 「매년 兵을 朝鮮에 보내 朝鮮人을 모조리 죽여 버리고 적국(赤國), 즉 全羅道를 텅 비우라 (赤國을 空

っぽにせよ), 또 사람은 양귀가 있으나 코는 하나뿐이므로 벤 코를 수급(首級)으로 대신 하라고 총대장 小早川秀秋(고바야까와 히데아끼)에 명령한다. 이로써 전라도는 임진전 쟁과 달리 유사 이래 미증유의 수난을 당하게 되는 데 모든 생명체는 긴 창·칼·조총으 로 몰살당하고 전라도 산하(山河)는 붉은 피로 물들이고 그 위에 방화로 잿더미로 변해 케케한 연기와 함께 초토화 된다. 이로서 전라도의 모든 성(城)은 생명체 하나 볼 수 없 는 땅으로 텅 비게 된다. 1인당 코 3개를 할당받은 왜병들은 미친개처럼 날뛰면서 분풀 이 및 뒤풀이까지 하는 데 남녀노소 죽은 사람 산 사람 가릴 것 없이 코 베고 식량을 뺏 은 다음 온 마을에 불을 질렀다. 특히 젊은 총각과 처녀는 사로잡아서 노예상인에 팔아 日本으로 끌려가 다시 마카오로 팔려가서 국제 노예 값의 폭락을 가져왔다. 이 전쟁 동 안에 코 베인 사람은 18만 명에, 노예로 끌려간 사람은 10만 명에 달한다. 왜병들이 벤 코를 모아서 묻은 것이 「耳塚(이총)」 귀무덤으로 日本 京都市(교또시)에 있는 豊國神社(도 요꾸니 신사)의 정문 앞에 있다. 이제 朝鮮의 농토는 일손이 없어 황폐화되고 가족은 모 두 죽거나 흩어져 가정은 붕괴되었다. 이 재난은 정유재란이 끝난 후에도 이의 비극적인 상처와 후유증이 100년 동안 계속되다가 숙종 24년(1698)에 겨우 원상태로 회복하였다. 이 정유전쟁으로 豊臣秀吉(풍신수길)은 조선 사람의 가슴 속에 원흉으로 새겨져 길이 남 게 되었다. 그러나 秀吉(히데요시)는 日本人들의 눈(目)속에서 영원한 태양으로 길이 남 아 있을 것이다.

주

이때 담배·고추·호박 등이 조선에 전래되고, 목화가 일본에 갔다. 豊國神社(도요꾸니 신사)는 사후 (死後) 豊臣秀吉(풍신수길)의 위패가 봉안되어 있는 신당(神堂)이다.

※수급(首級)=싸움터에서 벤 적의 머리.

(2) 「鳴梁(명량) 즉 울돌」의 국어적 의미는 무엇인가?

「梁(량)」의 <u>고대 한자 음독</u>은 길 「도」道이고 한글 훈독은 「돌」이다. 鳴梁(명량)은 「울돌」

이고 鳴梁項(명량항)은 「울돌목」이다. 즉 옥편(玉篇)에 의하면 「鳴」의 한자 음독은 울릴 「명」이고 한글 훈독(訓讀)은 「울」이다. 「梁」의 음독은 들보 「량」, 다리 「량」이고 <u>훈독인 「돌」의 풀이는 없다.</u> 물론 여기서는 들보 다리와 관계가 없고 「울리는 돌」 즉 鳴岩(명암)을 의미하지 않는다. 남해왜성(南海倭城)을 답사하면서 「梁」의 뜻을 몰라 고심하고 있던 중 노량대교에서 축제행사를 하고 있던 한 남해사람이 뜻밖에도 「梁은 길이다」라고 말해주었다. 「**羅人方言 讀涿爲道 故今或作沙梁 梁亦讀道 라인방언 독탁위도 고금혹작사량 량역독도**」 신라의 방언에 탁을 도로 읽고 지금도 혹은 사량이라 쓰고 량(梁)을 또한 도(道)라고 읽는다.《崔致遠》. 「梁」의 「돌」은 가야 말로서 「門(문)」을 나타낸다. 참고로 일본에서는 「梁(량)」 대신에 「門(문)」을 쓰고 있다. 鳴門(나루또), 關門(간몬)《조영원》. 고대국어 자별용례(古代國語 字別用例) 연구에 의하면 「梁」의 고대음독은 길 「道」이고 훈독은 「돌」이다.《宋基中》. 현재는 梁의 음독은 「량」이고 훈독은 「돌」이다. 여기서 梁(돌)은 물길 즉 수도(水道)를 의미한다. 「鳴梁」의 음독은 「명량」이고 훈독은 「울돌」로서 이는 소용돌이 등 <u>「물소리가 울리는 좁은 수도(협수도)」</u>를 말하고 그리고 「項」의 音은 「항」이고 訓은 「목」으로서 이는 물길 즉 수도(水道)의 가장 좁은 곳이다. 따라서 울돌목(鳴梁項)은 물소리가 울리는 협수도(峽水道)의 가장 좁은 곳이다.

주

「月」은 달 월이고 「光」은 빛 광이다. 여기서 달·빛은 훈(訓)이고 월·광은 음(音)이다. 따라서 「月光」을 한자음인 「월광」으로 읽으면 음독(音讀)이 되고 한글로 뜻을 풀어서 「달빛」으로 읽으면 훈독(訓讀)이 된다. 그러나 <u>현재 한국의 모든 한자는 음독뿐이다.</u> 日本에서는 음독과 훈독을 병용하고 있다.

주

梁(량)=협수도(峽水道), 수도(水道)는 바닷물이 들어오고 나가는 조류의 물길이다. 목(項)=목 또는 목덜미 즉 다른 곳으로 빠져 나갈 수없는 중요한 통로의 좁은 곳.

| 참고 |
강화수도(해협)에 있는 착량(窄梁)의 훈독은 「손돌」이다. 손돌=솔(小. 細, 狹)+ㄴ(관형형)+돌(梁)로서 가늘고 긴 수도를 의미한다. 즉 「손돌」은 긴 협수도로서 바로 해협을 말한다. 현재 강화해협이 손돌이고 이 손돌에서 가장 좁은 곳을 「손돌목」이라 하며 바로 광성보(堡) 앞 수도이다. 「손돌」은 오솔길, 솔잎처럼 폭이 좁은 물길을 의미하며 돌(石)과는 아무런 관계가 없다. 울돌목, 손돌목은 살아남은 옛 고어로서 계속 이어가야 할 아름다운 우리말이다. 옛날에는 이곳 나루개 양쪽에 나루목(津項)이 있고 이 사이를 나

룻배(津船)가 다녔다. 현재는 여기에 교량이 놓여져 있다. 신라 말「들」은「돌·도」(梁, 吐, 涿, 道, 隄, 량, 토, 탁, 도, 제)로 표시되고 백제「들」은「들, 드르」(突, 隄, 擔, 魯 돌, 제, 담, 로)로 표시 되었다. 鷺梁津(노량진)=노들나루, 즉 鷺梁(노량)=노들, 노돌. 見乃梁(견내량)=겨내도, 鳴梁(명량)=울돌. 背梁(배량)=배돌. 草梁(초량)=새돌, 새들(草=새띠).

이때「梁」, 즉「돌」은 물가를 의미 한다. 돌의 어원은 도랑, 개천, 하천의 뜻을 갖고 있다.《金義煥》. 따라서 鳴梁項(명량항)은 울돌목이고 명량(鳴梁)은 신라 때부터「울돌, 울도, 울두」라 불렀다.

| 참고 |

浦(포), 梁(량), 項(항), 津(진)

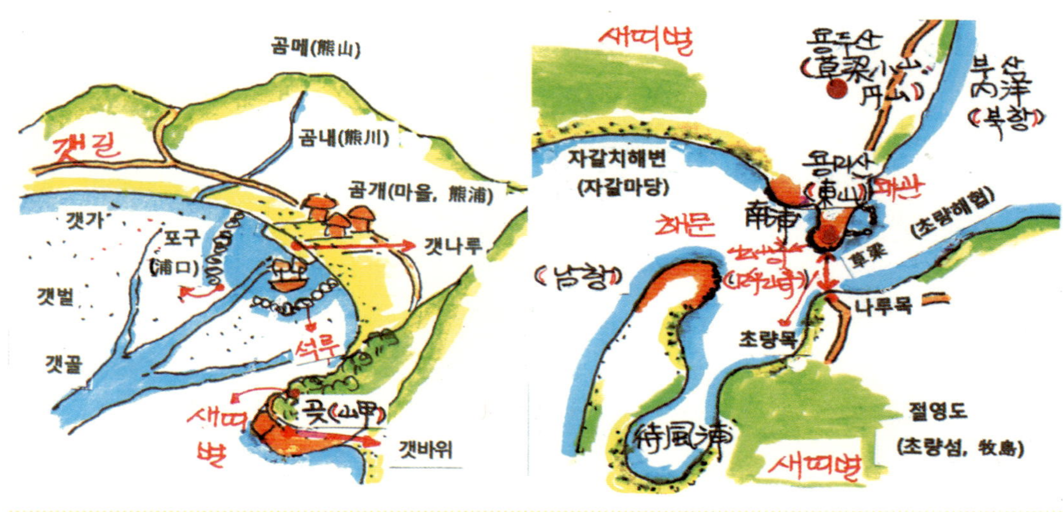

개(浦)=조석(潮汐)으로 바다의 밀물이 들어오는 곳 이의 물가를 갯가, 이의 물길을 갯고랑(갯골)이라 한다.

「浦」의 한자 음독은「포」이고 한글 훈독은「개」이다.

개어귀가 포구(浦口)이고 갯나루(浦津)는 포구(浦口)에 있는 선착장이다.

갑(岬) 의 음은「갑」이고 훈은「곶」이다. ※곶을 한자로「곶(串)」으로 쓰기도 한다.

갯벌(浦原)=밀물 때는 물이 들어오고 썰물 때 들어나는 넓은 뭍.

갯물=밀물이 나간 후 갯벌에서 스며 나와 바다로 흐르는 물. 예 조개는 밀물과 갯물에서 자란다.

갯마을(浦里·浦村)=갯가에 있는 마을 즉 포구(浦口)에 있는 마을로서 어촌을 의미한다.

「갯마을」이 후치가 될 때는「갯마을」을「개」로 줄여서 고유명사로 한다.

예 곰+갯마을= 곰개, 그 외 난개, 학개, 개린개, 돌개, 냉이개 등은 현재도 지명으로 남아있다.

임진왜란 때는 부산포(釜山浦)를「부산개」라하고 왜군들은「후산까이」라 했다.

웅포(熊浦)의 한글 훈독은「곰개」이고 日本사람들은「고모가이」라 했다.

배는 바닷물이 나갈 때(썰물) 포구에서 나가고 들어올 때(밀물) 들어온다.
이때를 물때라 하고 순풍(順風)과 물때를 맞추어 범선(돛단배)은 외양으로 출항한다.
포구(浦口)=갯어귀, 즉 배가 드나드는 개의 어귀, 어귀(於口)=드나드는 목의 첫머리(출입구).
개펄=갯가의 진흙(뻘)이 깔린 벌. 갯길=갯가에 있는 오솔길.

량(梁)=조류의 좁은 물길, 즉 협수도(峽水道). 고대 국어에서 「梁」의 음은 길 「道」이고 訓은 「돌」이다.
즉 수도(水道)는 바닷물이 들어오거나 나가는 조류의 물길을 말한다.
예 한려수도, 생일수도, 횡간수도, 거치수도, 욕지수도.
「草」의 음은 「초」이고 훈은 「풀, 새」이다. 「鳴」의 음은 「명」이고 훈은 「울」이다.
초량(草梁:새돌)=양안(兩岸)에 새띠가 우거진 좁은 물길(해협).
명량(鳴梁:울돌)=소용돌이 소리가 울리는 좁은 물길(해협).
착량(窄梁:손돌)=길고 좁은 물길, 즉 긴 협수도(해협).
그 외 「梁」은 노량(露梁), 사량(蛇梁), 견내량(見乃梁), 칠천량(七川梁), 백야량(白也梁), 달량
(達梁), 오리량(五里梁) 등으로 쓰이고 있다. 전부 좁은 수도, 즉 해협을 의미한다.
량(梁)=협수도(峽水道).

목(項)=목, 원래는 인체의 목을 말하나 중요한 길이나 물길에서 다른 곳으로 빠져 나갈 수 없는 가장 좁
은곳 또는 이의 통로를 말한다.
「項」의 한자 음독은 「항」이고 한글 훈독은 「목」이다.
긴목(長項), 노루목(障項), 못목(塘項), 갯목(浦項), 길목, 건널목, 다릿목, 나들목(요금징수
소), 물목, 여울목, 머릿목(頭項) 즉 숯구머리목(炭燒頭項)으로 쓰임.
물목 양쪽에는 나루목이 있었고 이 사이에는 나룻배가 다녔다.
초량목(草梁項:새들목)=초량에서 가장 좁은 곳(현 영도대교).
울돌목(鳴梁項)=명량에서 가장 좁은 곳(현 진도대교).
손돌목(窄梁項)=강화해협에서 가장 좁은 곳(현 광성보).
무슬목(無膝項)=여수 돌산도에서 연결된 땅의 가장 좁은 곳.

진(津)=나루 즉 강이나 바다의 좁은 물목에서 배가 닿고 떠나는 일정한 곳.
나루터(津頭)=나루가 있는 곳.
나루목(津項)=나룻배가 건너다니는 물목(현재는 모두 교량으로 대체되어 있음).
나룻배(津船)=나루와 나루 사이를 왕복하는 배. 물목=물이 들어오고 나가는 어귀(출입구).

※ 임진 때는 바닷물의 물길을 수도(水道), 육로(陸路)와 연결되는 나룻배의 뱃길을 수로(水路), 포구와 포
구 또는 바다와 바다로 연결되는 뱃길을 해로(海路)라 했다. 즉 해로는 현재 항로(航路)를 말한다.

(3) 왜 조석(潮汐)은 하루에 두 번 일어나는가?

단순 비교하면 해의 인력은 훨씬 크나 인력의 크기는 거리 $1/r^2$에 비례하므로 가까이 있는 달의 인력이 크다. 조석(潮汐=밀물과 썰물)을 일으키는 인력(기조력)은 달이 해보다 2.2배 크다. 달의 공전주기는 27.3일이고 지구의 자전주기는 24h이다. 달이 지구의 질량 중심을 돌고 있다고 하면 하루 동안에 만조는 한번 밖에 일어나지 않는다.

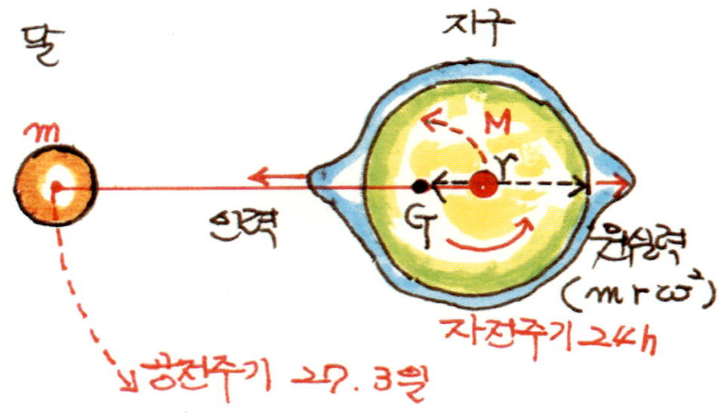

달, 지구의 그림임.

이제 질량의 같은 쇠로 된 구를 가는 나무막대 양끝에 달고 빙판 위에서 회전시키면 이때는 중간 지점을 중심으로 회전한다. 이 중심이 두 질량의 상호중심 및 회전중심이 된다. 즉 두 구의 질량을 합한 질량중심이 되고 이곳을 들면 수평으로 평형유지 되고 들고 있는 힘은 합한 무게와 같다. 이번에는 양 끝에 달과 지구를 달고 돌리면 달의 질량은 지구의 1/80 이므로 합한 질량중심(공통질량중심)은 중간지점이 아니고 80 : 1로 내분하는 점 G가 된다.

이로써 지구와 달은 G를 중심으로 서로 마주보면서 27.3일 동안에 같이 공전한다. 따라서 달 쪽으로는 인력(최대)으로 반대쪽에는 원심력(최대)으로 바닷물이 모이게 되고 자전하는 지구에는 하루에 두 번 만조가 일어난다. 음력 1일(초하루, 朔日)에 해·달·지구가, 음력 15일(보름, 望月)에는 해·지구·달이 한 직선상에 있게 된다. 이때는 인력이 최대가 되고 만조수위는 올라가 간만의 차는 최대가 된다. 이를 「사리」(Spring Tide)라 하고 그리고 음력 8일, 23일에는 해·지구·달이 직각으로 놓이므로 이때의 간만의 차는 최소가 된다. 이를 「조금」(Neap Tide)이라 한다. 달과 지구는 같이 동쪽으로 공전 및 자전을 하고 있으므로 지구가 24시간 자전하는 동안에 달은 동쪽으로 조금 공전하여 이동해 있으므로 50분 더 자전해야 같은 동산에 달이 떠오른다. 따라서 달은 매일 전날보다 50분 늦게 달이 뜨고 만조의 주기는 12시간 25분이 된다. 이와 같이 달과 해의 인력만을 고려했을 때의 조석을 천문조(天文潮)라 한다. 그러나 이 경우는 지구가 전부 바닷물일 때 주기 값이고 실제로는 지형, 수심, 자전, 해류 등의 여러 변수 때문에 지방마다 만조가 일어나는 시간이 모두 다르다. 명량수로인 경우는 연평균으로 약 12시간 26분마다 만조가 일어난다. 특히 여름에는 태풍, 장마, 저기압 등으로 바닷물의 수위가 더 올라간다. 이를 기상조(氣象潮)라 하고 만조주기는 지역에 따라 모두 다른 값을 갖는다.

주

6월 21일 또는 22일 하지(夏至)가 지난 한 달 후 무더위가 오듯이 음력 5월 15일 타원궤도를 돌고 있는 달이 지구에 가장 접근한 후 달의 인력에 의한 에너지 축적으로 음력 7월 15일의 사리가 최대가 된다. 이를 백중(百中)사리라고 하고 이날에는 진해, 마산, 목포의 선창가에는 바닷물이 올라와 들어오고 양자강(長江)하구에는 올라오는 조수의 해일 (Bore)을 볼 수 있다. 참고로 현재까지의 관측에 의하면 태양계에 있는 행성들의 위성은 토성의 Hyperion을 제외하고 모두 공전주기는 자전주기와 같다. 따라서 지구에서도 달의 뒷면을 볼 수 없다. 그리고 실제로는 지구도 해의 주위를 1년 주기로 공전하고 있으므로 달의 공전주기는 29.5일이 된다. 즉 음력 초하루 전날 그믐달을 보았다면 29.5일 후에 다시 그믐달 볼 수 있다. 이것이 음력 한 달이다.
해는 太陽(태양)이고 달은 太陰(태음)이다.

| 참고 |
초하루(초승달, 上弦)→ 윗반달(8일)→ 보름(망월)→ 아랫반달(23일)→ 그믐(그믐달, 下弦, 그믐漆夜)→ 초하루.

(4) 울돌목에서 조류(潮流)는 어떻게 흐르는가?

명량해전이 있었던 음력 9월 16일 같은 날의 현재 조류변화이다. 울돌목의 만조주기

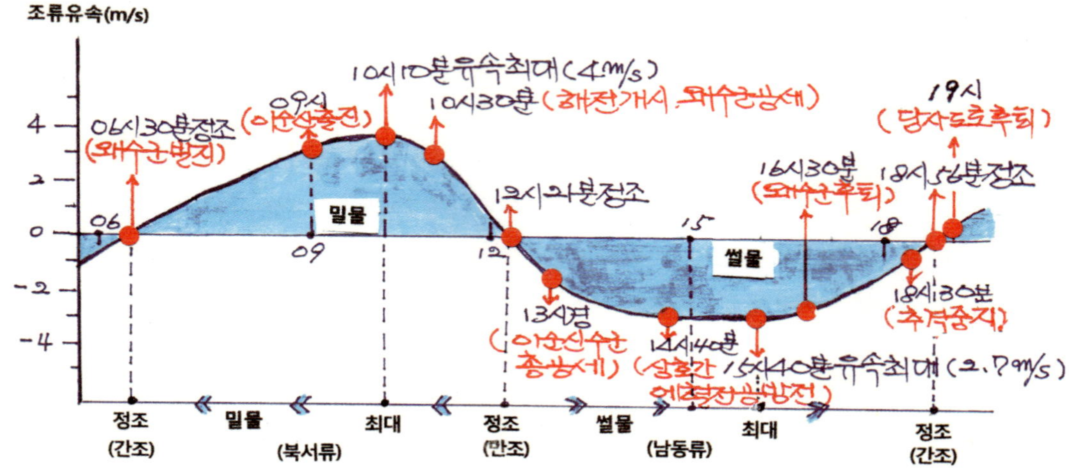

명량해전이 있었던 음력 9월 16일(양력 10월 26일) 같은 날의 현재 조류변화.《변도성》.

는 12시간 26분이고, 밀물의 최대 유속은 4m/s=14.4km/h=7.8knot(노트)이고, 썰물의 최대유속은 2.7m/s= 9, 7 km/h=5.3knot(노트)이다.

최대 유속 4m/s는 여름홍수 때의 유속 또는 2010년 일본의 福島(후크시마) 대지진 때 밀고 들어오는 해일과 같은 빠른속도로서 인력으로 노를 저어서 조류를 거슬러 올라 간다거나 또는 그 자리에서 정지 상태를 유지하는 것은 거의 불가능하다. 그리고 최근에 영암, 금호, 영산강 등 여러 곳에 방조제의 완성으로 수량이 감소하여 조류의 유속이 많이 떨어져 있으나 이전에는 최대유속이 10.4~11.6knot(울돌목 외 명량수로의 연평균 유속은 9.5knot) 측정되었다고 한다. 그리고 만조, 간조일 때는 조류의 유속이 0이 된다. 이때를 Slack, 즉 정조(停潮) 또는 게조(憩潮)라 한다. 요구(要口)는 요긴목(要緊目)으로서 울돌, 즉 명량입구를 말한다. 울돌목에 진도대교를 건설할 때 양해안의 암초 및 암벽을 제거하여 이전의 120m에서 현재의 폭으로 넓혔다.

주

배의 순항속도 단위 1knot(노트)=1해리/h=1.85km/h=0.514m/s. 1海里는 위도 1°의 1/60로서
1,852m이다. 1°는 대략 부산·진주거리이며 30노트로 2시간 소요된다. 사리(만조)는 음력 15일에서
1~2일 후 온다.

주

명량에서 조류변화 자료는 국토해양부 국립 해양조사원 변도성이 수평 초음파 유속계를 이용하여
2009년 10월부터 6개월 동안 결과를 분석 작성한 것으로 아주 귀중한 자료이다. 그는 「명량대첩을 재
해석하는 데 기초 정보로 활용될 것을 기대한다」고 말했다. 옛날 인력, 풍력의 범노선(帆櫓船)은 조류의
영향을 크게 받으나 현재의 Diesel, Gasolin engine의 배는 관계가 없다.

(5) 명량의 지형

  명량(鳴梁)은 울돌로서 해남군 화원(花源)반도와 진도군 군내면 사이에 있는 협수도
이고 특히 이 협수도에서 가장 좁은 곳, 즉 현재 진도대교가 놓여 있는 곳을 울돌목(명
량항, 鳴梁項)이라 한다. 따라서 흔히 말하는 「명량은 울돌목이다」가 아니다. 명량(鳴梁)
즉 울돌은 바닷물이 지나가면서 내는 물소리가 울리는 물길(水道)을 말하고 여기서 가장
좁은 곳, 즉 물목이 울돌목(최협수도)이 된다. 명량은 진도와 해남 사이에 있는 해협(녹
도에서 양도까지로 거리가 약 3.5km 된다)으로서 남해에서 서해로 가는 지름길인 동시
에 아주 중요한 무역해로가 된다. 특히 울돌목에서는 밀물과 썰물 때 남해와 서해의 바
닷물이 모여서 노도와 같이 밀려 들어와 지나가므로 이때 굴곡이 심한 암초와 암벽에 부
딪쳐 소용돌이와 용솟음이 번갈아 일어나 용트림하는 물소리가 끝없이 천지를 진동시킨
다. 이 소리가 다시 양안의 암벽에서 반사되어 서로 음파 간섭한 결과 공명, 공진(소리의
울림현상)하여 웅장한 소리의 향연을 연출한다(진귀한 과학 현상의 명승지이며 조류의
유속이 최대일 때 효과가 크다). 울돌목의 폭은 만조 때는 325m (수심 20m), 간조 때는
280m로서 최대 유속은 10.4~11.6knot이다. 울돌목에서 암초 때문에 실제로 항해 가능
한 물목의 폭은 약 120m이고 울돌목외 명량수도에서 평균 최대유속은 9.5knot이다. 그
러나 과거에는 이 울림소리가 20리 밖에서도 들렸다고 하나 최근에 영암, 금호, 영산강
등 여러 곳의 방조제의 완성으로 이제 이동하는 수량은 감소하고 조류의 유속도 떨어져

전과 같은 소리의 효과는 기대 할 수 없다.

조류의 물길은 좁게 한정되어 있고, 그 외 해역은 센 조류가 없어 잔잔한 호수와 같다. 가두리 양식을 하는 곳도 있다. 조류 물길의 쏠림현상은 울돌목 물목이 가장 세고 그 다음은 명량문이고 이순신이 일자진을 폈던 명량입구는 비교적 약한 편이다. 그리고 조선중기는 명량을 명양(鳴洋), 양도를 명양도(鳴洋島)라고 하였으며 명량 수도가 해남현 해로이고 벽파진 앞바다가 명양탄(鳴洋灘)충무공 파왜처(破倭處)이다.

해남군 송지면 어란포(於蘭浦)에서 장산도(長山島)로 가는 뱃길은 진도를 우회하여 가는 조도(鳥島)해로와 지름길인 명량(鳴梁)해로가 있고 이 명량해로를 따라 흐르는 조류의 물길인 명량수도는 크게 다음과 같이 구성되어있다. 어란포에서 북서류인 밀물을 따라 명량수도로 가면 약 27㎞인 곳에 벽파진(碧波津) 앞바다에 다다르고 여기서 왼쪽방향으로 돌아 3.9㎞ 떨어진 첫번째 물목, 즉 녹도(鹿島)의 원끝과 굴섬 사이의 명량문(鳴梁門)을 지나면 여기서는 멀리 임하도(林下島)까지 직선으로 시야에 들어와 주변상황을

진도대교 사진임.

현재 울돌목(鳴梁項)에는 진도대교가 가설되어 있고 대교 밑에는 조류의 밀물이 세차게 흐르고 있다. 이를 자세히 보면 물목을 통과한 조류가 수렴하여 유폭(流幅)이 좁아지는 쏠림 현상(●)을 볼 수있고 이의 주변해역은 흐름이 없어 잔잔한 호수와 같은 모습을 하고 있다. (2011. 11. 14. 오전 11시경 촬영).

육안으로 파악할 수 있다. 명량문에서 1.05㎞ 떨어진 곳에 화원반도 사이나리 끝과 어지바위(현재 울돌목 시험조류발전소가 있음) 사이의 두 번째 물목인 명량구(鳴梁口), 즉 명량입구에 들어서면 울돌인 명량(해협)으로 들어가게 된다. 이곳이 그 유명한 울돌로서 조류 유속이 아주 빠르고 물소리가 나는 곳이다. 다시 명량구에서 1.05㎞ 떨어진 곳에 세 번째 물목인 명량항(鳴梁項), 즉 울돌목이 있고 이곳은 조류의 유속이 최대가 되고 조류가 맴돌면서 용트림하는 소리의 효과가 가장 큰 곳이다. 여기서 다시 0.65㎞ 떨어진 곳에 숯구머리와 녹진 사이의 네 번째 물목이 있고 이곳이 명량구의 출구가 된다. 여기서 명량수도는 임하도까지 계속 이어진다. 명량수도는 조류의 물길, 즉 밀물을 따라 이어지나 밀물이 물목을 통과하면 볼록렌즈를 지난 빛처럼 조류가 안쪽으로 쏠리는 현상(수렴현상)을 볼 수 있는 데 이 현상이 가장 큰 곳은 울돌목, 명량문이고 명량입구는 비교적 약한 편이다. 따라서 명량수도는 수심이 얕은 해안 주변 및 바다 속에 암초가 곳곳에 있으므로 이로 인해 선박이 운행할 수 있는 수역이 한정되고 그 위에 조류의 물길을 따라 갈 때는 항해수역이 더욱더 좁아지므로 옛날의 범노선이 쉽게 오고갈 수 있는 뱃길이 아니다. 옛날에는 울돌목의 조류가 너무 센 관계로 진도대교가 가설되기 전에는 나룻배는 해남의 삼지원에서 벽파진 사이를 왕래하였다. 조류의 물길 이외의 해역은 거의 조류의 흐름이 없으므로 잔잔한 호수를 이루고 있고 그곳에서는 주민들이 가두리양식까지 하고 있다. 따라서 모든 선박의 항해는 도선사(Pilot)의 도움을 받든가 아니면 이곳의 지형과 조류에 능통한 항해사만이 통과할 수 있는 해협이다. 특히 물목에서 조류의 쏠림현상 때문에 서로 배끼리 충돌할 가능성이 크므로 일렬로 간격을 두고 한 척씩 명량문으로 들어와야 한다. 흔히 울돌목해전 그림에서 보는 일본함대가 4열로 줄지어서 명량해협을 통과한다는 것은 근본적으로 불가능한 일이다. 따라서 명량은 13척 적은 수로 방어할 수 있는 천혜의 전략적 요충지가 된다.

육로(陸路)와 연결되는 나룻배 뱃길을 수로(水路)라 하였으나 일반적으로 수로, 해로 및 항로는 같은 뜻으로 모두 뱃길을 나타낸다. 해남현(海南縣)해로는 명량수로이고, 즉 현재의 명량항로를 말한다. 조세선(漕稅船)은 세곡(稅穀)을 운반하는 조운선(漕運船)을 말하고 삼지원(三枝院)에는 세곡을 보관하는 조창(漕倉)이 있었다. 조세선은 삼지원과 벽파정 사이의 수로를 왕래하였고 숯구머리에서 녹진(鹿津)까지의 수로는 조류가 아주 약할 때 진선(津船=나룻배)이 다녔다. 벽파정(碧波亭)은 벽파진의 옛 지명이고 명양도(鳴洋島)는 양도, 명양 협수도(鳴洋 峽水道)는 명량(鳴梁)이고 명양탄((鳴洋灘)은 벽파진 앞바다를 말한다. 탄(灘)은 해협과 연결되어 조류의 물길을 이루고 있는 작은 바다(內洋 및 外洋)이다.

사진은 이순신 수군이 일자진을 친물목이다.

이 물목은 울돌(鳴梁) 입구로서 (●)는 화원반도의 「사이나리끝」이고 반대쪽은 「울돌목시험조류발전소」 건조물이다. 바로 뒤에 「어지바위」가 있다. 이 물목에서는 조류의 수렴현상이 약한 편으로 이순신이 일자진을 편 곳이다. 위로 멀리 북쪽에 보이는 섬(●)이전설의 피섬(血島)이고 양편에 방조제가 보인다.

조류의 유속이 빨라지면 조류 물길의 폭이 좁아지는 현상은 수도꼭지에서 나온 물이 가속됨에 따라 계속 가늘어지는 현상과 같은 것으로서 이는 유체역학의 「연속의 식」 및 「Bernoulli 정리」에 의하여 설명되고 있다. 바람 길에 건물이 있으면 건물 끝에나 건물 사이로 빠져나가는 바람은 아주 세게 분다. 이를 건물풍(建物風)이라 하며 역시 물길의 물목과 같은 이치의 현상이다.

일본에서는 關門(간몬)해협을 통과하는 모든 선박은 반드시 도선사(Pilot)가 승선하여 운항하도록 되어 있고 또 모든 선박은 조류의 물길을 따라 가는 배와 오는 배가 일렬로 줄을 지으면서 간격을 두고 서로 교행하게 되어 있다. 일본의 關門(간몬)해협은 本州(혼슈)의 下關(시모노세끼)과 九州(규슈)의 門司(모지) 사이에 있다. 임진왜란 때 모든 군선(軍船)은 돛 달린 노 젓는 배, 즉 범노선(帆櫓船)이다. 관방(關防)은 변방의 지방경계나 교통 요충지를 방비하는 요새이다.

　참고로 특히 남동류의 썰물일 때는 조류가 물목의 양 끝의 안쪽에 부딪쳐 안쪽으로 돌면서 역류하여 해안의 만(灣)안으로 들어가게 된다. 이때 용해되어 있던 뻘이 침전하여 간조 때 들어난 갯벌에 뻘이 펼쳐져 있다.

　「진도 향토사」에 의하면 정유재란 명량해전과 관련있는 유적은 다음과 같다. 벽파진 앞바다의 해남군 쪽에 있는 피섬(血島)은 썰물 때 갯벌로 육지와 연결되는 섬으로(현재는 양쪽 방조제로 육지와 연결되어 있다) 이순신 수군의 공격으로 배가 침몰하자 물에 빠진 왜수군은 피섬으로 헤엄쳐 상륙하였으나 조선 의병의 기습으로 도륙 당한다. 이때 왜군의 시신과 붉은 피로 물들인 섬이 되었다고 한다. 다음은 벽파진에서 남쪽으로 약 5km 떨어진 고군면 도평리 오일시 산 117-3에 있는 「정유재란 전몰 묘역」으로 여기에 있는 232기의 떼무덤은 명량해전 때 격침당한 적선의 왜병 잔당들이 살아서 상륙하여 보복으로 주민 232명을 학살하였다고 한다. 그리고 벽파진에서 남쪽으로 약 2km 떨어진 고군면 내산리 안골 입석마을의 왜덕산(倭德山) 기슭의 길옆에서 최근에 왜병들의 묘가 100여 기 발견되었는데 이곳 내동 주민의 증언에 의하면 명량해전 때 죽은 왜병 100여 명의 시신이 떠내려와서 주위의 해안가 및 내동 앞바다(현재는 매립되어 논밭임)에 있는 것을 모두 모아서 매장한 묘역이라 하였다. 그리고 일부분은 상륙했다가 진도 의병에 의해서 죽임을 당한 시신도 포함되어 있다고 한다. 벽파진 노인회장 증언 (2011년 11월)으로 작년 상당수의 일본인들이 (어떻게 알았는지 경위는 알 수 없으나) 내동 안골 묘역에 와서 죽은 왜병들의 위령제, 진혼제를 성대하게 올렸다고 한다. 이제 이 3곳의 정

유재란 유적은 모두 벽파진을 중심으로 가깝게 산재하고 있으므로 이들은 명량해전은
명량대첩이 아니고 벽파진 앞바다에서 일어난 벽파대첩임을 증언해 주고 있다.

| 참고 |

선조 2년(1569) 전라도는 전라좌도(21官) 및 전라우도(35官)로 분리되었다. 여기서
전라좌수영=순천부 여수.
첨사진(鎭管)=사량(蛇梁).
만호진=장흥 會寧(浦)진, 영암 達梁(浦)진, 흥양 呂島진, 강진 馬島진,
　　　흥양 鹿島진, 흥양 鉢浦진, 순천 突山(島)진.
임진란 때 전라좌수영이 관할했던 오관오포(五官五浦).
　　　순천부, 낙안군, 보성군, 광양현, 흥양현 그리고 방답진, 사도진. 여도진, 녹도진, 발포진,
전라우수영=해남현 문내면 선두.
첨사진(鎭管)=함평 臨緇진.
만호진=무안 黔毛(浦)진, 영광 法聖(浦)진, 영광 多慶(浦)진, 무안 木浦진, 옥구 群山(浦)진,
　　　진도 南挑(浦)진, 영암 於蘭(浦)진, 진도 金甲島진.

주

수군통제사는 통제영, 수(군절도)사는 수영, 첨(절제)사는 큰 진(鎭)이고 만호진은 작은 진이다.
수영 및 첨사진에는 귀선 1척, 전선 4척, 병선 4척, 사후선 4~6척 그리고 만호진에는 전선 1척 병선 1척
사후선 1척이 있었다(귀선은 거북선, 전선은 판옥선, 병선은 협선, 사후선은 척후선인 어선을 말한다).

⑹ 이순신이 탄 판옥선(板屋船)은 어떤 배인가?

　판옥선은 조선수군의 주력선으로 2층 구조로 된 전투함이다. 노꾼(格軍)은 판옥내 갑
판 아래, 전투원은 갑판 위에 배치한다. 배 밑면은 평면이고 선체는 두꺼운 송판으로 되
어 있다. 나무못을 사용했으므로 항상 수리가 가능하다. 일반적으로 각 수영에는 ❶ 전
선(戰船)=화포 및 전투병을 실은 판옥선 4척. ❷ 병선(兵船)=전투병을 실은 협선 4척~5
척. ❸ 사후선(伺候船)=탐방 및 척후를 하는 작은 어선 등이 배치되어 있었다. 왜수군
의 주력선인 세끼부네(關船)는 판옥선보다 훨씬 작고 주력 무기는 조총이다. 왜군은 세
끼부네를 판옥선에 갖다 붙여서 쇠갈고리를 위로 던져 줄을 잡고 올라가 돌격하여 칼싸
움 백병 작전에는 능숙하나 그러나 판옥선의 선체가 높고 위에서 활을 쏘거나 돌을 던지

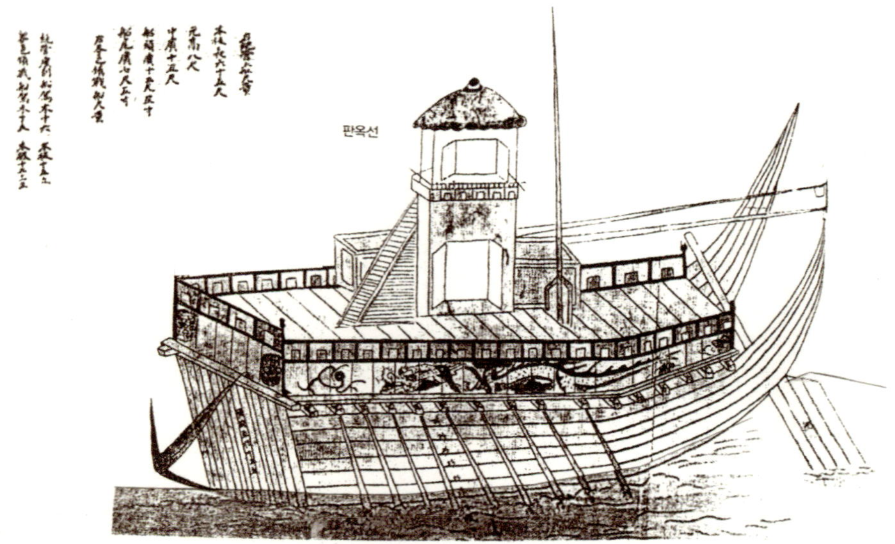

판옥선 그림임.

면 왜군은 쉽게 판옥선으로 올라가 진입할 수가 없었다. 근접 전투에서는 왜군의 조총이 위력을 발휘하지마는 넓은 바다의 해전에서는 함포사격을 위한 화포를 장비하고 있는 판옥선이 위력을 발휘한다. 따라서 해상전투에서 조총의 조준거리 50m에서 벗어나 있는 한 판옥선의 전투력은 절대 우위에 있게 된다. 이순신이 탄 판옥선의 순항속도는 약 3.1knot이고 125명 수군이 탈 수 있으며 20문의 화포를 장비하고 있었다. 이 배에는 돛대가 3개 있는데 두개는 돛을 올리기 위한 것으로서 전투를 할 때는 돛을 내려 불화살의 화공을 피한다. 나머지 하나는 지휘 깃발을 올려 수장의 명령을 하달하는 것이다. 따라서 이순신이 탄 판옥선은 대장선으로 좌선(座船)이라 하며 현재의 기함(旗艦, Flag ship)이다. 즉 기함은 대장선이다. 그리고 판옥선의 노수(櫓數)는 18개이다.

주

초요기(招搖旗)는 조선시대 전장에서 수장이 부하 장수를 불러 모으는 지휘 깃발이다. 갑판 위에 있는 장대(將臺)는 장수가 올라가서 지휘하는 곳이고 돛대 끝에는 수자기(帥字旗)가 달려 있다. 조선수군의 주력함선은 판옥선이고 왜수군은 세끼부네이다. 세끼부네는 배도 작고 배의 골격은 소나무보다 약한 전나무, 삼나무로 되어 있어서 화포의 반동을 흡수하지 못하여 화포 장착이 불가능했다. 그러나 근접전에서는 아주 뛰어난 능력을 발휘하였다. 참고로 전나무, 삼나무는 가공하기는 쉬우나 강도와 내구성은 소나무보다 못하다고 한다. 판옥선은 화포를 장착하여 함포 사격을 할 수 있는 강력한 세계적 수준의 포함이다. 화포는 천자총통, 지자, 현자총통을 주력 무기로 탑재하고 화포총수, 궁수 및 격군이 타고 있었다. 따라서 불화살(火箭)로 불태워 없애버리는 분멸(焚滅) 즉 화공작전 그리고 화포로 격파하는 당파(撞破)작전에 판옥선이 매우 유리하였다.

석축(石墩)으로 둘러싸인 선창(船艙)에는 임진왜란 이후 영(營)에는 전선 4척, 병선 4척, 사후선 4척이 있었고 진(鎭)에는 전선 1척, 병선 1척, 사후선 2척이 있었다. 전선에는 사부(射夫) 15명, 포수(炮手) 24명, 화포장(火砲匠) 10명, 타료정수(舵繚碇手) 9명, 능노군(能櫓軍) 108명, 포도관(捕盜官) 2명 계 168명이 승선하고 병선은 사부 10명, 포수 10명, 능노군 42명, 타수 1명 계 64명이 승선하였다. <u>임진왜란 때는 전선의 승선 인원은 125명이었다.</u> 협선은 판옥선의 부속선으로 해전 때는 같이 출진하여 싸웠다. 사후선은 포작선(척후선)이다.

※ 전선(戰船)=판옥선(板屋船), 병선(兵船)=협선(挾船) 또는 방선(防船). 사후선(伺候船)=포작선(鮑作船) 또는 일반 어선. 즉 판옥선은 조선수군의 주력 전투함이고 협선은 작은 보조 전함이다. 사후선은 탐방선이고 포작선은 소금으로 절인 해산물을 전문업으로 사는 뱃꾼의 어선이다.

주

사부(射夫)는 활 쏘는 군사이고 포수(炮手)는 화약병기를 다루는 군사이다.

《日本軍船》

大船(대선)인 安宅船(아따께부네)는 갑판에 3층 기와집인 天守閣(천수각)이 있고 배에는 靑羅帳(청라장)을 두르고 羽葆(우보)와 紅旗(홍기), 家紋幟(가문치)를 화려하게 꽂아 놓았다. 櫓數(노수)는 50개이고 약 300명이 승선했다. 최고 수장의 지휘선으로 임진왜란 때는 부산포왜성의 日本丸(일본호), 안골포왜성의 三國丸(삼국호), 순천왜성의 小寺丸(소사환)등 극소수에 불과했다. 中船(중선)인 關船(세끼부네)는 대표적인 주력 전투함으로 왜장들의 御座船(고자센)이라 했다. 櫓數는 20~40개이고 약 100명이 승선했다. 참고로 鍋島의 家臣 大木이 그린 「울산전투도(蔚山籠城圖屛風)」에서 노수가 16개로 되어있고 현충사 그림에는 32개로 되어있다. 小型軍船(소형군선)인 小早船(고바야부네)의 노수는 36개이고 급행 파발선으로 飛脚船(히갹센)이라 하였다.

《판옥선과 세끼부네》

주력선 판옥선에 장착한 함포 20문을 모두 발사하면 이는 일당백으로 그 위력은 놀랄 만하다. 따라서 판옥선은 해전에서 원거리, 근거리 함포사격에 의한 장병(長兵) 당파작전(撞破作戰)에 유리하고 세끼부네는 조총을 쏘면서 적선에 뛰어올라 칼과 긴창으로 싸우는 단병(短兵) 근접전(近接戰)에 유리하다. 따라서 조선수군은 거리를 두고 장병 당파전으로 적과 싸우면 어느 해전에서도 승리할 수 있는 유리한 위치에 놓이게 된다.

● 옛날 낙동강, 한강의 나룻배는 뱃머리가 평저선(平底船)이고 바다의 어선은 뱃머리가 첨저선(尖底船)이다. 평저선은 회전반경이 작고 기동력이 있으나 운항속도가 느리다. 첨저선은 운항속도가 빠르나 회전반경이 크다. 평저선은 모래톱이나 갯벌에 갖다 붙일 수 있으나 첨저선은 모래나 뻘에 꽂히면 그대로 좌초된다. 평저선은 수심이 얕은 남해, 서해 연안에서 편리하게 운행할 수 있고 첨저선은 수심이 깊은 동해나 또는 먼 바다, 즉 외양 항해에 적합하다.

● 나무못은 물에 젖으면 불어나 더욱 조이게 되고 쇠못은 소금물에 삭아서 결국 떨어진다. 여러 개의 두꺼운 가로목은 선체를 건고하게 하나로 꽉 잡아주는 버팀목 역할을 하므로 함포사격의 반동을 흡수하나 세끼부네는 선체가 약하여 불가능하다.

● 판옥선(板屋船)=뱃머리가 평저선이고 가로목인 버팀목을 사용하고 흘수가 낮고 조류가 심한 곳이나 수심이 얕은 갯벌 또는 모래톱 가에 그대로 정박할 수 있으므로 남해 및 서해 연안 항해에 적합하다.

세끼부네(關船)=뱃머리가 첨저선이고 속도가 빠르며 흘수가 높고 따라서 복원력이 크므로 파도가 센 대한해협(현해탄) 항해에 적합하다. 선체는 작아서 기동력이 있으나 쇠못을 사용하고 가로목이 따로 없어 함포적재는 불가능하다. 남해나 서해에서는 좌초할 가능성이 크고 수심이 깊은 동해가 적합하다.

※장병(長兵)=화력이 강한 큰 무기로 화포, 대포이다. 단병(短兵)=손에 쥐는 작은 무기로 칼, 긴창, 활, 조총이다. 당파(撞破)=격파(擊破).

(7) 물속의 쇠사슬, 수중철쇄(水中鐵鎖).

주

나의 주장은 「명량해전은 벽파대첩이다」이므로 북쪽에 있는 울돌목의 철쇄와는 전혀 관련이 없다. 그러나 이를 참고로 기록하였다.

수중철쇄는 바다 물속에 있는 쇠사슬로서 좁은 바닷길(해협)의 물목 양연안에 막개(쇠사슬을 감아올리는 나무틀)로 연결하여 이를 당겨서 배가 지나가지 못하도록 막는 쇠사슬 또는 쇠줄을 말한다. 이순신이 명량해전 때 울돌목 양안에 막개를 설치하고 여기에 철쇄를 연결하여 당겨서 왜함선이 걸려 전복되거나 침몰했다는 것이다. 특히 조선수군의 판옥선은 평저선(平底船)이므로 그대로 미끄럽게 통과하고 왜함선 安宅船(아따께 부네), 關船(세끼부네)는 모두 첨저선(尖底船)이므로 따라서 물속의 쇠사슬에 걸려 진행 차단, 전복 침몰했다는 것이다. 즉 수중 쇠사슬을 이용한 철쇄작전이 명량해전의 승리를 결정하였다.

이를 처음 주장한 사람은
❶ 조선후기 김억추 후손이 간행한 전라 우수사 김억추(金億秋, 1548~1618) 자신의 행력(行歷)을 기록한 「현무공 실기(顯武公 實記)」에서 명량해전 때 막개를 이용 약 4t(추정)의 철쇄 450m을 울돌목에 설치하였다고 했다.
❷ 역시 조선후기 김억추 후손이 간행한 「호남 절의록(湖南 節義錄, 1799)」에서 전라 우수사 김억추가 뛰어난 용력(勇力)으로 직접 철쇄를 가설하였다고 했다.
❸ 조선후기 이중환(李重煥) 「택리지(擇里志) 팔동총론 전라도편, 1750」에서 철쇄에 걸려 적선 5백여 척이 일시에 전몰(全沒)하였다고 하였다.
❹ 김안방의 관련기록인 김해 김씨 감무공파 「창의사적(倡義事績)」에서 철쇄가 언급

되어 있다.

❺ 日人 靑柳綱太郎(아오야나기 쓰나따로)의 「征韓役 日韓史蹟(정한역 일한사적), 1916」에서 수중철쇄 때문에 일본수군이 패배하였다고 하였다.

주

즉 명량해전에서 수중철쇄와 썰물이 왜수군을 물리친 것이다. 따라서 이순신 수군은 해전의 뒤처리만 했을 뿐 별로 한 일이 없는 꼴이 되었다.

❻ KBS Special(2003)의 명량해전에서 쇠사슬이 왜군을 격파하고 조류의 물살이 빨라서 이순신의 학익진 작전은 무용 지물이 되었다.

주

따라서 역시 이순신은 명량해전에서 특별히 한 일이 없고 뒷처리만 한 꼴이 되었다.

❼ 향토사학자 박주언은 「명량해전의 철쇄작전」은 분명히 있었던 사실이며 다만 왜선 133척 전체를 철쇄작전으로 공격하는 것은 현실적으로 어렵기 때문에 선두에 선 왜적 수장(首將)이었던 來島通總(구르시마 미찌후사)가 탄 대장선을 철쇄작전으로 공격하여 왜적수장을 먼저 처치함으로써 적의 사기를 크게 떨어뜨린 것이 승리의 요인 되었다고 말하였다.《진도군지 (2007)》.

주

이순신의 난중일기, 징비록, 명량 대첩비 등 어느 문헌기록에도 철쇄작전이 전혀 언급되지 않고 있다. 그리고 來島通總(구르시마 미찌후사)는 2차 당항포해전에서 전사한 來島通之(구르시마 미찌유끼)의 동생이다.

주

선박의 밑바닥에 바닷물 또는 무거운 짐, 돌을 넣어 배가 흘수(吃水)선까지 잠기면 무게 중심은 부력의 중심 밑으로 내려가 배가 안정되고 복원력이 생긴다. 따라서 배가 쇠사슬에 걸려 기울고 전복되는 것은 불가능하며 쇠사슬에 걸린 배는 전복되기 보다는 쇠사슬을 끌고 간다고 보는 것이 타당하다. 이때 배가 쇠사슬에 부딪치면 배의 운동량 (질량×속도)이 그대로 충격량으로서 쇠사슬의 장력에 모두 전달되므로 쇠사슬이 끊어지거나 아니면 쇠가 아닌 나무로 만든 막개가 이를 이겨내지 못하고 파손될 것이다. 즉 쇠사슬은 나룻배나 작은 어선에는 효과가 있을지 모르나 급한 조류를 타고 울돌목을 지나가는 군함의 운동량은 너무나 크므로 이의 효과는 아예 기대할 수 없고 따라서 쇠사슬은 아무런 의미도 없다.

2008년 울돌목 입구에 설치한 시험 조류발전기를 고정시키는 강철로 만든 쇠사슬이 조류의 급류에 끊어져 발전기가 진도대교 교각에 부딪친 적이 있다고 「울돌목 매점」주인이 말하면서 옛날 대장간에서 만든 무쇠로 된 쇠사슬이 왜적선을 막았다는 사실을 믿기가 어렵다고 말하였다(2008년 8월 7일). 조류발전 출력은 1000kW로 2009년 5월 14일 준공하였다.

| 참고 | ....
  제주도에서 배가 해남에 올 때는 돌(현무암)을 싣고 오고 쌀을 싣고 갈 때는 돌(현무암)을 버렸다.

(8) 옛 단위

1996년 최두환「난중일기」옛 척도에서 임진 때는
1섬(石)=벼 15말=어른 1년 식량,
1자(尺)=20.81cm(周尺), 1보(步)=1.25m, 1마장(馬場)=360보=450m.
1자(尺)=두 뼘, 1장(丈)=키 두 배, 1보(步)=두 발 보폭.
※中國 1치(寸)=3.11cm (明), 3.2cm (淸).
주척(周尺)=중국 주나라 때 사용한 자(最古의 制度尺=6치 6 푼),
1치(寸)=약 3.0cm=10푼(分), 1자(尺)=30.3cm=10치, 1장(丈)=3.03m=10자. 1보(步)=주척 6자=1.82m, 1칸
=1.82m=6자=약 다다미 긴 쪽 길이.
※성둘레(城周)는 포백(布帛)척 6자=6×46.73cm=2.80m=1보(步)로 썼다.
※현 육군 1步=75cm=한 발 보폭.
※寸(촌)길이로는 치라했다.
4km/h은 성인이 걷는 속도와 같다.
천석군=연간 소작료 수입으로 벼 천석을 거둘 수 있는 토지 소유자
즉 약 30만 평=1,500두락. 1두락=벼 1.5~2석(쌀 1석), 생산된 벼의 반은 소작료로 징수함.
大名(다이묘)=쌀 1만석 이상의 독립된 영지를 소유하고 있는 영주
(쌀 1石=한 섬=10말=150kg, 약 부피로는 180L).
조총의 도달거리 800m=700보, 유효 사거리 100m, 그러나 왜군은 조준거리 50m 이내에서 쏘았다.
천자천통(天字銃筒)은 판옥선 및 거북선에 적재함,
길이 약 2m, 직경130mm, 무게 300kg, 사정거리 900보(약 1km),
철환(조란) 10개 동시발사. 그 외 현자·지자(玄字·地字) 총통 및 호준포(虎蹲砲)가 있었다.
조총 유효사거리 50보, 화살은 75보.
참고로 M-3, K-1 기관단총의 유효사거리가 50m이므로 조총은 유효사거리 50m,
조준거리 25m로 보는 것이 타당하다.
임진왜란이 일어난 날은 1592년 음력으로 4.13, 양력으로 5.23, 일본력으로는 4.12 이다.
일본력은 음력에서 하루가 늦다. 절기(節氣)는 농사 때문에 삼국시대부터 양력을 사용했다.
萬曆(만력)은 中國 明나라 神宗(1573~1619)의 연호로서 만력원년은 1573년(선조 6년)이다.
壬辰(임진, 1592, 선조25년)→癸巳(계사, 1593)→甲午(갑오, 1594)→乙未(을미, 1595)→
丙申(병신, 1596)→丁酉(정유, 1597)→戊戌(무술, 1598, 선조 31년).

2. 명량해전은 명량대첩이다.

명량해전이 일어난 곳은 (1) 울돌목 (2) 우수영 앞바다 (3) 임하도 앞바다로서 이를 명량대첩이라 한다.

(1) __명량해전은 울돌목해전이다.__

「한국민족 대백과사전(1979)」에서 다음과 같이 명량해전을 설명하고 있다.

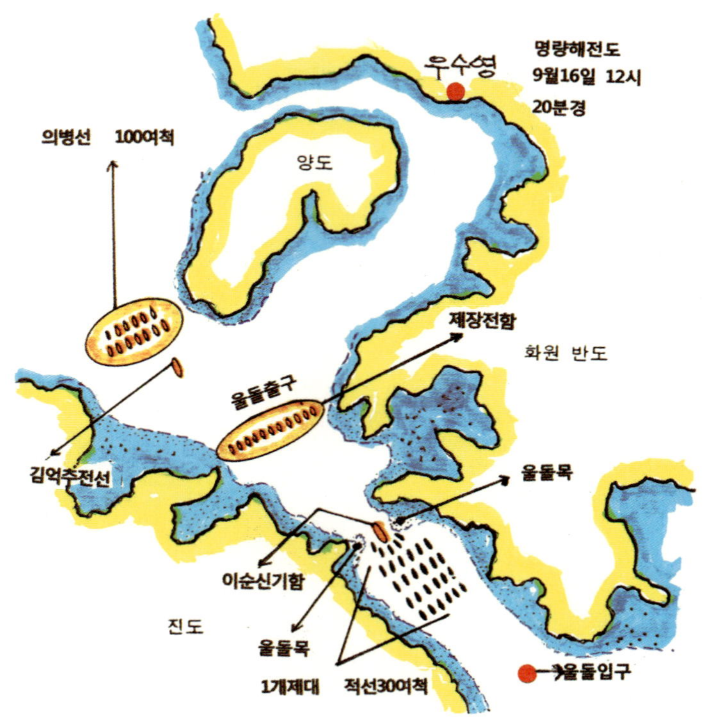

명량수로 지도임.

　　명량해전은 1597년(선조 30년) 9월 16일 이순신(李舜臣)이 12척의 배로 <u>133척의 일본</u> <u>수군을 명량, 즉 울돌목에서 대파한 해전.</u> 정유재란이 일어나자 원균(元均)이 거느린 조선수군은 대부분 패하고 말았으며, 그해 7월 22일 류성룡(柳成龍) 등의 간곡한 건의로 다시 삼도수군통제사로 임명된 이순신은 휘하 군사들의 전열을 재정비하였으나 남아 있던 전선(戰船)은 겨우 12척에 지나지 않았다. 이때 일본수군은 한산섬을 지나 남해안 일대에 침범하고 있었으며, 육군의 육상진출과 더불어 서해로 진출하려 하였다. 따라서 이순신은 서해진출의 물목이 되는 명량을 지키기 위하여 이진(利津), 어란포(於蘭浦) 등 지역을 거쳐 8월 29일 벽파진(碧波津)으로 이동하였다. 일본수군은 벽파진에 있는 조선수군의 여러 차례 야간 기습작전을 전개하였으나 우리 측의 철저한 경계망에 걸려 뜻을 이루지 못하였다. 적정(賊情)을 탐지한 이순신은 명량을 등 뒤에 두고 싸우는 것이 매우 불리하다고 판단하여 9월 15일 조선수군을 우수영(右水營)으로 옮겼다. 다음날인 16일 이른 아침 일본수군은 명량으로 진입하고 있었으며, 망군(望軍)을 통해 이 사실을 알게 된 이순신은 출전영을 내리고 최선두에 서서 명량으로 향하였다. 그때 명량의 조류는 거의 정조(停潮)시기였으며 일본수군의 전선은 133척으로 확인 되었다.

　　이순신은 명량으로 들어서면서 일자진(一字陣)을 형성하여 일본수군의 수로 통과를 저지하려하자, 일대 혼전이 전개되고 조류는 서서히 남동류로 전류(轉流)시작하였으며 일본수군은 이순신이 타고 있는 전선을 포위하려는 기세였다. 매우 위급한 순간, 이순신은 뒤에 처져있는 거제현령 안위(安衛)와 중군(中軍) 김응함(金應諴)등을 불러들여 적진으로 돌진하게 하자, 전투은 절정에 이르렀다. 또한 전류(轉流)하기 시작한 조류는 소수의 전선인 활동하는 조선 수군에 비하여 많은 전선을 거느리고 있는 왜군에게 상대적으로 불리하였으며, 협수로에서의 불규칙한 조류 분포로 인하여 서로의 진형(陣形)과 대오(隊伍)가 붕괴되고 있었다. 격전중 이순신의 전선에 동승하였던 투항왜인 준사(俊沙)가 적선을 내려다보며 「꽃무늬 옷을 입은 자가 바로 안골포(安骨浦)해전 때의 일본의 수군장수 來島通總(구르시마 미찌후사)이다」라고 외치므로 이순신은 김석손(金石孫)을 시켜 그를 끌어 올린 뒤 목을 베어 높이 매달자, 이를 본 일본수군은 사기가 극도로 저하 되었다. 이에 전기(戰機)를 잡은 조선수군은 현자총통(玄字銃筒)과 각종 화전(火箭)을 쏘면서 맹렬한 공격을 가하여 녹도만호 송여종(宋汝悰)과 평상포 대장 정응두(丁應斗)등 여러 장령들이 적선 31척을 분파하자 일본수군은 퇴주하고 말았다.

이 해전은 이순신이 지휘하는 조선수군이 10배 이상의 적을 맞아 협수로의 조건을 최대한으로 이용하여 그들의 서해 진출을 차단함으로써 정유재란의 대세를 조선군에게 유리하게 전개할 수 있게 하였다. 한편 열세한 병력을 지휘한 이순신은 위장전술로서 피난선 100여 척을 전선으로 위장하여 뒤에서 성원하게 하였다는 것과 철쇄(鐵鎖)를 협수로에 깔아서 적선을 전복시켰다는 기록도 일부 전해오고 있다.《조성도》.

주

전선은 12척이 아니고 13척이다. 명량해전은 울돌목해전으로서 이순신 수군 13척이 울돌목에서 닻을 내리고 일자진으로 대기하던 중 적선이 몰려오자 12척은 겁을 먹고 후퇴하고 이순신선(船) 단독으로 울돌목에서 적과 1시간동안 전투를 벌인다. 조류가 썰물로 바뀌자 멀리서 구경만 하고 있던 12척이 다가와서 13척 모두 합력하여 울돌목 앞바다에서 적선 133척을 격파하였다는 주장이다. 즉 울돌목이 이순신 수군의 최후 결전장이 되었다.

주

임진왜란 때 왜군은 경상도를 점령하고 왜성도 축성하였으므로 일본 영토화가 되었으나, 풍신수길(豊臣秀吉)은 조선반도의 남부 즉 전라도, 충청도, 경기도를 영토화하기 위하여 무력으로 침략한 것이 정유재란이고, 경기도 및 서울(漢城)을 강점하기 위한 한강 진입을 이순신이 차단한 것이 명량해전이다.

그다음은 철쇄를 이용한 울돌목해전으로 어란진(於蘭津)에서 출발한 133척의 적선이 밀물을 타고 빠른 속도로 울돌목에 들어섰다. 울돌목에서 혼자 싸우던 이순신은 철쇄를 빠져 나오고 뒤따르던 왜선은 철쇄에 걸려 전복되면서 차곡 쌓여 서로 부딪치며 부서졌다. 오후 1시경에 썰물이 되자 좁은 수로에 갇힌 채 혼란에 빠졌다. 이에 조선수군 13척은 화포와 화살을 빗발처럼 쏘아 맹렬한 공격을 하여 울돌목 앞바다에서 적선을 격파하였다….《KBS 역사 Special》.

(2) **명량해전은 우수영 앞바다 해전이다.**

「임진왜란 해전사 (2004)」에서 이민웅이 주장한 요지는 다음과 같다.

9월 16일 별망군(別望軍)이 셀 수 없는 일본함대가 명량해협을 통과 우리 진영으로 다가오고 있다. 일본함대의 척수는 133여 척이었는데 망금산정에서 백성들이 세어 본 것은 300척 이상이었다. 명량해협은 약 2㎞, 가장 좁은 곳은 300m, 최대 수심 19m, 최대 조류의 유속 11.5knot로 20리 밖에서 물 울림소리가 들렸다. 9월 16일 오전 6시 30분경 정조에서 북서류 밀물이 시작되자 일본수군은 어란진을 출발하였다. 이때 조선 전함은 9~10시경 우수영 앞바다에서 진영을 갖추고 대기중 오전 11시경 일본적선이 이순신을 에워쌌다. 처음에는 세끼부네 여러 척이 최선봉에 있는 이순신 대장선을 포위 공격하므로 이에 각종 화포와 화살로 대응사격을 하였다. 그러나 휘하 전선은 놀란 나머지 싸울 엄두도 못 내고 뒤로 물러나 있었다. 이때 초요기를 올리자 거제 현령 안위(安衛)와 중군 김응함(金應諴)이 다가왔다. 그들은 이순신의 질책을 듣고 적진에 돌진하여 본격적인 접전이 펼쳐졌다. 이때 낮 12시반경 조류가 남동류 썰물로 바뀌자 안위 전선을 선두로 전함선이 합세하여 돌진하였다. 이때 달려간 안위의 전선이 포위되자 오후 1시경 남동류의 조류를 타고 총통과 화살로 이순신 및 모든 전선이 집중 공격을 하여 안위를 구하고 동시에 적선 31척을 격파하였다. 이 과정에서 유명한 해적 출신 來島通總(구르시마 미찌후사)를 사살, 효시(梟示)하여 왜수군의 기세를 꺾었다. 오후 2시경에 일본수군은 해전을 중지하고 조류를 타고 후퇴하였다. 이로서 우수영 앞바다 해전은 종결되고 승세를 탄 이순신 수군은 일본수군을 추격을 하려고 했으나 파도가 높고 바람도 역풍이어서 포기하고 이날 밤 늦게 당사도(唐笥島)로 이동했다.《이민웅》.

주

이 해전에서 대선 安宅船(아다께부네)은 참가하지 않았고 이분(李芬)의 충무공행록에서 일부 배를 거북선으로 꾸며 군세를 돋구었다고 하나 거북선의 존재 및 철쇄 설치 가능성을 모두 부인하였다.

※효시(梟示) 또는 효수(梟首)=목을 베어 머리를 나무에 매달다.

(3) **명량해전은 임하도 앞바다 해전이다.**

「이순신은 죽지 않았다 (2004)」에서 남천우가 주장한 요지는 다음과 같다.

명량해전의 승전 보고서가 없기 때문에 난중일기 이상의 사실은 알 수 없다. 명량의 좁은 물목, 즉 울돌목에서 싸운 것이 아니고 모두 통과한 후 임하도(林下島)앞 넓은 바다에서 싸웠다. 울돌목에서 전투는 조류의 빠른 물살 때문에 적선은 서로 부딪치거나 암초에 부딪쳐 깨질 수 있으므로 쌍방 간 정상적인 해전은 불가능하다. 임하도 앞바다에서 9시~10시 사이 이순신 함대는 적선과 대치, 이순신 배만이 닻을 내리고 오는 적선을 3~4시간 동안 대포를 쏘아 진입을 막았다. 적은 겹겹이 에워싸고 닻을 내리고 조수의 흐름이 잦아지기를 기다렸다. 13시경에 초요기를 보고 안위(安瑋)와 김응함(金應諴)이 달려와 적진 속으로 돌격하였다. 이때 3척이 격파되고 왜장 시신을 효수했다. 14시가 되자 썰물의 유속이 빨라지고 적들이 당황하자 우리함대는 합력하여 북을 치면서 대포와 활을 쏘았다. 16시 유속이 최고가 되자 적선은 명량해협의 어귀로 몰려 병목현상으로 구석에 몰린 양떼처럼 신세가 되자 우리 함대는 협공, 대포를 쏘아 31척을 격파하는 큰 성과를 올렸다….《남천우》.

3. 명량해전은 벽파대첩이다

「명량해전이 일어난 곳은 우수영 앞바다가 아니고 벽파진 앞바다이다.」

배가 통과하는 해협은 日本의 간몬(關門)해협처럼 모든 배는 일렬로 뒤따라 들어가고 나와야 한다. 두 배가 동시에 같은 방향으로 통과한다는 것은 서로 충돌할 가능성 때문에 아주 위험한 일이다. 선조 30년(1597) 9월 16일(음력) 이순신 수군의 13척이 왜수군 133척과 해전을 벌였던 명량수로는 좁은 해협으로서 조류가 아주 빠르고 조수 간만의 차가 크고 암초가 많은 지형을 갖고 있다. 즉 자연변화의 변수가 많은 곳이다. 여기서 해상전투를 전개하려면 조류의 방향과 속도, 간만의 물의높이, 암초의 위치 등 매시간 정확한 변화의 측정에다 지구물리학, 지리 지형학의 과학적 기초지식이 필요하다. 우선 나는 대구중앙도서관에서 이순신연구의 태두 이은상의 「이충무공 전서」에서 명량해전 자료를 모두 발췌하여 읽어본 결과 한결같이 「난중일기(속정유년수정본포함)」, 「명량대첩비」, 「징비록」, 「선조중흥지」 등에는 이순신이 명량구(명량입구)에서 일자진으로 쳤다가 벽파진 앞바다에서 왜수군을 격퇴하였다고 기록하고 있다. 그러나 지금까지 선행연구에 의하면 이순신 수군의 13척이 울돌목에 일자진을 쳤다가 울돌목에서 또는 우수영 앞바다에서 왜적선을 격파한 것으로서 이것이 정설로 되어있다. 과연 명량해전이 일어난 곳은 명량입구인가? 벽파진 앞바다인가? 아니면 울돌목(명량항)인가? 우수영 앞바다인가? 어느 쪽이 진실인가? 결정하기가 참으로 난감한 일이다. 그 후 나는 부산 중앙도서관에서 찾은 선조실록 30년(1597) 11월 10일 이순신 치계(馳啓)에서 보면 「전선 13척이 해남현해로 요구(要口)를 차단하고 진도 벽파진 앞바다에서 적을 맞아」로 확실하게 기록되어있고 「진도 향토사」에서는 피섬(血島)이 명량해전 때 붉은 피로 물들인 섬이라 하였다. 이것이 결정적인 단서가 되었다. 이로서 나는 이순신 수군 13척이 명량입구에서 진을 치고 대기하다가 명량문으로 들어오는 왜적선을 향해 함포사격을 가하여 먼저 2척을 격침시키고 조류 썰물을 타고 추격하여 벽파진 앞바다에서 합력필살로 대포를 쏘아 해상전투를 벌여 이순신 수군은 다시 31척을 격파하였다. 이러한 내용으로 simulation을 완성하고 2011년 11월 14일 세 번째로 명량을 방문하여 이것을 현지 적용시켜 본 결과 무리가 없음을 확인하였다.

(1) **명량해전은 어느 곳에서 시작하였는가? 「울돌목」인가? 아니면 「울돌어귀(鳴梁口)」인가?**

선조실록에 있는 명량해전 이순신 치계를 읽고 난 후. (2009년 3월 자료 발굴).

- 통제사 수군 진영(陣營)은 어느 곳에 두었는가?　　　우수영 앞바다.
- 조선수군(朝鮮水軍)은 어느 곳에 방어진을 쳤는가?　　명량입구.
- 밀려오는 적선과 사생결단의 해전을 어느 곳에서 벌였는가?　　벽파진 앞바다

(또는 피섬 앞바다).

전라좌수영 대첩비에서 이항복은 「한산(閑山)을 잃어버리면 명량이 보존되지 못하고 명량이 짓밟히면 서울 한복판이 흔들린다(直躘鳴梁 畿輔搖心矣)」라고 하였다.

주

왜군은 먼 길로 지상군 북진보다는 왜수군이 서해로 돌아 들어가 한강으로 진입, 바로 서울 점령을 시도 하였다.

❶ 선조실록 30년(1597) 11월 10일 이순신의 치계(馳啓)에 의하면 명량해전의 벽파정 앞바다 전투상황이 기록되어있다.

※ 밑줄이 그어진 문장의 한문 원문은 176쪽에 수록되어 있다.

「신(臣)이 전라우도 수군절도사 김억추(金億秋) 등과 전선 13척, 초탐선(哨探船) 32척 을 수습하여 해남현(海南縣)해로의 요구를 차단하고 있었는데 적의 전선 130여 척이 이 진포(梨津浦) 앞바다로 들어오기에 신(臣)이 수사 김억추, 조방장 배흥립(裵興立), 거제 현령(巨濟縣令) 안위(安衛) 등과 함께 각기 병선을 정돈하여 진도(珍島) 벽파정(碧波亭) 앞바다에서 적을 맞아 죽음을 무릅쓰고 힘껏 싸운 바, 대포로 적선 20여 척을 당파하니 사살이 매우 많아 적들이 모두 바닷속으로 가라 앉았으며 머리를 벤 것도 8급이나 되었 다. 적선 중 대선 한 척이 우보(羽葆)와 홍기를 세우고 청라장(靑羅帳)을 두르고서 여러 적선을 지휘하여 우리 전선을 에워싸는 것을 녹도만호(鹿島萬戶) 송여종(宋汝悰), 영등 만호(永登萬戶) 정응두(丁應斗)가 잇따라 와서 힘껏 싸워 또 적선 11척을 대포로 당파하

爲緣各護陪臣所領之兵、旋聚旋戰、逐日折損、未有的數可據。已經行令陪臣權慄、作速查明成凡文等以下將領所率軍兵見數、又責令隨賊所至地方、要與天兵協力戰守。其未及多集之兵、各查當初所領數目、設法召集、併馳啓。近又據陪臣燕、三道水軍統制使李舜臣馳啓、閑山島潰敗以後、兵船器械散失殆盡。臣與全羅右道水軍節度使金億秋等、收拾戰船一十三隻、哨探船三十二隻、於海南縣海路要口把截。兩有戰船一百三十餘隻、從梨津浦前洋向來。臣督水使金億秋、助防將裴興立、巨濟縣令安衛等、各整兵船、於珍島碧波亭前洋、與賊交鋒。冒死力戰、以大砲撞破賊船二十餘隻、射殺甚多、賊衆漂溺、海中斬首八級。賊船中有大船一隻、建羽葆紅旗、圍靑羅帳、指揮諸賊、圍把我船。有鹿島萬戶宋汝悰、永登萬戶丁應斗、繼至力戰、又破賊船十一隻、賊大挫。餘賊遠退、有陣中投降倭、指紅旗賊船、認是安骨賊將馬多時。獲賊物畫文衣、錦衣、漆函、漆木器、長搶二柄等。因已經節次咨報、查驗外、今擄前因照得、自閑山胎敗之後、遞入南水路賊船縱橫衝突、即目小邦水路賊船、不得進入西海。且照遊擊徐係是通行、呀領水兵已到江華、歷忠淸以及全羅右道水營前洋、天朝舟師相機前進、則小邦水兵求得憑籍聲勢、漸次召集、以圖收復閑山一路、而望其掃蕩賊窟。此皆貴院及摠督軍門運籌制勝、及鼓舞小邦之人、使之勉強自振、死中求生。

宣宗大全實錄卷之九十四　十六

宣祖　卷九十四　三十年　丁酉十一月

선조실록 한문원문임.

선조30년(1597) 11월 10일 선조실록 권94의 16에 수록되어 있는 명량해전에 대한 이순신의 치계(보고서)이다.

자 적이 크게 꺾였고 나머지 적들도 멀리 물러갔는데 진중에 투항해 온 왜병이 홍기(紅旗)가 있는 적선을 가리켜 안골포의 적장 마다시(馬多時)라고 하였다. 노획한 적의 물건은 화문의(畵文衣), 금의(錦衣), 칠함(漆函), 칠목기(漆木器)와 장창 두 자루 등이다 하였는데, 이미 절차대로 자보(咨報)하고 사실을 확인하였습니다. 지금 앞서의 연유에 따르면, 한산도가 무너진 이후부터 남쪽의 수로에 적선이 종횡하여 충돌이 우려되었으나 현재 소방(小邦)의 수군이 다행히 작은 승리를 거두어서 적봉(賊鋒)이 조금 좌절되었으니, 이로 인하여 적선이 서해에는 진입하지 못할 것입니다」.

收拾戰船一十三隻 哨探船三十二隻	수습전선 13척 초탐선 32척
於海南縣海路 要口把裁 於珍島	어 해남현해로 요구파재 어진도
碧波亭前洋 與賊交鋒 冒死力戰	벽파정전양 여적교봉 모사력전
以大砲 撞破賊船 二十餘隻.	이대포 당파적선 20여 척
賊船中有 大船一隻 指揮諸賊	적선중유 대선 1척 지휘제적
圍把我船.	위파아선.
	《선조실록 30년 11월 10일》.

주

명량해전에 대한 이순신의 치계가 선조실록에서는 누락되어 있다. 이의 사연은 알 수가 없다. 근 50일 지나 선조 30년 11월 10일 선조실록에 수록된 것은 명(明)의 제독총병부(提督摠兵府)에 이자(移咨) 즉 외교보고서 내에 기록되어 있는 것으로 명량해전의 핵심만 기록하여 잘 설명해주고 있다. 즉 이순신은 「해남현해로(海南縣海路) 즉 명량해로에 있는 명량구(鳴梁口)를 전선 13척, 초탐선 32척으로 차단하고 전함(戰艦)을 정돈(整頓)한 후 진도 벽파정 앞바다(碧波亭前洋)에서 대포를 사용하여 적선 20여 척을 격파하였다」고 하였다. 이 명량해전은 분명하게 명량(입)구를 차단하여 공방전을 벌이다가 벽파정 앞바다에서 당파(撞破, 격파)작전으로 승전한 벽파대첩임을 증언해 주고 있다. 그리고 「대선한척(大船一隻)」은 왜수군 왜장 마다시(馬多時)가 탄 아따께부네(安宅船)로서 명량해전에 참전하여 전투를 지휘했다고 하였다.

주

日本에서는 大船(대선)을 安宅船(아따께부네), 中船(중선)을 關船(세끼부네), 적선(賊船)을 番船(번선)이라 했다.

주

이순신이 이 해전에서 승리한 것은 육박전도 아니고 오로지 대포를 총동원한 함포사격으로 적을 당파(격파)하였다고 분명하게 언급하고 있다. 조선 수군의 우수한 원거리 근거리 포사격 전법으로 함포를 적재한 전선의 위력을 적나라하게 발휘한 곳이 벽파정 해전이다.

※ 2011년 해군 포술 최우수함은 「최영함」이다.

※ 제독총병부=明의 국방부. 청라장=푸른 비단휘장, 우보=새털 휘장. 해남현 해로(海南縣 海路)=명량수로. 요구(要口)=중요한 어귀, 즉 명량입구(鳴梁口). 치계(馳啓)=긴급 파발보고서. 이자(移咨)=明에 외교문서를 보냄, 자문(咨文)=明과의 외교문서. 서계(書契)=日本과의 외교문서, 당파(撞破)=격파(擊破), 배신(陪

臣)=황제의 신하, 宋汝宗→宋汝悰, 초탐선 32척은 명량구, 즉 출구에 두었다.

| 참고 |

명량은 직선수로로 임하도에서 굴섬까지 바로 시야에 들어온다. 흔히 말하는 「적선의 명량통과」는 별망군의 보고가 없더라도 누구라도 보고 바로 확인할 수 있다. 아니면 망금산, 관방산에서 보면 명량수로의 전체를 관망할 수 있으므로 아군이나 적군의 함대 움직임을 바로 확인 할 수 있다. 따라서 별망군의 위치는 어란포와 반대쪽에 있는 진도의 만호영인 금갑도(金甲島, 현 접도)의 남망산(南望山)으로 추정되고 여기서 망을 본 것은 어란포를 출발하여 명량수로로 진입하는 적선이다. 남망산은 수군의 후망산(堠望山)이고 산마루에는 요망대(瞭望臺)가 있었다.

이순신 수군은 지상에서 왜군의 습격을 우려하여 통제사 진영을 우수영에 두지 못하고 <u>우수영 앞바다</u>에 두고 초탐선, 어선, 피난선 등 100여 척이 <u>명량출구</u>를 봉쇄 하였다. <u>울돌어귀(鳴梁口), 즉 명량입</u>구에서 해전이 시작되자 이순신 수군과 적 사이에 일진일퇴의 공방전이 일어난다. 그 후 썰물로 변하자 떠내려가는 적선을 맹공격, 추격하여 <u>울돌문(鳴梁門)</u>을 지나 벽파정 앞바다에서 쌍방 간에 혈전의 공방전이 일어났다. 이때 <u>피섬(血島)</u>은 간조 때 뭍과 연결되는 섬으로 명량해전 때 왜군의 시신과 붉은 피로 물들었다. 즉 피섬의 앞바다가 벽파정 앞바다이다. 그리고 어란포～굴섬 약 30.9km, 굴섬～명량입구 1.05km, 명량입구～울돌목 1.05km이고 명량입구(鳴梁口)는 사이나리 끝과 어지바위 사이의 물목을 말하며 명량문(鳴梁門)은 녹도와 굴섬 사이의 물목이고 벽파정은 벽파진의 옛 지명이다 (동국여지도).

❷ 이순신의 난중일기

삼도수군통제사 이순신은 8월 18일 회령포(會寧浦) 현 회진(會鎭)에 도착, 전선 13척을 수습하고 8월 19일 선조국왕 교서 숙배식(敎書 肅拜式)을 갖고 난 후 이순신 수군은 8월 20일 이진포(梨津浦)에 이진(移陣), 여기서 이순신은 병세가 악화하여 인사불성의 고통을 겪는다(病勢極危 以不省人事 병세극위 이불성인사). 그 후 8월 24일 어란포(於蘭浦) 앞바다에 도착하였다. 8월 26일 해남군 북평면 달마산(達磨山)에 있던 척후장 임준영(任俊英)이 말을 타고 벽파정 맞은편에 와서 연기로 신호, 이순신선에 승선하여 「적선이 이진포에 도착」을 보고(報告), 그 후 8월 28일 적선 선봉선 8척이 출몰하여 이를 물리치고 장도(獐島)로 이동하여 여기서 밤을 지내고 다음날 8월 29일 벽파정 앞바다로 옮겼다.

二十八日(八月) 丙戌 晴.	병술 청.
卯時賊船八隻不意突入 諸船似有怯	묘시적선팔척불의돌입 제선사유겁
退之計 余不爲動色(慶尙水使欲爲	퇴지계 여불위동색 (경상수사욕위
避退) 令角指麾追之	피퇴) 영각지휘추지
則諸船不能回避 一時逐至葛頭	즉제선불능회피 일시축지갈두
賊船遠遁不爲窮追	적선원둔불위궁추
後船 五十餘隻云 夕結陣于獐島.	후선 50여 척운 석결진우장도.
	《난중일기 8월 28일》.

아침 6시경 적선 8척이 갑자기 나타나서 진격하여 오자 여러 제장 배들은 두려워 겁을 먹고 피하려고 했다(경상수사 배설은 피하여 후퇴했다). 나(이순신)는 조금도 동요하

는 빛을 띠지 않고 적선이 바짝 다가오자 영각을 불고 지휘 깃발을 흔들어 독려하니 제장 배들은 피하지 못하고 맞서서 (발포하면서) 일시에 적선을 추격하여 갈두까지 갔다. 그러자 적선이 멀리 도망쳤기에 그 이상 뒤쫓지를 않았다. 선봉선인 8척 뒤에 후선 50여 척이 있다고 전한다. 저녁에 모두 모여서 장도에 머물렀다(그 후 이순신 수군은 8월 29일 벽파정으로 이동하여 15일 있었다).

주

해남군 북평면과 완도 사이의 해협을 달량(達梁)이라 하고 이에 달량항(達梁項), 즉 좁은 물목에는 현재 완도대교가 놓여져 있다. 이 대교 밑에 이진포(梨津浦)가 있다. 여기에 나타난 적선 선봉선 단지 8척에 조선수군은 13척에서 12척은 겁을 먹고 아예 싸울 생각도 하지 않고 후퇴하자(특히 배설은 먼저 뒤 꽁무니를 뺐다) 이에 이순신의 독려로 다시 합력하여 싸워서 함께 적을 물리쳤다. 이것이 달량해전(어란포 해전)이다. 이 달량해전은 명량해전의 축소판으로 조선수군은 칠천량해전 때부터 왜적선만 보면 도망하여 살길만 찾는 나약한 수군이 되어 있었다. 배설은 9월 2일 도망(逃去)하였으나 고향인 경북 성주 자기집에서 체포되어 압송 서울에서 처형되었다. 갈두(葛頭)는 해남군 송지면 갈두리에 있는 현「땅끝」을 말한다. 장도(獐島)는 어란포와 벽파정 중간 지점의 섬으로 이의 위치는 아직 확인되지 않고 있다.

※영각(令角)=나각(螺角) 즉 소라껍질 나팔. 지휘(指麾)=대장선의 깃발을 흔들어 지휘하다.

  9월 7일 탐망군관 임중형(林仲亨)이 말을 타고 와서 적선 55척 중 13척이 어란포 앞바다에 왔다고 보고하였다. 9월 11일 하루 종일 비가오자 이순신은 배 위에 혼자 앉아서 지나간 일의 그리움과 심회에 젖어 눈물을 흘리면서 나 같은 사람은 천지간에 두 번 다시 없을 것이라고 탄식하였다(**獨座船上懷戀淚下 天地間安有如吾者乎 독좌선상회련누하 천지간안유여오자호**). 또 이순신은 자기만큼 초라하고 복도 없고 죄 많은 사람이 이 세상에는 없다고 말하면서 탄식하였다. 그 후 9월 14일 어란포 맞은편에 있는 금갑도(金甲島) 남망산의 별망군 임중형(林仲亨)이 말 타고 와서 한 보고에 의하면 적선 200여 척 중 55척이 어란포 앞바다에 들어왔다고 하였다. 또 왜군의 포로였던 김중걸(金仲傑)이 도망와서 전하는 말이 왜군이 각 왜성의 모든 배를 모아서 조선수군 10여 척을 사살 분선(射殺 焚船)하고 서해로 올라가 바로 서울로 진입한다고 하였다.

十五日(九月) 癸卯 晴.   계묘 청.

乘潮水 領諸將數少舟師　　　　　　승조수 령제장수소주사
不可背鳴梁爲陣故也 移陣于　　　　불가배명량위진고야 이진우
右水營前洋 招集諸將 約束曰　　　　우수영전양 초집제장 약속왈
兵法曰 必死則生 必生則死　　　　　병법왈 필사즉생 필생즉사
又曰 一夫當逕足懼千夫 今我之謂矣…　우왈 일부당경족구천부 금아지위의…
　　　　　　　　　　　　　　　　《난중일기 9월 15일》.

9월 15일 맑음 조수(潮水)를 타고 여러 장수들을 이끌고 진영(陣營)을 우수영(右水營) 앞바다로 옮겼다. 이는 벽파정(碧波亭)뒤에 명량이 있는데 수가 적은 수군으로 명량을 등지고 진영을 둘 수 없기 때문이다. 여러 장수들을 불러 모아 약속하되 병법에 이르기를 죽고자 하면 오히려 살고 살고자 하면 도리어 죽는다. 또한 한 사람이 길목을 지키면 천 명도 족히 두렵게 할 수 있다고 말하였다.

주

여기서 한문의 진(陣)은 통제사 진영(陣營)을 말한다. 移陣은 진영을 옮김. ※진영(陣營)=군영본부(軍營本部). 安有(안유)=없음(부정).

十六日(九月) 甲辰 晴.　　　　　　갑신 청.
早朝別望進告內 賊船不知其數　　　조조별망진고내 적선부지기수
鳴梁由入直向結陣處云 卽令諸船　　명량유입직향결진처운 즉령제선
擧碇出海 則賊船一百三十餘隻　　　거정출해 즉적선 130여 척
回擁我諸船 諸將等自度衆寡之勢　　회옹아제선 제장등자도중과지세
便生回避之計 右水使金億秋所騎船　편생회피지계 우수사김억추소기선
已在二馬場外…　　　　　　　　　이재2마장외…
顧見諸將船 則退在遠海.　　　　　고견제장선 즉퇴재원해.
　　　　　　　　　　　　　　　　《난중일기 9월 16일》.

9월 16일 맑음 이른 아침 별망군이 고하기를 부지기수의 적선이 어란포를 떠나, 명량 수로로 들어와 우리 진 쪽으로 바로 오고 있다고 하였다. 즉각 모든 전선에 명을 내려 닻을 올리고 바다로 나아가니 130여 척의 적선이 다가와서 아군선을 곧 에워쌀 것이다. 이

에 여러 장수들은 중과부적이라 생각하고 피할 계책만 갖는데 김억추는 이미 2마장 밖으로 일탈 후퇴하였다…. 여러 장수들의 배를 뒤돌아보니 벌써 후퇴하여 먼 곳에 있었다.

주

어란포 맞은편에 있는 금갑도 남망산의 별망군이 말을 타고 와서 긴급 보고한 것이다. 그리고 명량수로는 명량의 망금산 및 관방산에서 멀리 육안으로 관측이 가능하기 때문에 별도로 별망군의 보고가 필요 없다.

주

명량해전에 관한 자료 해석에서 가장 논란되고 있는 것은 「鳴梁由入直向結陣處云(명량유입직향결진처운)」 및 「則賊船一百三十餘隻 回擁我諸船(즉 적선 130여 척 회옹아제선)」이다. 일반적으로 헤아릴 수 없는 많은 「적선이 명량 즉 울돌목을 거쳐 곧바로 진지(陣地)로 향해 오고 있다」 즉시 닻을 올리고 13척이 바다로 나아가니 「적선 130여 척이 우리 배를 에워쌌다」로 해석하고 있다. 따라서 울돌목을 통과한 적선 133척이 우수영 앞바다 (또는 임하도 앞바다)로 몰려와 우리의 배 13척을 에워싸고 공격하므로 13척이 필살로 대포와 활을 쏘아 적을 격파하여 우수영 앞바다에서 명량대첩을 이루었다는 주장이 일반화 되어있다. 그러나 나는 다음과 같이 해석하려고 한다. 즉 「적선은(진도를 우회하는 조도해로 쪽으로 가지 않고) 바로 명량수로 쪽으로 들어와 우리의 13척이 진을 치고 있는 명량으로 향하여 오고 있다. 이어 곧 적선 133척이 밀어닥쳐 우리를 에워쌀 것이다」의 별망군의 보고에서 명량유입(鳴梁由入)은 명량수로 유입으로, 즉회옹아(則回擁我)는 곧 일어날 미래형으로서 곧 우리를 에워쌀 것이다로 보는 것이 타당하다. 즉 이미 에워쌌다면 피할 수가 없다. 따라서 여러 장수들은 적이 와서 에워싸기도 전에 미리 겁을 먹고 도망간 것으로 보아야 한다. 옛날부터 범노선(帆櫓船)이 명량항로를 택하면 이는 지름길이나 조류가 빠르고 암초가 많아 죽음의 뱃길이나 우회하는 조도항로는 비교적 안정된 항로이다. 현재 목포↔제주 고속 Ferry는 명량항로와 조도항로를 다 이용하고 있다.
※유입(由入)=쪽으로 들어감, 수로=해로=항로.

<u>이순신의 난중일기 9월 16일 전문 수록(全文, 收錄).</u>

선조 30년(1597) 음력 9월 16일 난중일기는 정유년편과 속정유년편이 있다. 속정유년편은 그대로 쓰고 <u>정유년 초고는 [ ]에 인용하였다.</u>

이날은 간만의 차가 최대인 보름사리에 해당된다. 수군은 <u>명량구(口)에서 전진 포진하고</u> 빠른 조류의 변화를 이용하여 명량 대해전을 승리로 이끈 이순신의 전략이 9월 16일 명량해전 「난중일기」에서 전투상황을 상세하게 기록하고 있다.

《16일 갑진. 맑음.》

이른 아침에 별망군(別望軍)이 탐망하다 달려와서 수를 헤아릴 수 없는 많은 왜선이 명량수로(鳴梁水路)로 들어와 곧장 우리 배 있는 쪽으로 오고 있다고 급하게 고한다. 나(이순신)는 즉각 여러 장수에게 닻을 올리고 바다 앞으로 출진할 것을 명령하였다. 그리고 곧 적선 130여 척이 우리에게 다가와 에워쌀 것이다. 이에 여러 장수들은 적은 수로 많은 적을 대적하는 것이라 모두 겁을 먹고 회피하기만 꾀하는 데 우수사(右水使) 김억추(金億秋)가 탄 배는 이미 2마장 밖으로 나가 있었다. 내가 탄 대장선이 홀로 적선 속으로 들어가 앞으로 돌진하면서 지자(地字), 현자(玄字)등 각 총통을 마구 쏘아대고 군관들이 총총히 들어서서 뱃전에서 화살을 빗발처럼 쏘니 적의 무리가 감히 대들지 못하고 나왔다 물러갔다 하였다. 그러나 겹겹이 둘러 싸여서 형세가 어찌 될지 알 수 없어 온 배의 사람들이 서로 돌아다보며 얼굴빛을 잃고 있었다. 나는 조용히 타이르면서 「적선이 1,000척 이라도 우리 배를 덤벼들지 못할 것이니 조금도 마음을 동하지 말고 사력을 다하여 적을 향해 화포를 쏘아라」하였다. 여러 장수들의 배들을 뒤로 돌아 본즉 먼 바다 [1마장] 물러나 있는데 군령을 내리고자 내 배의 뱃머리를 돌리면 [다른 장수들의 배들은 더 뒤로 물러나고] 그 틈을 타 적선이 달려 들 것이니 나가지도 돌아서지도 못하는 형편이었다. 호각(互角)을 불어 중군(中軍)에게 군령(軍令)을 내리는 깃발을 세우게 하고 또 초요기(招搖旗)를 세웠더니 중군장(中軍將) 미조항첨사(彌助項僉使) 김응함(金應諴)의 배가 내 배로 가까이 오고 거제현령(巨濟縣令) 안위(安衛)의 배가 먼저 다가왔다. 나는 뱃전에 서서 친히 안위(安衛)를 불러 말하기를「너는 군법으로 죽고 싶으냐? 물러간다고 살듯 싶으냐?」하니 안위는 황급히 적선 속으로 돌입하였다. 또 김응함(金應諴)을 불러「너는 중군(中軍)으로서 멀리 피하여 대장을 구원하지 않으니 죄를 어찌 피할 것이냐? 당장에 처형할 것이로되 전세가 또한 급하니 우선 공을 세우게 하리라」하였다. 그래서 두 배가 앞서 나가자 [이에 안위가 무턱대고 황급히 적진에 들어가 교전하자] 적장이 탄 배가 휘하의 배 2척에 지시하여 안위의 배에 붙여 개미처럼 달라붙어 올라가니 안위와 군사들이 모두 죽을 힘을 다하여 모난 몽둥이로, 긴창으로, 혹은 수마석으로 무수히 마구 내려치고 막다가 기진맥진함으로 나는 배를 돌려 안위의 배로 접근했다. 안위의 군사들은 죽을 각오로 공격했다. [안위의 격군 7~8명이 물에 뛰어들어 헤엄을 치니 거의 구하지 못할 것 같다.] 내가 타고 있는 배의 군관들도 비처럼 화포를 쏘아대어 적선 3척이 거진다 엎어지고 자빠졌다(幾盡顚仆). [적선 2척을 남김없이 격파 섬멸하였다.] 녹도만호(鹿島萬戶) 송여종(宋汝悰)과 평산포대장(平山浦大將) 정응두(丁應斗)의 배들이 뒤따라 와서 힘을 합해 적을 사살하니 몸을 움직이는 적은 하나도 없었다. 투항한 왜인 준사(俊沙)는 안골포(安骨浦)의 적진으로부터 항복해 온 자인데 내 배 위에 있다가 바다를 굽어보더니 말하기를 그림 무늬 놓은 붉은 비단옷을 입은 저 자가 바로 안골포 적진의 적장 마다시(馬多時)라 했다. 내가 무상(無上) 김돌손(金乭孫)을 시켜 쇠갈고리로 뱃머리에 낚아 올린 즉 준사(俊沙)가 좋아 날뛰면서 바로 마다시(馬多時)라고 말하므로 곧 명하여 토막 내어 자르게 하니 적의 사기가 크게 꺾였다. 이때 우리 배들은 적이 다시 범하지 못할 것을 알고 북을 울리며 일제히 진격하여 지자(地字), 현자(玄字)포를 쏘아대니 그 소리가 산천을 뒤흔들었고 화살도 빗발처럼 퍼부어 적선 31척을 쳐 깨뜨리자 적선은 퇴각하여 다시는 가까이 오지 못했다. 우리 수군은 싸웠던 바다에 그대로 묵고 싶었으나 물결이 몹시 험하고 바람도 역풍인데다 형세 또한 외롭고 위태로워 당사도(唐笥島)로 옮겨가서 밤을 지냈다. 이번 일은 실로천행(此實天幸)이었다」《9월 16일 난중일기 전문》.

주

이순신은 출옥, 백의종군한 해인 정유년(1597) 8월 4일~10월 8일까지는 난중일기를 두 번 썼는데 초고「정유년편」은 비교적 짤막하고 단순한 문장이나 두 번째 쓴 일기「속정유년편」은 내용도 더 구체적으로 가필되어 있다. 중군장(中軍將)은 통제사 직속 참모로서 정3품 당상관이다. 이순신은 一字를 흘려서 三字로 썼다. 따라서 적선은 333척이 아니고 133척이 된다. 투항한 왜인 준사(俊沙)는 이순신기함의 통역관이다. 군사와 배를 모으고 명량에 진을 치자 갑자기 밤중에 왜군의 기습을 당하였다.(進陣鳴梁 猝遇夜襲)《좌수영 대첩비》. 벽파정(碧波亭)은 현 벽파진(碧波津) 옛 지명이다(동국여지도). 이순신은 왜군의 습격을 피하기 위하여 앞바다 및 작은 섬으로 전전하면서 진영을 옮겼다(移陣). 8월 29일 벽파정에 도착하여 15일 동안 있다가 9월 15일 조수를 타고 우수영 앞바다로 이진(移陣)하였다. 이순신 수군의 전선 13척은 칠천량 해전에서 도망한 경상우수사 배설(裵楔)의 10척, 전라우수사 김억추(金億秋)의 2척, 녹도만호 송여종(宋汝悰)의 1척을 모두 합한 것이다.《충무공 이순신과 현충사》. 이항복의 충민사기에서는 경상우수사 배설의 8척, 녹도만호 송여종의 1척을 합하여 전선 9척에 그리고 전라우수사 김억추에게 분부하여 화포를 적재하고 화력을 강화한 병선 4척을 합하여 이 13척을 이항복은 전선 13척이라 했다.《이항복, 충민사기》. 따라서 이순신은 실질적인 주력 전투함이 전선 13척이 아니고 전선 9척으로 왜적과 싸운 것이다. 병선 4척은 안위, 이몽구, 김억추, 류형이 타고 온 병선이다. (이순신 세가 317쪽)
그때 벽파정 앞바다 북쪽에 있는 작은 섬 혈도(피섬)에는 물에 빠진 왜군이 상륙하였으나 매복 중인 조선 의병의 참살로 시신과 붉은 피로 물들었다. 이순신이 탄 대장선 즉 기함(旗艦)을 좌선(座船)이라고 하며 돛대에는 수자기(帥字旗)를 달았다.

※격군(格軍)=노 젓는 수병, 무상(無上,舞上)=돛대를 조정하는 수병. 수마석(水磨石)=해변가에 있는 둥근 돌. 진영(陣營)=군영본부, 1마장(馬場)=360보(步)=450m.

| 참고 |

이순신이 쓴 임진일기 등(전7권) 초고본을 이충무공전서(1795, 尹行恁)에 옮겨 적으면서 이를 「난중일기」라 했다. 난중일기는 1592년 1월 1일부터 1598년 11월 17일까지 2539일간 쓴 이순신의 한문일기(漢文日記)이다. 「난중일기」(1597년 및 1598년)에서 선조 30년(1597) 정유년은 4/1출옥 4월, 5월, 6월, 7월, 8월, 9월, 10월, (10/1~10/8까지는 날씨만 적음). 선조 30년(1597) 속정유년은 8월, 9월, 10월, 11월, 12월 (8/4~10/8까지는 중복 기록되어 있다. 이것은 이순신이 시간을 내어 다시 구체적으로 썼다고 전해오고 있다).
선조 31년(1598) 무술년은 1월(1/5~9/14)까지는 누락되어 있는데 그 원인은 알 수 없다. 9월, 10월, 11월(11/17로서 절필되고 11/19전사 하였다). 명량해전 후 이순신은 수군 본영을 10월 29일 보화도(현 고하도)로 이진(移陣)하였다가 다시 고금도의 묘당도(선조 31년 2월 17일)로 옮기는 전후 1598년 1월 5일~ 9월 14일 까지는 누락되어 있다.

❸ 류성룡(柳成龍)의 징비록(懲毖錄).

선조 때 영의정 류성룡(1542~1607)은 이순신과 같이 임진왜란을 몸소 겪고 싸우면서 치른 사람이다.

명량해전에서 통제사 이순신은 진도 벽파정 아래서 왜병을 크게 쳐부수고 그 장수 마다시(馬多時)를 죽였다. 이순신이 진도에 이르러 병선(兵船)을 수습하여 10여 척의 전선을 마련하였다. 그때 연해안 사람들이 배를 타고 피난을 많이 왔는데 이순신이 왔다는 소식을 듣고 기뻐하지 않는 자가 없었다. 마다시는 수전(水戰, 즉 해전)을 잘한다는 이름이 나있었는데 200여 척의 배를 거느리고 서해를 침범하려고 하다가 벽파정 아래서 서로 만났다. 이순신은 이 10여 척의 배에 대포를 싣고 조수를 타고 순류(順流)를 따라 공격하니 적은 패하여 달아났다…. 그때 이순신에게 이미 군사가 8천여 명 되었으며 그 후 이순신은 보화도(寶化島, 현 고하도)에 가서 머물렀다.

破倭兵于 珍島碧波亭下　　　　파왜병우 진도벽파정하
是時舜臣 已有軍八千餘人.　　시시순신 이유군팔천여인.
　　　　　　　　　　　　　　《류성룡의 징비록》.

류성룡도 징비록에서 명량해전이 벽파정 아래에서 일어났다고 말하였다. 즉 벽파정 아래는 벽파정 앞바다 또는 피섬 앞바다를 말한다. 명량으로 진격해 오는 적선 수를 난중일기는 133척, 징비록은 2백여 척, 지봉유설은 1백여 척, 충민사기 및 제조번방지는 5, 6백 척, 해동명장전 및 춘파록은 수백척이라 했다.

❹ 조경남(趙慶南)의 난중잡록(亂中雜錄).

조경남(1570년~1641년)은 선봉장으로 노량해전에 참전한 남원 출신의 의병장이다. 죽은 마다시(馬多時)를 來島守(래도수, 구루시마 마모루)라 했다.

명량해전에서 적의 장수 來島守(구루시마 마모루)가 병선 수백 척을 거느리고 먼저 서쪽 바다를 향해 진도 벽파정 아래에 이르렀다. 그때 이순신은 명량에 진을 치고 머물렀는데 피난선 100여 척이 후방에서 성원하고 있었다. 우리 군사가 외롭고 약한 것을 보고 그저 삼킬 듯이 여겨 서로 앞을 다투어 사면으로 에워싸자 우리 군사는 거짓 포위망 선으로 들어가니 적은 우리 군사가 겁을 먹은 것을 기뻐하며 육박전이 시작되었다. 문득 대장선에서 호각소리가 들리고 깃발이 나부끼자 불이 적선에서 일어나 여러 배가 연소되어 연기와 불꽃이 하늘을 덮고 화살, 돌, 창과 칼이 서로 번득여 맞아 죽은 자가 삼대와 같고 (死者如麻) 불에 타서 물에 빠져 죽은 자가 역시 수효를 알 수가 없었다. 먼저 來島守(구루시마 마모루) 목을 베어 머리를 장대 끝에 매달자 모두 용기를 내어 도망가는 자를 쫓아 수백 명을 베어 죽였다. 도망간 배는 10여 척이고 우리 배는 아무 탈이 없었다.

賊酋來島守 領兵船數百艘	적추래도수 령병선수백소
先向西海 至珍島碧波亭下	선향서해 지진도벽파정하
時統制使李舜臣 留鎭鳴梁..	시통제사이순신 유진명량.
	《조경남의 난중잡록》.

왜적선이 벽파정에 도달했을 때 이순신 수군은 명량에 진을 치고 머물고 있었으므로 명량입구에서 벽파정 앞바다(피섬 앞바다)가 명량해전의 해역임을 말해 준다. ※호각(互角)=영각(令角)=소라껍질 나팔.

또 조경남은 「애(哀) 이충무(李忠武)」 한시(漢詩)에서 이순신은 벽파정에서 3번 싸워

대첩을 이루고 절개(節槪)를 다하였다고 했다(**公三捷碧波生盡節, 공삼첩벽파생진절**).

벽파삼첩(捷碧三捷)은 (1) 이순신 단독전투 (2) 이순신, 안위, 김응함과 3인이 전투하여 2척 격파 (3) 13척 전선 모두 전투를 하여 적선 31척을 격파하였다.

❺ 대제학 홍량호(洪良浩)의 해동명장전(海東名將傳),

　영의정 김육(金堉)의 신도비(神道碑),

　대제학 이식(李植)의 시장(諡狀).

명량해전에서 그때 호남에서 피난민들의 100여 척이 여러 섬에 흩어져 있었는데 이순신이 그들을 모아 후방에 줄지어 배치하여 군세를 돋우고 홀로 10여 척을 거느리고 전진하여 진도 벽파정 밑에서 적을 맞으니 왜선 수백 척이 몰려와서 마치 산을 누르는 듯했다. 여러 장수들은 겁을 먹고 안색이 변하면서 이순신은 죽음을 면할 수 없게 되었다고 말하고서 일제히 뒤로 물러났다. 이에 이순신은 동요하지 않고 선두에서 소리 높여 독려하고 모두 같이 한(漢)一자(字)로 진을 쳐서 기다리다가 적이 가까이 오자 한꺼번에 대포와 화살을 사방으로 쏘아 군사들이 죽기로 싸워 적은 전세가 기울러 물러났다. 거제현령 안위가 배를 돌려 도망치려 하므로 이순신은 뱃머리에 서서 거룻배를 보내 안위의 목을 베어오게 하니 안위는 마침내 배를 돌려 진격하여 죽음을 무릅쓰고 싸워서 대승을 거두고 왜장 마다시를 잡아 죽였다….

賊船數百來勢呑山壓　　　적선수백래세탄산압
公不爲動賊兵被靡　　　　공불위동적병피미
獨以十餘艘前　　　　　　독이십여소전
迎賊于珍島碧波亭下　　　영적우진도벽파정하
一字整陣砲矢四發 賊兵被靡.　일자정진포시사발 적병피미.
　　《해동명장전》 및 《김육의 신도비》.

이순신 수군은 일자진으로 대기하다가 적을 맞아 벽파정 앞바다에서 싸워 벽파진 대첩을 이루었다고 하였다.《김육의 신도비》. 그리고 이순신은 왜적과 싸우는 일만해도 힘에 벅찬 일인데 밀려오는 많은 적선에 휘하 장수 및 겁먹은 군사들은 전의와 적개심을 잃고 도망갈 궁리만 하면서 이들은 뒤로 물러났다. 적과 싸우면서 이들을 독려해야하는 이순신의 고충은 이루 말로 표현할 수가 없다.

❻ 대제학 이민서(李敏敍)의 명량대첩비(鳴梁大捷碑)에서

　통제사 이순신은 수군을 거느리고 진도 벽파정 아래 진주하였다가 좁은 어귀(명량입구)에다가 뱃머리를 잇대어 닻을 내리고 바다 중간을 끊어 적을 기다렸다. 이어 왜적을 맞아 명량입구에서 싸워 산산이 무찌르니 이로 인해 적들은 크게 패하여 경기도, 충청도를 거들어 보지도 못하고 군사를 거두고 돌아갔다….

統制師李公統舟師　　　　　　　통제사이공통주사
進駐於珍島之碧波亭下　　　　　진주어진도지벽파정하
當海之隘口連艦 下碇截中流待賊　당해지애구연로 하정절중류대적
大破日本賊於鳴梁之口.　　　　　대파일본적어명량지구.
　　　　　　　　　　　　　　　《이민서의 명량대첩비》.

　이순신 수군은 명량입구에서 적을 무찔렀다고 하였다.

❼ 문간공(文簡公) 홍석주(洪奭周)의 관음포 유허비(觀音浦 遺墟碑)에서

　명량해전은 흉악한 왜적의 진격을 막아 충청도와 경기도를 편안하게 한 것은 벽파전투에서 이겼기 때문이고 따라서 명량대첩비가 있다고 하였다….

式遏兇鋒永靖湖畿　　　　식알흉봉영정호기
在碧波之戰 有鳴梁大捷碑.　재벽파지전 유명량대첩비.
　　　　　　　　　　　《홍석주의 관음포 유허비》.

❽ 작가 미상의 선조중흥지(宣祖中興志)

　명량해전에서 來島守(래도수)가 군사를 죄다 이끌고 전진해 오니 배가 꼬리를 물고 바다를 덮어 그 끝을 알 수가 없었다. 여러 장수들은 겁내어 안색이 변하면서 이순신은

죽음을 면할 수 없게 되었다고 하고 일제히 물러났다. 이에 이순신은 친히 선두에서 고함을 지르면서 독려하였다. 이순신이 적(래도수)의 머리를 잘라 달아 매고 배 위에서 풍악을 치며 도전하니 적이 분노하여 군사를 나누고 교대로 나오는 데 이순신은 승리한 기세를 타고(화포와 불화살을 쏘아) 불을 질러 여러 배를 불태우니 시뻘건 불길이 바다를 덮은 속에서 불에 타고 물에 빠져 죽은 자가 헤아릴 수가 없었다. 마침내 래도수는 죽고 毛利民部(모리민부)는 물에 떨어져 죽음을 겨우 면했고 그 밖에도 적장이 죽은 자가 몇 명 더 있었다. 이날 피난 온 백성들이 모두 이순신만을 태산 같이 믿고 <u>산마루에 모여 구경하고 있었는데</u> 이순신이 수백 겹으로 포위되고 대포소리와 적의 칼날이 사방에서 진동하고 번뜩이는 것을 보고 모두 얼굴빛이 변하면서 통곡하였다.

來島守 乃悉兵進 舳艫亙海 不知其際
兩諸將凶懼失色 謂舜臣不可 復免一
時退散 舜臣親立船頭 勵聲督之
是日避難士民 皆恃舜臣爲重簇集山頂
望見舜臣墮百重圍皆失色痛哭.

래도수 내실병진 축로긍해 부지기제
양제장흉구실색 위순신불가 복면일
시퇴산 순신친립선두 려성독지
시일피난사민 개시순신위중족집산정
망견 순신타백 중위개실색통곡.
《작가미상의 선조중흥지》.

함대가 해협을 통과할 때는 절대로 3열이나 4열을 짓지 않고 선도선을 따라가면서 1열로 줄지어 순차적으로 통과한다. 물론 순항(巡航)할 때도 상황은 같다. 따라서 일본함대의 133척은 꼬리를 물고 한 줄로 약 2㎞의 행렬을 이루면서 명량으로 진입하였다. 명량해전 때 진도 주민 및 피난선의 피난민들은 진도대교 옆에 있는 망금산(望金山, 112m) 및 관방산(關防山, 67m)에 올라가 명량입구에서 남쪽 멀리 벽파정 앞바다(碧波亭 前洋), 피섬(血島)까지 관망하면서 명량해전을 처음부터 끝까지 구경하고 있었고 옆에서 여인들은 원을 돌면서 「강강술래」를 합창하고 있었다. 망금산은 녹진 전망대이고 관방산에는 명량수로를 지키는 진보(鎭堡)가 있었다.
※ 사민(士民)=선비와 백성. 시일(是日)=이날.

❾ 송시열(宋時烈)의 노량묘비(露梁廟碑)에서 흩어진 군사를 겨우 모아서 드디어 어란도, 벽파정에서 싸워 적을 크게 무찔렀다.

稍收亡卒遂戰於 於蘭島　　　　초수망졸수전어 어란도

碧波亭 皆大敗之捷至.   **벽파정 개대패지첩지.**
                                    《송시열의 노량묘비》.

주

어란포는 현재 연륙화(連陸化)되어 있으나 전에는 어란도로 섬이었다. 어란도는 달량해전, 벽파정은 명량해전을 말한다.

❿ 진도 벽파정 아래서 싸워 물리쳤다.   (소대년고, 昭代年考).

　진도 벽파정 앞바다에서 싸워 물리쳤다.   (김육(金堉)의 신도비(神道碑) 및 이

　　　　　　　　　　　　　　　　　　　　　　　식(李植)의 시장(諡狀).

破倭兵于 珍島碧波亭下, 前洋.　**파왜병우 진도벽파정하, 즉 전양.**

　(제장선은 후퇴하였으나) 이순신이 탄 전함은 바로 앞으로 나아갔다(대동야승).

舜臣自戰艦 當前直出.   **순신자전함 당전직출.**

　이때 통제사 이순신은 명량에 진을 쳤다(춘파당 일월록).

時統制使李舜臣 留陣鳴梁.   **시통제사이순신 류진명량.**

　명량해전 후 9월 16일 저녁에 당사도(唐笥島, 현 신안군 암태도)에 도착하여 1박한 후 9월 17일 어외도(於外島) 현 신안군 지도읍 어의도(於義島)에 이르자 피난선이 무려 300척이 먼저 와 있었다. 그들은 수군의 대첩을 알고 모두 치하를 했다. 9월 18일은 외도에 머물렀다. 이순신의 배에서는 순천 감목관(監牧官) 김탁(金卓), 영노(營奴) 계생(戒生)은 전사하고 박영남(朴永男), 강진 현감 이극신(李克新)은 총상을 입었으나 중상은 아니었다. 즉 이순신 대장선에서 전사 2명, 총상 부상자 2명이 발생하였다.

주

명량해전에서 조선수군의 함선은 피해가 없었으나 그러나 조총으로 사망하거나 부상한 수병이 상당수가 있었던 것으로 추정된다. 그리고 매화도 남쪽에 있는 당사도는 「唐沙島」로서 옛 자지도(者只島)이다.

《명량해전의 기록 자료정리》

　鳴梁(명량), 울돌은 너비가 좁고 주위에 암초가 많고 조류가 몹시 빠르므로 서로 충돌할 가능성 때문에 2척 이상의 판옥선이 동시에 옆으로 떼 지어 통과하기가 어렵다. 특히 격군이 노를 저어서 조류와 거슬러 앞으로 나아가는 것은 거의 불가능하다. 따라서 모든

함선의 이동은 선도선을 따라 1열종대로 협수로를 통과해야 한다. 여기서 이순신은 ❶ 陣營(진영)은 후방에 두고 戰船(전선)은 전방에 배치하였다. ❷ 육상에 있는 왜군의 습격을 피하기 위해 진영을 육상 우수영에 두지 못하고 「우수영 앞바다」 해상으로 移陣하였다(이후는 작은 섬으로 이진함). 이에 따라 초탐선 32척 및 지원선, 피난선등 100여 척을 이곳 후방인 「우수영 앞바다」 진영으로 옮겼다. ❸ 명량해협은 폭이 좁아 해전을 벌일 수 없다. 명량은 통과 해협이다.

    ❹ 20문의 함포를 갖고 있는 이순신기함인 판옥선은 일당백의 화력을 갖고 있다. ❺ 적선을 명량 안으로 유인하여 양쪽 해안포대로 섬멸할 수 있으나 칠천량 해전에서 조선수군이 궤멸하여 화포가 절대 부족했다. ❻ 조류를 타고 명량으로 진입한 적선을 명량출구에서 막는다는 것은 자연의 섭리에도 어긋나는 어리석은 일이다(물과 도둑은 미리 입구에서 막아야 한다). 그리고 그 많은 왜적선이 단지 13척의 조선수군에 패배한 결정적인 원인은 지형적으로 좁은 뱃길과 빠른 조류 때문에 왜군의 해군력이 분산되어 집중할 수가 없었다. 그 다음은 좁은 수로에서 판옥선의 함포사격에 혼란에 빠져 진격할 수가 없었고 또 판옥선의 선체가 높고 크기 때문에 왜적선이 달라붙어 올라가 육박전도 할 수가 없었다. 따라서 주 무기인 긴창과 조총은 크게 위력을 발휘하지 못했다. 그러나 명량해전의 결정적인 승리의 원인은 이순신의 신중함과 뛰어난 지략(智略)에 의한 치밀한 전략임을 누구나 다 인정하고 있는 것이다. 참고로 칠천량 해전은 화공(火攻)으로 분멸(焚滅)작전에 당한 것이고 명량해전은 함포사격으로 당파(撞破)작전으로 승전한 것이다.

그 당시 이순신은 물론이고 선조(先祖)들의 기록자료는 한결같이 명량해전은 벽파정 앞바다((碧波亭 前洋)에서 대첩을 이루었다고 증언하고 있고 여기에 있는 피섬(血島)이 뒷받침해 주고 있다. 그리고 쇠사슬(鐵鎖)의 언급은 어느 곳에도 찾아 볼 수 없다.《이충무공 전서, 1989》. 그러나 현대 들어와서는 <u>이 벽파대첩을 인정하는 학자는 한사람도 없다</u>는 사실에 놀랍고 이상하고 심지어는 신비스럽게 느껴진다. 왜 명량대첩이 울돌목전투이고 나아가 우수영 앞바다 전투가 되는지 나는 그 이유를 알고 싶다.

(2) __명량해전의 재구성은 주어진 자료에 기초한 Computer의 simulation이다.__

이때는 1597년 9월 16일 음력 보름사리로서 만조수위가 올라가 조수간만의 차가 최대가 된다. 이때는 조수의 유속이 빨라 밀물을 타면 왜수군은 쉽게 명량을 통과 할 수 있고 또 만조가 되면 해안선이 넓어지므로 해전을 위한 작전이 수월해진다. 그러므로 병선의 척수가 많은 왜 수군에게는 절대로 우위에 있게 된다.

__주__

명량은 암초가 많고 조류의 물살이 아주 빨라 예로부터 배가 좌초하기 쉬운 곳이었다.

※simulation=사고실험(思考實驗).

《조류의 시각과 일어난 전투상황 (1597년 9월 16일 음력)》

※양력은 1597년 10월 26일이다.

다음은 명량해전에서 조선수군과 일본수군 간의 해상 전투 상황이다. 국토해양부 국립해양조사원 연구사 변도성이 울돌목에서 2009년 10월부터 6개월간 측정한 조류의 변화 시간을 그대로 활용하였다.

상오 6시30분 : 정조…… 썰물에서 밀물로 바뀐다.
          일본수군 함대 어란포에서 발진하였다.
상오 9시00분 : 밀물…… 조선수군은 명량입구에서 일자진으로
          닻을 내리고 적선을 기다린다.
          이때 이순신기함은 선두에 섰다.
상오 10시10분 : 밀물…… 최강의 밀물로서 유속이 4m/s에 다 달았다.
상오 10시30분 : 밀물…… __일본수군 선봉대 3척과 대선 1척이 굴섬__
(명량문 통과)   __명량문으로 들어온다.__ 전 포문을 열고 명량문을
(이순신 단독전투)   향하여 함포사격을 하면서 이순신 단독으로
          전투에 들어간다. 이때 함포사격에 놀라 명량
          문에서 주춤한 선봉선 때문에 뒤따르던 적선은
          들어오지 못하고 녹도에서 피섬 앞바다로 돌아
          서 잠시 피한다. 이때 김억추 전선은 2마장,
          제장선 11척은 1마장 후퇴하여 이순신 단독
          전투를 남의 일처럼 멀리서 구경만 하고 있었다.

상오 11시30분 : 밀물……　　<u>곧이어 6척이 더 들어와 이순신 기함을 포위
(3인 전투)　　　　　　　하였다.</u> 이순신은 적선의 포위에 위험을
　　　　　　　　　　　느끼고 초요기를 올려 도움을 구한다.
　　　　　　　　　　　안위와 김응함이 달려와서 이순신을 구하고
　　　　　　　　　　　적선을 향해 함포사격을 하면서 돌격하였다.
　　　　　　　　　　　이때 3사람이 전투하여 적선 2척을 격파하였다.
상오 12시21분 : 정조……　　밀물에서 썰물로 바뀐다.
하오 1시00분 : 썰물……　　조선수군은 썰물을 타고 적선을 몰아부쳐
(명량문 통과)　　　　　　명량문을 통과 벽파정 앞바다로 추격한다.
(전선 13척 전　　　　　　이때 조선수군 전선 10척이 달려 와서 합세한다.
투)　　　　　　　　　　　13척이 모든 포문을 열고 열화 같이 함포사격을
　　　　　　　　　　　가하였다.
하오 2시40분 :　　썰물……　　벽파정 앞바다에서 조선수군의 함포사격과
(13척 대 133척　　　　　　화살에 일본수군은 조총으로 맞서서 상호 간에
대회전)　　　　　　　　　혈전의 공방전이 벌어진다. 이때 일본수군은
　　　　　　　　　　　접근하여 육박전을 시도하였다. 최강의 썰물은
　　　　　　　　　　　이 시도를 좌절시키고 자기들끼리 좌충우돌을
　　　　　　　　　　　한다. 여기서 적선 20척이 격파되었다.
하오 3시40분 :　　썰물……　　최강의 썰물로 유속이 2.7m/s 에 달한다.
하오 4시30분 :　　썰물……　　일본수군은 계속 피해가 늘어나므로 전투를
(일본수군 후퇴)　　　　　중지하고 썰물을 타고 후퇴하였다.
하오 6시30분 :　　썰물……　　조선수군은 계속 추격하면서 화포를 쏘아 11척
　　　　　　　　　　　을 격파하였다. 금갑포에서 추격을 중지하였다.
하오 6시56분 :　　정조……　　썰물이 밀물로 바뀐다.
하오 7시00분 :　　밀물……　　조선수군은 밀물을 타고 당사도로 후퇴하였다.

| 참고 |

　어란포→벽파진 27km, 벽파진→명량문 3.9km, 명량문→명량입구 1.05km, 명량입구→올돌목
　1.05km, 올돌목→녹진 0.65km.

주

　왜수군이 새벽 6시 30분 어란포를 출발하여 순방향의 조류를 타고 명량문에 도착하는데 약 4시
간 소요되었는데 이는 어란포에서 명량문까지 30.9km을 조류의 유속을 고려하여 평균 순항속도
4.2knot=7.8km/h로 계산하였다.

주

조경남은 「애, 이충무」 한시에서 이순신은 벽파에서 3번 싸워 대첩을 이루었다고 했다(公三捷碧波生盡節). 즉 벽파 3첩은 ① 이순신 단독전투, ② 이순신 및 안위, 김응함 3인 전투에서 2척 격파 ③ 13척 전선 합력 전투에서 31척 격파를 말한다. 그리고 「조류의 시각과 일어난 전투상황」에서 왜수군이 어란포를 출발하여 굴섬 명량문에 도달하는데 약 4시간, 이순신 전선의 단독전투는 약 1시간, 이순신 및 안위, 김응함의 3인 전투는 1시간 30분 그리고 13척 대 133척의 대회전(大會戰)은 3시간 30분 소요되고 그 후 2시간 동안 추격하였다. 위의 모든 시간은 나의 추정이다.

| 참고 |

다음은 명량대첩의 울돌목 해전과 우수영 앞바다 해전은 변도성의 울돌목 조류 시간표와는 크게 관련이 없다. 즉 울돌목 해전에서는 울돌목은 통과해협이고 해전의 장소로는 부적합하다. 오히려 적의 기습을 막을 수 있다면 철쇄 설치나 양쪽해안 근접 포격이 더 효과적이다. 울돌목에서 전투가 가능한 시간대는 상오 12시 21분의 정조 전후 2시간으로서 이때 상호간의 공방전은 근접 육박전투로 아주 혼란한 뒤죽박죽의 견묘지쟁(犬猫之爭)과 같은 원시적인 해전이 된다. 따라서 조류는 큰 의미가 없고 오히려 불편한 존재가 된다. 결국 이는 이순신의 지략과는 거리가 먼 해전이다. 그리고 우수영 앞바다에 진영을 두었는데 바로 진영 코앞에서 해전을 한다는 것은 부적절한 작전이고 또 적선 133척이 모두 명량으로 진입하는 것은 불가능한 일이다. 그 다음 우수영 앞바다 해전에서는 울돌목에서 김억추는 2마장, 제장선은 1마장 후퇴하였으므로 이들은 명량 출구를 막고 있는 민중들의 피난선 뒤로 또는 같은 위치에 있게 되므로 수군의 명예 상 불가능한 일이다. 이순신 수군이 우수영 앞바다에 진영을 두고 여기서 전진하여 울돌목에서 일자진을 치고 있다가 오전 11시경 적선이 에워싸므로 물러나 결국 우수영 앞바다에서 해전이 일어났다는 주장이다. 이 우수영 앞바다는 조류의 물길에서 벗어나 있으므로 잔잔한 호수와 같다. 따라서 해전 장소로는 아주 적합한 곳이다. 그러나 적선 선봉선 13척이 총알받이로 이순신의 수군의 공격을 막아 준다면 나머지 120척은 상오 12시 21분경 조류가 썰물로 바뀌기 전에 밀물을 타고 그대로 서해로 계속 항진(航進)할 수 있다. 즉 우수영 앞바다에서 무리하게 13척 대 133척이 다 싸울 필요가 없다는 것이 나의 판단이다. 이 해전에서도 조류는 큰 역할을 못하고 있다. 도둑과 적은 사생결단코 입구에서 미리 막아야지 쏟아져 나오는 적선과 물을 출구에서 막더라도 살짝 빠져 나가기가 쉽다. 이로서 울돌목 해전과 우수영 앞바다 해전은 변도성의 조류 시간표와 잘 맞지 않는다. 위의 모든 주장은 전적으로 나의 자의적인 판단으로 오류일 수도 있다.

1) 9월 16일 巳時(사시), 즉 상오 9시~상오 11시

북서로 향하는 밀물이 급류를 이루고 있다. 왜 수군에게는 순류이나 아군에게는 역류가 되므로 악전고투 속에 놓이게 된다. 이진포(梨津浦)에 와서 진영을 둔 왜수군은 9월 14일 선봉대 55척을 어란포(於蘭浦)에 전진 정박시킨다(난중일기 9월 14일, 賊船二百餘隻內 五十五隻先立於蘭).

9월 16일 아침 6시 30분경에 간조가 지나 명량 쪽으로 밀물이 북서로 흐르기 시작할 때 어란포를 출발한 왜수군 133척 가운데 왜장 來島通總(伊豫來島영주, 구르시마 미찌후사)가 지휘하는 적선 50여 척이 선봉함대로서 북서류의 조류를 타고 10시 30분경에 명량문에 도달한다. 즉 당일 아침 일찍 이 선봉대가 발진하여 명량수로로 진입하였다는 별망군(別望軍)의 첩보를 듣고 벽파정 앞바다에 진을 치고 있던 이순신 수군의 전선 13척, 수군 1천 2백 명은 명량입구(鳴梁要口)에 도착하여 울돌목을 배수진으로 치고 닻을 내려 일자진(一字陣)으로 봉쇄한다. 이때 이순신대장선(기함)은 진두지휘를 하기 위해서 진두에 나서서 닻을 내리고 기다린다. 그리고 울돌목의 출구에는 초탐선 32척과 어선, 피난선등 1백여 척을 군선으로 가장하여 깃발을 세우고 명량출구를 봉쇄하고 최후 결전에 임한다. 이때 왜수군 선봉대는 밀물의 급류를 타고 빠르게 명량문 쪽으로 달려온다.

> **주**
>
> 9월 16일 (양력 10월 26일)은 보름 다음날로 간만의 차와 유속이 최대가 된다. 일자진을 편 명량입구는 조류 물길의 쏠림현상이 비교적 약한 물목이다. 그리고 이순신은 진중에 있을 때 주야로 경계하여 한 번도 갑옷을 벗은 적이 없다.

※진시(辰時)=상오 7시~9시, 신시(申時)=하오 3시~5시. 작전할 때는 닻을 올린다.

2) 9월 16일 午時(오시), 즉 상오 11시~하오 1시

세찬 밀물을 타고 명량문으로 들어오는 왜수군 선봉함대를 이순신기함은 열화같이 화포를 쏘면서 공격하자 명량입구 앞바다에서 치열한 전투가 전개된다. 왜수군에게는 순류이나 이순신에게는 역류가 되므로 최악의 역경 속에 놓인다.

상오 10시 30분경 왜장 來島通總(구르시마 미찌후사)가 이끄는 선도선이 장사진(長蛇陣)으로 명량수로를 따라 좌우에 암초가 많은 「명량문(鳴梁門)」인 굴섬과 녹도 사이의 협수로로 들어온다. 이때 이순신 대장선은 닻을 올리고 적을 맞아 역 조류와 싸우면서 앞으로 나아가 명량문으로 들어오는 적선에게 포격을 가하자 선두함이 집중 포화를 받고 대파하자 이를 보고 뒤따라오던 다른 적선은 포격에 들어오지 못하고 뱃머리를 녹도 쪽으로 돌려 물러난다. 이 포화 속에서도 뚫고 들어온 적선 10척(세끼부네 9척, 왜장이 탄 대선 1척)이 이순신선을 앞에서 두 겹으로 에워싸고 먼저 3척이 포위 간격을 좁혀오자 이순신선은 20개의 전 포문을 열고 이의 화포 지자(地字), 현자(玄字) 총통을 마구 쏘아 포환과 편전을 빗발같이 퍼부었다. 이때 김억추는 벌떼와 같이 몰려오는 적선을 보고 이 해전은 무모하고 미친 짓이다로 단정하여 혼자만 살겠다고 조류에 배를 맡겨 2마장(=900m) 밖으로 떠내려가 있고 일자진의 11척은 중과부적에 아연실색하여 전의(戰意)를 잃고 역시 1마장(=450m) 후퇴하였다. 이순신이 그들을 불러오기 위해서 뱃머리를 뒤로 돌리면 제장선은 더 뒤로 물러날 것이고 적선은 이 기회에 밀고 들어오면 모든 것은 한순간에 무너질 것이다. 이러지도 저러지도 못하고 이순신은 혼자 싸우는 길밖에 없었다.

이제 울돌목으로 들어가는 요구(要口)에서 조류와 싸우면서 진격하여 적진에 뛰어들고 있는 것은 망양 1척 이순신이 탄 기함뿐이다. 그러나 선상의 군사들은 모두 겁에 질려 싸울 생각조차 않고 있어 이순신은 태연하게「왜적이 비록 천척이라도 감히 내 배를 공격할 수 없다. 동요해서는 안된다. 온 힘을 다하여 적을 쏴라」라고 독려한다. 이로써 이순신선과 적선은 서로 일진일퇴하면서 사력을 다하여 최대공방전이 명량입구 앞바다에서 1시간 동안 일어난다. 그러나 건곤일척(乾坤一擲) 고립무원(孤立無援)에서 적선 10척에 포위되어 악전고투하다가 위기를 느낀 절박한 상황에서 이순신은 먼저 중군기를 올렸으나 중군인 미조항 첨사 김응함(金應諴)은 응할 용기가 없어 오지 않고 마지막으로 영각(令角)을 불고 초요기(招搖旗)를 올려 긴급 구호신호(SOS)로 도움을 요청한다. 사생결단의 이순신의 전투를 멀리서 눈만 뜨고 구경만하다가 신호 깃발을 보고 통제사 직속 중군장 김응함과 거제현령 안위는 이순신이 안 죽고 계속 싸우고 있으므로 이에 용기를 얻어서 다가오자 화가 난 이순신은 안위와 김응함를 보고 질책한다.「너는 도망간다고 살 수 있을 것 같으냐?」「너의 책무는 무엇인가? 통제사를 옆에서 돕는 것이 아닌가?」이순신을 구하러 온 안위는 질책을 듣고 어울려 같이 싸웠으나 <u>다시 겁을 먹고 뒤로 물러나자 이순신은 뱃머리에서 큰 목소리로「안위의 목을 잘라라」호령하니 안위는</u> 두려워 급하게 화포를 쏘면서 무턱대고 적의 선봉을 치고 돌격해 들어가자 적선 3척이 달라붙었다. 이때 대선(大船) 왜장의 지휘로 적선 2척이 먼저 안위선에 다가가 배를 붙여 열십자 낫(사조구, 四爪鉤)과 긴 낫을 던져 걸고 개미처럼 달라붙어 기어오르자 안위와 군사들은 모두 죽을힘을 다하여 활을 쏘고 몽둥이, 긴 창으로 찌르고, 큰 돌로 아래로 내리치면서 일대 치열한 접전이 일어난다. 이때 뒤따라 오던 왜수군의 함대는 명량구 앞바다에서 치열한 전투 때문에 진로가 차단되어 명량문으로 들어가지 못하고 방향을 돌려 녹도 앞바다, 즉 벽파진 앞바다에서 잠시 대기한다. 그리고 이 접전에서 악전고투로 안위의 군사들이 기진맥진하자 이를 본 이순신선과 김응함선은 안위 쪽으로 배를 돌려 집중포격을 가하면서 돌격한다. 이 전투에서 적선 2척이 격파되고 1척은 대파한다. 대선 왜장 來島通總(구르시마 미찌후사)는 이 좁은 곳에서 전투는 불리함을 깨닫고 조선수군을 명량문을 벗어나 넓은 녹도 앞바다로 즉 많은 왜수군의 함선이 몰려서 대기하고 있는 곳으로 유도한다. 이로써 첫 전투에서 기선을 잡은 조선수군은 거리낌 없이 왜수군함선의 뒤를 따라 맹렬하게 함포사격을 하면서 추격한다. 이때(상오 12시 21분) 조류는 전류하여 썰물이 된다.

사진에서 녹도(●)와 굴섬(왼쪽) 사이의 물목이 명량문이다.
멸량문은 좌우에 암초가 많으므로 첨저선인 왜적선의 항해 가능한 폭은 사진보다 더 좁아진다.여기서도 물목을 지난 밀물이 가운데로 쏠리는 현상을 볼 수 있다. 명량문 아랫쪽 바다가 명량 입구 앞바다로 이순신 기함 혼자 전투한 곳이고 윗쪽 바다는 피섬 앞바다로 조일 상호간에 대회전의 공방전이 벌어진 곳이다. 그리고 가운데 툭 튀어 나온 「곶」이 오류리 반도 끝이다.

· 이진포는 완도 대교 남쪽에 있다.
· 벽파정은 벽파진의 옛 지명이다(동국여지도).
· 삼지원에서 벽파정까지 나룻배가 다녔다.
· 어란포에서 장산도로 가는 길은 명량 수로를 택하면 지름길이나, 울돌목을
  통과해야하고 조도 수로는 진도를 돌아야 한다.

※전투상황지도(상오 11시에서 하오 1시)

주

선봉선을 뒤따라오던 후선 120척은 이순신 전함의 포격 때문에 들어오지 못하고 명량문 앞에서 잠시 녹도 및 피섬 앞바다로 모여 대기한다. 피섬 앞바다는 비교적 조류가 약한 곳이다. 그리고 명량문을 일렬로 줄지어 간격을 두고 1척씩 빠르게 통과한 적선은 물목의 조류 쏠림현상 때문에 조류 가운데로 몰리게 된다. 이를 초점으로 이순신은 포격을 가한 것이다. <u>즉 명량문에서 축차적유입(逐次的流入)은 적의 군사력 분산을 가져왔다.</u>

주

중군장은 통제사 직속 참모로서 통제사 곁에서 보좌해야 한다(정3품 당상관이다). 來島通總(구르시마 미찌후사)은 四國(시고꾸) 伊豫(이요) 來島(구르시마)의 영주이다. 수군 왜장 來島(구르시마)는 대선 安宅船(아따께부네)를 타고 선도선과 같이 명량문으로 들어와 공격을 총지휘하였다. 그리고 실망, 절망에서 나오는 이순신의 절규는 오늘도 우리들의 폐부를 찌른다. 來島海峽(구르시마해협)은 四國(시고꾸) 今治(이마바리)와 大島(오오시마) 사이의 해협이다. 來島通總은 2차 당항포해전에서 전사한 來島通之(구르시마 미찌유끼)의 동생이다.

※편전(片箭)=총통으로 쏘는 불화살, 영각(令角)=호각(互角)=나각(螺角)=소라껍질 나팔.

3) 9월 16일 未時(미시), 즉 하오 1시~하오 3시

하오 12시 21분부터 조류는 남동으로 향하는 썰물이 되고 하오 3시 40분에 최강의 급류로 변한다. 아군에게는 순류가 되고 적군에게는 최악의 역류가 된다. 즉 썰물이 되자 벽파정 전투에서 적선 20척을 격파하고 다시 도주하는 적을 추격하여 11척을 더 격파한다.

드디어 조류가 아군에게 순류로 변하자 초조하게 구경만하고 있던 나머지 전선 10척도 용기를 얻어 달려와 이순신선과 합세하여 모두 13척이 썰물을 타고 사생결단으로 적선에게 화포로 맹포격을 가한다. 이로써 <u>녹도 앞바다에서</u> 대기하고 있던 절대다수의 적선의 왜수군과 겨우 13척인 조선 수군 간에 서로 화포, 조총 및 활 등 모든 무기를 총동원하여 쏘면서 혼잡한 혈전을 벌여 쌍방간의 치열한 공방전이 벌어진다. 이때 상호 간에 사상자가 많이났다.

주

이 절호의 기회에 조류가 아군에게는 순류가 되고 적에게는 역류가 된 것은 천우신조이다.

그러나 뱃머리와 반대 방향으로 역류의 조류, 즉 썰물에 따라 떠내려가면서 뱃머리가 방향을 잃자 적군은 더 이상 진격을 하지 못하고 급류와 소용돌이에 휩쓸리면서 큰 혼란에 빠진다. 이에 녹도만호 송여종, 평산포대장 정응두를 필두로 모두 다가와서 힘을 합하여 이순신 수군은 독전기를 흔들면서 영각(소라껍질 나팔)을 불고 북을 치면서 왜수군을 몰아 부처 녹도에서 벗어나 벽파정 앞바다로 총공격 합력사살에 들어간다. 이때 바닷물은 뒤끓어 핏빛으로 물들리고 적선은 불타고 깨어져 물에 빠져죽는 사람은 헤아릴 수가 없었다.《명량대첩비》. 여기서 이순신 수군은 다시 왜적 20척을 격파한다. 하오 3시 40분 최강의 썰물이 되자 왜수군의 접근 육박전도 좌절되고 특히 뱃머리가 방향을 잃고 자기들 배끼리 좌충우돌이 일어나 계속 피해가 늘어나자 결국 전투를 포기하고 썰물을 타고 후퇴하기 시작했다. 이 전투에서 화살에 맞아 바닷물에 빠진 왜장 來島通總(난중일기에는 馬多時로 기록)을 배 위로 끌어올려 목을 베어 돛대에 매달아 독전하자 적은 사기를 잃고 꽁무니를 빼자 이를 이순신 수군은 추격하면서 화포로 11척을 더 격파하였다. 이 해전에서 적은 격침이 총 33척이고 92척은 자중지난으로 방향을 잃고 서로 충돌하여 큰 타격을 입었다. 이때 격파당한 왜선의 수군이 헤엄쳐 피섬(血島)에 상륙하자 조선 의병에게 도륙(屠戮)을 당하여 붉은 피가 섬을 덮었다. 하오 4시 30분경에 왜 수군은 모든 것을 포기하고 뱃머리를 남쪽 순방향으로 돌려 조류를 타고 남해로 물러나 멀리 웅포 쪽으로 퇴각해 버린다. 이순신 수군은 계속 금갑포(진도군 의신면 금갑리)까지 추격하다가 심한 바람과 풍랑으로 중지하고 하오 7시 밀물을 타고 당사도(신안군 암태도)로 후퇴하였다. 이 명량해전에서 이순신 수군은 대승리를 거두고 남해의 제해권을 다시 찾았다. 그 후 왜군은 두 번 다시 해전을 시도하지 못하고 서진(西進)을 포기하고 전라도에서 철수하여 경남 남해안 및 순천에 8개의 왜성을 쌓고 여기서 농성(籠城)에 들어갔다. 이순신 수군이 적진 속으로 돌진하여 공격하고 있을 때 조류가 만조에 도달하여 흐름이 정지한 후 바로 남동류로 바뀌고 있었다는 사실에 주목할 필요가 있다. 이 명량해전은 문자 그대로 죽기로 싸우면 반드시 살아남을 것이요, 살기로 싸우면 살아남지 못한다(**必死則生 必生則死**), 한사람이 오솔길 목을 지키면 천 사람을 두렵게 한다(**一夫當逕 足懼千夫**), 이 좁고 험한 길목에 또는 높은 산으로 크게 막히는 곳에 10명이 지키면 능히 천 명을 막아낸다(**路狹道險 名山大塞 十夫所守 千夫不過**)는 말에 잘 어울리는 전투상황이다. 즉 이 울돌목은 물러설 수 없는 이순신의 최후의 마지노선(Maginot line)으로서 요새화된 천연의 방어선이었다. 「너는 죽더라도 나는 살겠다」는 인간심리와 무상한 바다의 조류변화 등 모든 것이 적나라하게 드러나는 절박하고 처절한 이 해전에서 이순신은 초인적 노력과 빛나는 지략으로 세계 해전사상 유례를 찾아볼 수 없는 대승리를 이끌어 내었다. 조선수군이 승리한 것은 천운(天運), 즉 하늘이 정한 운이요 뜻이며 이순신이 치른 해전 가운데 가장 빛나는 최대의 혈전이었다.

주

이항복은 충민사기에서 남은 전선 9척, 화력을 보강한 병선 4척을 합하여 전선 13척이라 했다. 이순신 수군의 격침당한 전함은 없으나 조총상으로 전사하거나 부상한 수병이 상당수 있었던 것으로 추정되고 있다. 앞서 첫 싸움인 옥포해전에서 26척, 한산대첩에서 59척의 적선을 격파하였으나 이 명량해전에서도 이순신 수군의 전함은 1척도 잃지 않았다.

주

정유재란 때 칠천량해전에 참전한 大河內秀元(오오고우찌 히데모또)는 朝鮮記(조선기)에서 아주 중요한 증언을 하였는데, 즉 「番船(적선, 즉 판옥선)은 일본 배와 비교 안 될 정도로 크다. 우리가 저마다 關船(세끼부네)를 타고 출격하여 열십자 낫(十文字鎌) 및 자루긴 낫(長柄鎌)을 걸어서 판옥선 밑에 붙었으나 番船(적선)의 선체가 커서 긴 창이 미치지 못했고 위에서 활을 쏘고 돌을 던져서 배 위에 오르는 것은 아예 생각할 수도 없었다」라고 하였다. 이로써 그냥 조총만 쏘고 있을 뿐 육박전은 불가능하고 썰물 때문에 뱃머리가 방향을 잃어 혼란에 빠졌다. 이것이 명량해전에서 왜수군이 패한 결정적인 요인이 되었다. 참고로 조선의 활은 작아서 휴대하기가 편리하나 일본의 활은 사람 키만큼 크므로 임진왜란 동안에는 왜병의 주무기는 조총과 긴창이고 활은 쉽게 볼 수가 없다. 그들의 활은 화공을 위한 불화살을 쏘는 데만 사용하였다. 열십자 낫(十文字鎌)은 사지(四指) 쇠갈고리로 사조구(四爪鉤)를 말하고 사조구와 자루긴 낫(長柄鎌, 장병겸)은 배에 던져 걸어 배를 당겨서 기어 올라가는 데 쓰인다. 판옥선의 선체에 세끼부네를 갖다 붙이면 판옥선이 약 1/3 정도 더 높다.

주

북(鼓)을 치면 돌격 진군하고 징(鉦)을 치면 정지한다.

※금갑(金甲)=황금 갑옷, 번선(番船)=적선, 즉 조선수군의 전선을 말함.

《부연》

❶ 명량해전에서 조선수군이 승리함으로서 왜군의 서해 진출을 좌절시키고 남해의 제해권을 다시 찾아 이로써 전황을 급반전 시켜 조선군은 자신감과 사기를 되찾았다. 이에 왜군은 전의를 상실하고 퇴각하여 日本으로 완전히 철수할 때까지 경남 연안에 있는

왜성 쪽으로 물러나 싸우지 않고 왜성에서 농성만 하였다. 특히 이순신의 왜 수군 섬멸 작전이 성공함으로써 임진전쟁 후 日本은 다시 도발하지 않아 대한해협은 276년간(1875 운양호사건 이전까지) 평화를 갖게 되었다. ❷ 선조실록 30년 10월 20일 기록에 의하면 명량해전에서 이순신 수군이 이룬 전과(戰果)를 인정 明軍의 수장인 경리 양호(楊鎬)가 선조에게 말한다. 「이순신은 훌륭한 사람이다. (칠천량해전에서) 다 흩어진 뒤에 전선을 수습하여 패배한 후 큰 공을 세웠으니 돈과 비단을 보내어 나의 기쁜 마음을 표하였다」 하면서 선조에게도 이순신 수군의 포상을 권하였으나 선조의 답은 엉뚱하게도 「대인은 그렇지만 과인에 있어서 참으로 미안하다. 통제사 이순신이 사소한 왜적을 잡은 것은 그의 직분에 마땅한 일이며 큰 공이 있는 것이 아니다」라고 말하여 선조는 명량대첩을 의도적으로 평가절하하고 이순신의 전공을 일체 인정하지 않았다. 그 이유는 지금도 알 수 없다.

주

馬多時(마다시)는 동래왜성 및 안골포왜성의 적장으로서 「共加臥馬多時之 (공가와 마다시지)」이다.《선조 28년 2월 10일》 과연 그는 누구인가? 혹시 豊臣(풍신) 측근의 「馬廻衆(우마마와리슈)」인가? 일본 자료에서는 波多信時(나미다 노부도끼)는 죽고, 來島通總(구르시마 미찌후사, 37세)는 대선 아따께 배 위에서 화살에 맞아 앉은 채로 죽어 있었다고 하였다.

주

日本의 「高山公實錄(고산공실록)」 다음과 같이 적고 있다. 「關船(세끼부네)의 船手(수군)들은 番船(적선) 에 열십자의 낫을 걸고 鐵砲(조총)과 활을 마구 쏘면서 먼 바다(외양)쪽으로 배를 몰았다. 이때 毛利民部 (모리장군)는 關船에서 番船(적선)으로 올라탔다. 이 싸움에서 來島出雲殿(구르시마 장군)은 앉은 채로 전사하고 船手(선수)와 家老(가노)의 과반수가 죽었다. 이 위험한 상황에서 藤堂孫八郎(도도장군)은 부상했으나 겨우 목숨을 구했다. 아침 5시경부터 저녁 6시까지의 전투였다. 마침 바람이 잘 불어 해협을 빠르게 빠져 나왔다」. 참모본부편 「朝鮮의 役 (죠센노야끄)」에서 來島通總(구르시마 미찌후사)은 죽고 藤堂高虎(도오도 다까도라)는 부상, 毛利高政(모리 다까마사)은 익사직전 건져 올렸다고 기록되어 있다.

※ 毛利民部(모리장군)은 毛利高政(모리 다까마사)이고 波多信時(나미다 노부도끼)는 有馬晴信(아리마 하루노부)의 동생이다. 家老(가노)는 家臣(가신)으로 왜장의 직속 막료를 말한다.

※ 적선 격파 2척+20척+11척=33척(왜수군 전사자 5천 명 추정), 아군 전사자는 50여 명 정도, 이진포=해남군 북평면 이진.

《칠천량해전과 명량해전》

칠천량해전은 야밤에 정박 중 화공(火攻)으로 분멸(焚滅)작전에 당한 것이고 명량해전은 대낮에 조류를 타면서 함포사격으로 당파(撞破)작전으로 승리한 것이다. 칠천량해전은 1957년 7월 16일이고 명량해전은 1597년 9월 16일로 꼭 2개월 후다.

전선 114척, 거북선 3척, 병선 등 160여 척(수병은 약 2만 명)의 막강한 전력을 보유한 원균수군이 패전한 원인은

▲지휘관의 결단성이 없는 우유부단(優柔不斷)으로 진퇴양난이 되자 7월 15일 저녁 적지의 외줄포에 정박함(외줄포는 현재 거제시 칠천도 연구리 옥계 앞바다이다).

▲왜군은 주변의 왜성에 있는 모든 함선 6백여 척을 총동원하여 사방 바닷길을 차단하고 육지에는 왜병을 매복 포위함.

▲15일 밤 10시경 사전 선제공격 화공(火攻)으로 뜻밖에 4척 분멸에 성공하자 16일 새벽 4시경 화공으로 전면 기습 공격 분멸작전에 성공. (선조실록에서는 칠천량해전을 정유년「한산(閑山)의 패전」이라 했다).

▲조선수군의 모든 함선은 불타고 수병은 타 죽거나 물에 빠져 죽고 상륙한 수병은 긴창과 칼에 도륙(屠戮)당함.

주

전라우수사 이억기, 경상우수사 배설, 충청수사 최호는 수심이 얕은 외줄포에 정박은 좌초할 위험이 있으므로 깊은 바다 외양으로 나가자고 강력하게 주장하였으나 원균은 받아들이지 않았다. 선전관 김식(金軾)의 한산패전 보고에 의하면 밤 2경(저녁9시~11시) 밀물이 들어올 때 적선 6척이 와서 4척을 공격하여 전소 침몰시키고 16일 새벽 5경(3시~5시) 썰물이 끝나 갈 때 적선 6백여 척이 와서 총공격하여 조선수군을 분멸시켰다. 모든 전선은 불타 침몰하고 제장과 군졸은 불타거나 물에 빠져 죽었다고 하였다.

주

15일 밤 배설의 전선 12척은 탐방구실로 한산도로 도망 나오고 16일 새벽 전투에서 이억기는 싸우다가 물에 몸을 던져 순절하고 최호는 전사함. 16일 아침 8시경 원균은 탈출에 성공, 준원포에 상륙함. 결정적으로 패한 원인은 야밤 습격에 적선을 포착할 수가 없으므로 함포는 무용지물로 전락되었다. 결국은 스스로 죽음의 계곡에 들어가서 조선수군의 씨를 말린 것이다. 도체찰사 이원익(李元翼)의 치계(보고)에 의하면「장수나 군사들은 모두 왜적이 공격해 오자 처음부터 힘을 겨루어 싸우다가 패한 것이 아니라 산 자나 죽은 자나 모두 자기 살길을 찾아 도망하기에 바빴다」고 하였다.

※ 밤 3시~4시는 사람이 가장 숙면하는 시간이다. 도체찰사(都體察使)는 전쟁 시 의정 및 수, 육군의 최고

지휘관이고 도원수(都元帥)는 군무를 통할하는 최고 무관이다. 참고로 전선 1척당 125명이 승선하고 노량 해전 때는 전선 83척에 수군은 1만 7천 명이었다.

<u>전선 9척, 화력 보강한 병선 4척, 수병 약 1천 2백 명인 보잘것없는 전력으로 이순신 수군이 승리한 원인은.</u>

▲수집한 첩보 위에 지휘관의 신중한 판단과 현명한 지략. 지형과 조류에 의한 적선의 전력분산.

▲밤에는 넓은 바다 위에서(벽파정 앞바다, 우수영 앞바다 등) 정박하여 적의 야밤 습격을 피하고 포구에는 정박하지 않았다. 그리고 지휘관이 선봉에 서서 진두지휘 및 상하 신뢰 관계확립. 대낮 표적 적선에 원거리 근거리를 가리지 않고 함포 사격으로 당파작전 성공.

▲반격 중에 조류의 방향이 수군에는 순류가 되고 적군에게는 역류가 된 것이 승리의 요인이 되었다.

〈결론〉

칠천량해전은 야밤이고 명량해전은 대낮이므로 이 두 해전의 결정적인 승패의 원인은 밤에는 무용지물이고 낮에는 일당백의 전력을 과시하는 판옥선의 막강한 화력을 가진 함포사격에 있다. 즉 원균은 야밤에 판옥선을 죽였고 이순신은 대낮에 판옥선을 살렸다. 조선수군은 함포사격으로 장병(長兵) 당파전술을 구사하고 왜수군은 조총 및 칼로 단병(短兵) 육박전술에 능하였다.

끝으로 나는 이 명량해전을 끝내면서 다음과 같은 말을 남기려고 한다.

「이 명량해전은 이순신이 벽파진 앞바다에서 대첩을 이루었으나 이는 이순신이 나 자신과 끝까지 싸워서 이긴 비참하고 쓸쓸한 나 홀로 전쟁이었다」「부정, 부패, 뇌물과 배임, 시기와 모함, 이기주의 극치를 이룬 패거리 파당정치 등 얼룩진 세태 속에서 이순신의 22년간 관직생활에서 곧은 자세와 행동은 빛을 발하기는커녕 그에게 1번의 모진 고문, 3번의 파직과 2번의 백의종군이라는 고난의 인생역정을 가져다주었다」 오늘도 이순신이 걸어온 길을 조금 뒤따라 가보면 큰소리 치면서 호령하는 용장의 영광된 길이 아니고 늘 오늘의 할 일의 완벽을 추구하는 자신과 싸우면서 끝없이 고뇌하는 한 인간의 모습을 보게 된다. 그러나 이 글을 쓰고 읽으면서 끝에 가서 나의 가슴 깊은 곳을 흔들면서 앙금처럼 남기고 간 비통함과 서글픔은 피할 길이 없는 우리들만의 인간심리에서 온 것인가? 아니면 보편적인 자연의 섭리에서 온 것인가? 그리고 또 대의를 쫓는 길이 이렇게 험난하고 고통스러운 일인가? 하고 자문하게 된다.

〈추가〉

국립 해양문화재 연구소에서 2012년 9월~11월 수중 발굴조사 결과 발표(2012년 11월 28일)에 의하면 진도군 고금면 오류리 해역(벽파진 바로 위쪽)에서 명량해전 때 이순신 수군이 사용한 개인 소총, 즉 「소소승자총통(萬曆戊子年 四月日左營造小小勝 로 명기되어 있음)」 3개가 해저 뻘에서 발굴되었다. 오류리 해역은 바로 벽파진 앞바다이다. 이는 명량해전은 벽파대첩임을 확인시켜 준다.

> **주**
>
> 戊子年은 1588년이고 이곳을 사적으로 지정하여 보호한다고 하였다.

4. 이순신이 효수한 「馬多時」는 왜장 小早川隆景이다

선조실록(30년 11월 10일)을 참고로. (2009년11월 자료 발굴)

그림 무늬를 넣은 붉은 비단옷을 입은 왜장 「馬多時(마다시)」는 명량해전 즉, 명량입구 앞바다에서 대선 「安宅船(아다께부네)」에 羽葆(우보)와 홍기를 세우고 그 밑에 靑羅帳(청라장)을 두르고 최선봉으로 진두지휘를 하면서 적선 「關船(세끼부네)」 여러 척을 앞세워 기함 이순신 전선 및 조선 수군을 포위하여 돌격 공격을 하였다. 여기서 두 나라 수군 간의 서해 제해권을 놓고 명량해전의 제1, 2차 해상전투가 명량입구 앞바다에서 벌어졌다. 두 나라 함선의 비는 13척 대 133척으로 유사 이래 최대 공방전이 급류의 조류 속에서 벽파정 앞바다로 옮겨 연이어 제3차 해상전투가 일어났다. 이곳에서 이순신 수군의 함포 공격을 받은 왜수군의 지휘선 安宅船(아다께부네)가 파손되고 왜장 來島通總(구르시마 미찌후사)는 화살에 맞아 갑판 위에서 죽고 왜장 馬多時(마다시)는 화살에 맞아 바닷물에 빠져 죽었다.

주

安宅船(아다께부네)가 절대 부족하므로 왜장은 여러 명이 같이 승선하고 家老(가신)와 무장은 關船(세끼부네)에 탔다.

  1). 이순신의 「난중일기(속 정유년 수정 본)」에 의하면 선조 30년(1597년 9월 16일) 명량해전 전투에서 다음과 같이 기록하고 있다. 「전투 중에 투항한 왜인 俊沙(준사)는 안골포 적진으로부터 항복해온 자인데 바다를 굽어보다가 말하기를 그림 무늬를 넣은 붉은 비단옷을 입은 저자가 안골포 왜성의 적장 馬多時(마다시)라 했다. 내가 무상 金乭孫(김돌손)을 시켜 갈고리로 뱃머리에 낚아 올린즉 俊沙는 기뻐하면서 틀림없이 馬多時라 말하므로 곧 명하여 토막 내어 목을 매달았다」.

주

여기서 馬多時(마다시)는 얼굴이 널리 알려진 거물급 왜장임을 말해준다. 俊沙(준사)는 이순신기함의 통역관이다.

  2). 선조증흥지, 난중잡록에서는 馬多時는 來島守(구루시마 마모루)이고 이순신세가에서는 管也正陰(수게노 마사가게)이라고 했다. 그러나 日本의 「高山公實錄(고산공실록)」에도 다음과 같이 전하고 있다. 「이 전투에서 波多信時(나미다 노부또끼, 有馬晴信의 동생)는 죽고 來島出雲殿(來島通總)은 「아따께」 배 위에서 화살에 맞아 앉은 채로 죽었다. 毛利高政(모리 다까마사)는 來島의 무장으로 바다에 빠졌다가 건져서 살았고, 藤堂孫八郎(藤堂高虎, 도도 다까도라)는 부상을 당하고 그 외 家老(가노)와 船夫(선부)의 과반수가 죽었다」.

주

일본자료에서는 전사한 왜장은 두 사람뿐이다. 따라서 馬多時는 有馬晴信(아리마 하루노부)의 동생인 波多信時(나미다 노부또끼) 또는 來島通總(구르시마 미찌후사)인가? 명량해전 연구자는 馬多時는 來島通總으로 단정하고 있으나, 이의 근거자료를 제시하지 않고 있다. 佐藤和夫는 「海と水軍の日本史, 原書房 1995」에서 그는 來島의 부장무사 又七(마따시찌)이라고 주장하고 있다. 또 다른 일본인은 吉川廣

家(깃까와 히로이에)의 아들로 부대장인 吉川新知(깃까와 신지)이고 또 다른 사람은 舟奉行(후나부교, 함대사령관)인 早川主馬首, 즉 早川長政(하야까와 나가마사)이라고 주장했다.

3). 「선조실록」 28년(1595년) 2월 10일에서 明, 日(명, 일) 간의 강화회담의 진척으로 明軍(명군)과 왜군의 주력부대는 각각 본국으로 철수하였는데, 선조 28년(1595) 2월로 朝鮮(조선)에 아직 남아있는 각 진영(15개성)의 왜장들은 다음과 같이 기록하였다. 「각 진영(왜성)의 왜장들 성명을 알리기 위해 모두 그 나라의 향담(鄕談)에 따라 글자를 맞추어 적겠습니다. 죽도(竹島)에는 강강노가미(江江老加未), 감동포(甘同浦)에는 야랑가와(也郞加臥), 가덕(加德)에는 지범지(之凡之), 안골포(安骨浦)에는 달삼부로(達三部老), 웅포(熊浦)에는 평행장(平行長), 제포(薺浦)에는 평의지(平義智), 거제(巨濟)에는 아원로가미(阿元老可未), 또 거제에는 표간곤로가미(豹干昆老加未), 영등포(永登浦)에는 사야모은로다유우(沙也毛隱老多有雨), 기장(機張)에는 가인로가미(可仁老加未), <u>동래(東萊)에는 공가와마다시지(共加臥馬多時之)</u>, 임랑포(林郞浦)에는 다가화시구로(多加和時舊老), 서생포(西生浦)에는 평청정(平淸正), 부산(釜山)에는 아긴노산소우(阿緊奴山小于), 울산(蔚山)에는 모리유긴로가미(毛里有緊老加未)입니다」.

주

울산은 왜성이 아니고 울산 병영성을 말한다. 가덕의 「지범지(之凡之)」는 누군지 알 수 없다.

주

여기서 <u>馬多時는 「共加臥馬多時之」(공가와마다시지)</u>로서 동래왜성의 적장이라 하였다. 공가와는 성(姓)이고, 마다시지는 명(名) 또는 무장의 직위를 말한다. 馬多時는 15개 거점성의 거물급 중 한 사람의 왜장이다.

4). 李炯錫(이경석)의 「壬辰戰亂史(임진전란사)」에 의하면 선조 28년 초 왜군의 15개성 잔류 병력 배치표를 보면 선조실록 28년 2월 10일 의 왜장명단과 일치한다. 이때 동래왜성의 적장은 吉川廣家(깃까와 히로이에)이다. 「敵城寨(적성채) 및 守將(수장)은 다음과 같다. 서생포성은 加藤淸正(가또 기요마사), 임랑포성은 毛利吉成, 高橋元種, 기장성은 黑田長政, 부산성은 毛利元康, 穗田元淸, <u>동래성은 吉川廣家(깃까와 히로이에)</u>, 김해

(죽도)성은 鍋島直茂, 구포성은 鍋島勝茂, 가덕도성은 <u>小早川隆景(고바야까와 다까가게),</u> <u>小早川秀包(고바야까와 히데가네),</u> 안골포성은 脇坂安治(와끼자까 야스하루), 九鬼嘉隆, 웅천성은 小西行長(고니시 유끼나가), 명동성은 宗義智(소오 요시또시), 영등포성은 島津義弘(시마즈 요시히로), 송진포성은 戶田勝隆, 장문포성은 福島正則, 울산병영성은 相良賴房이다」.

여기서 共加臥馬多時之(공가와 마다시지)의 「공가와」성을 갖는 왜장은 동래성의 吉川廣家(깃까와 히로이에) 및 가덕도성의 小早川隆景(고바야까와 다까가게)로 볼수 있다.

5). 新村出編(신촌출편)의 「廣辭苑(광사원)」에서는 다음과 같이 기록하고 있다.

❶ 吉川廣家(깃까와 히로이에, 1561년~1625년)는 日本全國時代(일본전국시대), 江戶(에도) 초기의 무장으로서 吉川元春(깃까와 모또하루)의 三男(3남)이다. 文錄(문록), 慶長(경장)의 役(역)에서 울산성 구원에 분전하고, 關原(세끼가하라)전투에서는 德川(도꾸가와)의 東軍(동군)에 가담, 毛利家(모리가) 존속에 진력하였는데, 吉川元春의 동생인 小早川隆景(고바야까와 다까가게)과 같이 父(吉川元春) 및 兄(毛利隆元)의 아들 毛利輝元(모리 히데모또)을 도와서 毛利家(모리가) 기초를 세웠다.

❷ 小早川隆景(고바야까와 다까가게, 1533년~1597년)는 安土 桃山(아즈찌 모모야마) 시대의 무장으로 毛利元就의 三男(3남)으로 毛利隆元을 보좌 秀吉(히데요시)와 강화 후 筑前(찌끄젠), 筑後(찌끄고), 肥前(히젠)의 領主(영주)이고 文錄(문록)의 役(역)에서 碧蹄館(벽제관)에서 明軍(명군)을 격파하였다.

1592년 임진전란 때 小早川隆景(59세)은 6번대의 수장으로서 吉川廣家(31세)와 같이 참전하였다. 小早川은 풍신정권의 大老(다이로)로서 筑前宰相(찌끄젠 재상)이며 毛利氏家의 최고령 족장이다.

《가계》
毛利元就→2남=吉川元春(吉川家의 양자)→장남=吉川隆元→장남=<u>毛利輝元</u>→3남=<u>吉川廣家</u>
毛利元就→3남=<u>小早川隆景</u>(小早川家의 양자)→장남小早川(毛利) 秀包
따라서 小早川隆景(고바야까와 다까가게)와 吉川廣家(깃까와 히로이에)는 毛利輝元(모리 히데모또)의 毛利氏(모리씨)의 같은 혈족으로 小早川은 吉川의 숙부가 된다. 小早川隆景과 兄인 吉川元春을 「兩川

(료까와), 共川(교까와)」이라 했다. 小早川隆景은 豊臣秀吉(풍신수길)의 최측근 五奉行(오부교)의 한 사람으로서 「兩川馬廻衆(료까와 우마마와리슈)」으로 생각된다. 小早川隆景은 진주성 함락 전후에도 이순신 수군을 격멸하기 위하여 왜 수군과 연합작전을 여러 번 폈었다. 그는 지상군보다는 수군에 가까운 인물이다.

6). 결론 ❶ 吉川, 小早川은 둘 다 「共加臥(공가와)」이다. ❷ 小早川隆景, 吉川廣家, 小早川秀包는 모두 毛利家의 한 혈족으로서 朝鮮에서는 늘 같이 행동하였다. ❸ 吉川廣家는 1595년 10월 병고로 日本으로 철수하였다가 다음해 7월 朝鮮에 다시 건너왔다. 1598년 철수 후 關原(세끼가하라)전투에서 德川의 東軍에 가담하고 64세에 日本에서 죽었다. ❹ 小早川隆景은 가덕도 왜성을 축성하여 완공될 무렵 1593년 8월 병고로 日本으로 철수하였다가 (60세) 1597년 정유재란 때 朝鮮으로 다시 건너와《충무공과 현충사》그해 사망하였는데 이는 명량해전 1597년과 일치한다. 그 후 그의 朝鮮 및 日本에서의 행적과 사망기록은 없다. ❺ 小早川隆景이 부산에 갔을 때는 吉川廣家의 동래성에 머물고 또 小早川의 가덕도 왜성과 안골포왜성은 마주보면서 지척 간에 있으므로 왜장들은 늘 양쪽으로 들락날락하였다. 小早川이 안골포왜성에 가 있을 때 俊沙(준사)가 목격한 것이다.

이로써 馬多時는 명량해전에 참전한 적장 小早川隆景으로 단정된다.

增田長盛(마에다 나가모리)가 馬多時이다는 주장도 있으나 增田은 近江水口(오오미 미나구찌)의 城主로서 關原(세끼가 하라)전투에서 豊臣의 西軍에 참전하였으나 패배로 1600년 日本에서 할복 자살하였다. 명량해전에 참전한 왜선이 모두 133척이므로 부산포를 제외하고 안골포, 가덕도, 웅천해역에 정박하고 있던 모든 왜선 및 왜장들이 총출동하였다고 볼 수 있다.

筑前(찌끄젠), 筑後(찌끄고), 肥前(히젠) 지역은 현재 九州(규슈) 福岡(후크오까), 佐賀(사가)현이다. 풍신수길은 1587년 힘겹게 규슈를 마지막으로 정복하여 일본전국을 통일한 후 1592년 임진왜란 「朝鮮出兵(조선 출병)」할 때는 밉다고 숙청할 겸 규슈 출신의 城主(성주=大名)를 모두 왜장으로 출병시켰다. 따라서 豊臣秀吉(풍신수길)의 충실한 앞잡이가 되어 조선에서 선도에 서서 약탈, 살인, 방화하고 조선 민중을 사냥하여 노예로 그리고 도공(陶工), 와공(瓦工)을 모두 끌고 간 왜장과 왜병은 모두 규슈 출신이다. 즉 加藤淸正(가또 기요마사)는 규슈 熊本(구마모또)의 성주, 小西行長(고니시 유끼나가)는 규슈 宇土(우또)의 성주, 島津義弘(시마즈 요시히로)는 규슈 薩摩(사쓰마)의 성주, 小早川隆景(고바야까와 다까가게)는 규슈 筑前(찌꾸젠)의 성주이다. 오늘날 부산시와 福岡市(후크오까시)는 인적 연대를 통한 우호관계가 서로 필요하므로 이를 강화하고 있다. 그러나 이 사실은 역사적으로 보면 우리에게 씁쓸한 뒷맛을 갖게 한다. 그리고 「朝鮮出兵(조선출병)」은 현재 일본에서 일반화된 표현이나 한국국민에게는 도전적이고 모욕적인 발언이다. 끝으로 우리는 앞으로 「일본의 조선출병」을 늘 경계하여야 한다.

| 참고 |

九州(규슈) 전 지역, 中國(쥬고끄)의 長門(나가또) 및 四國(시고끄)의 伊豫(이요)지역은 「倭寇 眞倭(와꼬 신와)」의 출신 지역이다.《日本史》. 豊臣秀吉(풍신수길, 도요또미 히데요시)의 家紋(가문)인 五·七 桐紋(오칠동문=오동나무 꽃무늬문)은 1911년 조선 총독부의 문장이 되고 2005년 日本 總理府(총리부)의 문장으로 다시 등장하였다. 日本에서 豊臣의 악령이 되살아나자 여기있는 우리는 또다시 전율을 느끼면서 한없는 경각심을 갖게 하였다. 「역사에서 교훈을 배우지 못하는 민족은 또다시 똑같은 역사의 반복을 경험하게 된다」.《A,J, Toynbee》.

벽파진 뒷산에는 진도군민들이 성금을 모아서 세운 「忠武公 碧波津 戰捷碑(충무공 벽파진 전첩비)」가 있다. 이의 비문은 이은상(李殷相)이 썼다. 비문에는 「…이충무공은 병든 몸을 이끌고…녹진 명량 두 언덕을 철쇄를 걸어 십이 척의 남은 배를 거두어 거느리고 벽파진 찾아들어 바다목을 지킬실제 그 심정을 아는 이 없어 눈물을 혼자 지으시니 삼백 척의 적의 배를 산같이 깔렸드니 울두목 센 물결에 거품같이 깨어지고 북소리 울리는 저 속에…」로 한글로

새겨져 있다. 「난중일기에서 이순신은 141일간이나 아팠으며 176회나 고통
을 하소연하였다. 이의 와병 증상을 보면 그는 치료가 거의 불가능한 환자
임을 알 수 있다.」고 하였다.《최두환》.
즉 이 명량해전은 이순신이 병든 몸으로 피눈물을 흘리면서 혼자 나서서 치른 비참한 해전이다.

「鑄得雙龍劍 千秋氣尙雄 盟山誓海意 忠憤古今同」
주득쌍룡검 천추기상웅 맹산서해의 충분고금동
《李舜臣 刀銘》.

1. 선조(宣祖)와 이순신(李舜臣)

　　명량해전 이후 선조실록 31년(1598) 4월 14일 멀리 남쪽 변방에서 싸우고 있는 이순신의 치계(馳啓), 즉 파발 보고공문을 접한 명수장(明首將) 경리 양호(經理 楊鎬)와 국왕 선조의 반응은 서로 상치되는 모습을 보이고 있었다. 양호는 말하기를 「(명량해전 후) 이순신은 그처럼 전력을 다해 왜적을 참살하고 있으니 나는 이를 매우 가상히 여겨 기뻐하고 있다. 서둘러 권장하는 상(명황제의 포상)을 마련하여 사기를 고무시킬 것이다」라고 하였다.

經理分付曰　　　　　경리분부왈
李舜臣用力殺賊　　　이순신용력살적
以此我甚嘉喜　　　　이차아심가희
急速獎賞鼓舞.　　　급속장상고무.

　　선조는 말하였다. 「우리나라 장수들은 능히 왜적을 토벌하지 못하고 천자의 조정(天子, 朝廷 즉 중국)을 번거롭게 만들고 있으니 <u>이의 유죄를 기다릴지언정 무슨 기록할 만한 공적이 있는가?</u> (이순신은) 비록 사소한 왜적을 잡거나 참살하였다 하더라도 이는 <u>변방의 수장(邊方, 守將)으로서</u> 당연히 할 일을 한 것 뿐이지 아직까지 하나의 적진(왜성)도 섬멸하지 못하고 한 명의 적장(왜장)도 참살 못하였으니 <u>당연히 죄를 받아야 할 입장에 있다. 그런데 어찌 감히 공적을 만들어 기록한다 말인가?</u>」라고 했다.

傳曰 상(上)왈
國軍臣不能討賊 上煩天朝 국군신불능토적 상번천조
<u>有罪當俟 無功可錄</u> 유죄당사 무공가록
雖或捕斬少零賊 수혹포참소령적
此不過邊將職分內事 차불과변장직분내사
而不能殲一賊陣 이불능섬일적진
斬一賊將 <u>當在可治之中</u> 참일적장 당재가치지중
<u>又何敢以爲功</u> . 우하감이위공.

그 다음날 4월 15일 선조실록에서 경리 양호는 「이순신은 (원균의 칠천량, 즉 한산패전 후) 군량과 병선(兵船)을 조처(措處)하여 (명량해전에서) 승첩을 올린데 대해 황상(明神宗)에게 상문(上聞=왕에게 고함)하여 성단(聖斷=왕의 판단)을 받아 포상하겠다」하였다. 이를 들은 조선국왕 선조는 이순신이 사소한 공적으로 상을 받는다는 것은 「우리의 도리로서는 미안하여 사양한다」고 양호에게 반대함으로써 성사되지 못하였다. 그 후 明 수군 도독진린(陳隣)의 보고로 명 신종(明 神宗)은 이순신에게 팔사품(八賜品)과 수군도독(都督)으로 임명하였으나 이순신은 전사한 후라 직접 받지 못했다. 여기서 양호가 보는 이순신과 선조가 보는 것과는 상당히 괴리(乖離)가 있음을 보여준다. 즉 양호는 이순신이 올린 치계(馳啓)를 받고 그대로 공적을 인정하고 있으나 선조는 양호에게 말할 때 조선인의 겸손, 양보의 미덕을 감안한다 하더라도 이순신의 공적을 결코 인정하지 않고 오히려 의심하고 멸시하였다. 즉 우리나라 장수들은 왜 진영하나 섬멸하지 못하고 왜장 하나 죽이지 못한 사소한 공적뿐으로 중국 明나라를 괴롭히고 있는 모두 못난 큰 죄인이라고 하였다. 그리고 그 위에 대국 明나라의 휼소(恤小), 즉 소방(小邦=朝鮮)을 불쌍하게 여겨 구해준 은혜(再造藩邦)와 사대지성(事大至誠)이 선조의 뿌리 깊은 마음 속에 있음을 보여주고 있다. 이제 선조와 이순신, 즉 군신(君臣)간의 신뢰관계는 끊어진지 오래이고 또 끝까지 선조는 이순신의 명량 및 노량해전의 공적을 늘 의심하고 과대평가된 것으로 일체 인정하지 않고 있었다. 이런 상황 속에서 이순신이 전사하지 않고 살아남았다 하더라도 이전과 같이 전후 「죄 많은 이순신」을 바로 파직나국(罷職) 체포하여 서울로 압송,

피할 길이 없이 죽임을 당할 것이다. 그리고 선조 37년(1604년) 10월 29일 녹훈(錄勳)에서 선조 말과 같이 큰 공도 없고「죄 많은」선무(宣武=무관)공신은 겨우 18명뿐이고 그리고 멀리 의주까지 도망갔다가 온 호성(扈聖=문관)공신은 내시 24명을 포함하여 총 86명이고 그리고 심지어 나라를 위하여 목숨까지 바친 민중들의 의병은 단 한 사람도 없으므로 결국 의병은 내시보다 못한 꼴이 되었다. 임진란을 당하여 관군이 제구실을 못하니까 나라를 구하기 위하여 민중들이 의병으로 스스로 나섰으나 싸우다 죽은 의병은 진혼제도 없이 선조로부터 버림받은 가장 불쌍하고 어리석은 백성이 되었다. 그 위에 선조 29년(1596년) 의병장의 총수인 김덕령이 역모로 체포되어 20일간 고문당한 끝에 죽고 최초의 의병장인 홍의장군 곽재우는 몸을 숨기자 이때 사람들은「곽재우는 김덕령의 죽음을 보고 이제 일을 할 수 없는 때임을 알고 산에 들어가 도인이 되어 곡식을 끊고 송화가루와 솔잎만 먹고 살면서 종족을 감추었다」고 하였다. 이어 조선의 의병은 해체되고 민중들은 모두「나라가 망하더라도 의병은 되지 말라」하였다. 이로서 정유재란 때는 의병의 모습은 사라지고 왜적들은 전라도를 마음대로 짓밟고 있었는데 죽어나가는 것은 검붉게 불타고 있는 전라도의 민중뿐이었다.

日本 승려 慶念(교낸)은 정유재란 때 참전하여 쓴「朝鮮日 日記(조선일 일기)」에서 전라도의 참상을 다음과 같이 기록하고 있다.

1. 8월 6일 하동에서 살육, 약탈한 무사들은 집집마다 돌아다니면서 불 지르고 주변의 들과 산도 죄다 불 질러 赤國전라도는 검붉게 타오른다. 노예상인들은 전투에서 포로

로 잡은 사람은 무사들에게 돈 주고 사서 이들을 쇠줄과 대나무줄기로 목을 묶어서 끌고 갔다. 무사들은 조선 아이들은 묶어 놓고 그들의 앞에서 부모를 쳐 죽여 시신을 잘라 놓으니 자식들은 공포와 탄식 속에서 몸을 떨고 있었다. 이 비참한 관경은 바로 생지옥이구나!

2. 8월 15일 저녁 남원성을 공격하여 함락하고 그날 밤새도록 성내의 사람은 남녀노소 가리지 않고 모두 죽였다. 그러나 몇 사람은 돈으로 목숨을 건진 사람도 있었다고 한다. 비참하구나! 한치 앞을 알 수 없는 덧없는 세상 일이라고 하나 하룻밤 사이에 남녀노소 할 것 없이 모든 사람이 죽었구나!

3. 8월 18일 남원성안으로 본진을 이동하여 들어가 날이 밝아보니 모든 길바닥에는 죽은 사람이 모래알처럼 널려 있었다. 차마 두 눈 뜨고 볼 수 없는 비참한 모습이여!

4. 8월 28일 전주를 떠나가면서 가는 촌길에도 들과 산에는 어디서나 남녀구별 없이 칼에 베여 죽은 시체들이 버려져 있었는데 오지(五脂)가 제대로 붙어 있는 것이 하나도 없었다. 차마 두 눈으로 볼 수 없는 처참한 모습이여!

5. 11월 19일 울산에서 日本에서 건너온 온갖 상인들 중에서 노예상인들이 있었는데 이들은 본진의 뒤를 따라 다니면서 남녀노소를 가리지 않고 조선인을 돈을 주고 사서 줄로 목을 묶어 모아서 오리처럼 몰고 앞으로 가는데 잘 걷지 못하면 몽둥이로 패면서 몰아세우거나 뛰게 하였다.

지옥의 아방(阿防)이 사자(死者)죄인을 다루는 것 같구나! 낮에 길에서 돌아다니는 젊은 조선남자는 무사들에게 붙잡혀서 개처럼 목에 줄을 매어 노예상인에게 팔려갔다. 이들 조선인(노예)은 다시 원숭이처럼 목에 줄을 연이어 매어 줄 끝을 말이나 소달구지 뒤에 연결하고 뒤 따라가게 하였다. 이때 조선인(노예)은 무거운 짐을 이고 소달구지에는 봉래산(蓬萊山)과 같이 짐을 가득 실었다. 이들이 배가 정박하고 있는 부두 내부 깊숙하게 들어가 본진에 도착하면 소는 바로 죽여 가죽을 벗기고 먹어 치워 버렸다.

《(慶念의)임진왜란 종군기, 경서원. 1997에서》

일기는 모두 俳句(하이꾸)식으로 기록되어 있다. 진주, 하동은 赤國(전라도)에 속했다. 일본력 8월 15일은 음력 8월 16일이다. 오지(五肢)는 머리와 사지(四肢)를 말한다. 그리고 왜군은 수급대신에 코를 잘라서 日本으로 가져갔다.

피로인(被虜人)은 바로 일본으로 끌려간 노예를 말한다. 노예로 일본에 끌려간 조선인은 약 10만여 명으로 추산하고 있다. 규슈 남단 鹿兒島(가고시마)에 상륙한 노예만도 3만 7백 명이었다.

명량해전은 천시(天時), 지리(地理), 병기(兵器)도 중요하지만 끝에 가서 인화(人和)에 의한 합심, 합력이 더 중요하다는 것을 우리에게 보여주었다. 그것은 모든 전쟁은 사람이 하기 때문이다. 명량해전에서 인화는 대의(大義)를 위한 이순신의 솔선수범과 희생정신 그리고 서로 이어주는 인간 신뢰에서 나온 것이다.

「난중일기에 의하면(이순신은 고문당한 후) 병든 몸으로 141일간 아팠으며 176회 고통을 하소연하였다. 특히 원균이 패전한 날부터 명량해전까지, 즉 1597년 7월 18일부터 9월 16일까지는 58일간 고통으로 병 치료를 받았는데 이의 와병 증상을 보면 치료가 거의 불가능한 (죽어가고 있는) 환자임을 알 수 있다.」《최두환, 리순신》.

탐욕과 이기심으로 젖어있는 이 세상에서 고문병이 든 몸을 이끌고 명량 및 노량해전에서 승첩하여 조국과 민족을 구한 후 대의(大義)를 위해서 모든 것을 다 버리고 죽음을 택한 이순신은 이 세상에서 가장 불쌍하고 어리석은 사람 또는 이순신의 말과 같이 「지지리 복도 없고 초라한」 사람일는지도 모른다. 여기서 우리는 이순신을 성웅(거룩한 위인)이라 한다. 「이순신의 끝없는 죽음(국왕의 고문, 삶의 애착 상실, 병든 몸으로 죽어가는 고통, 육신의 죽음, 시신학대, 국왕의 냉대)은 우리의 영원한 비극」이다. 400여 년 전 이순신 걸어간 길은 민족과 조국을 수호하기 위한 끝없는 희생과 헌신의 길이었다. 이제 멀리서 다시 들려오는 것은 임진왜란 때 이순신의 죽음을 몹시 슬퍼하는 남쪽 민중들의 통곡하는 소리뿐이다.

2. 농성(農城)

임진왜란(1592년~1598년) 때 민중들이 하늘처럼 믿고 있었던 국왕과 신료(臣僚)들은 압록강 의주로 다 도망가고 싸워야 할 장수들은 다 숨어 버리고 왜적의 칼, 긴창 및 조총 앞에서 민중들이 한없이 죽임을 당하자 이들은 스스로 살기 위하여 사방이 가파른 산꼭 대기에 피난처로 산성(山城)을 쌓고 이를 농성(農城=농민의 성)이라 했다. 농성은 민중 들이 단합하여 직접 쌓은 자위(自衛)를 위한 거점성으로서 정약용(丁若鏞)은 이를 민보 (民堡)라 했다. 1942년 일제강점기 시대「조선 총독부」의「조선 보물고적조사(朝鮮寶物古 蹟調査)」자료에 의하면 제일 많은 전북 12개소를 포함하여 남한에 임진왜란 때 왜군과 관계가 있는 농성이 27개소가 있고 여기서 경남과 전남은 탈락되어 있다. 그 당시 조선 에서는 임진왜란의 발발에 대한 사전대비를 전혀 하지 않았으므로 임진왜란 때 쌓은 산 성은 전부 민중들이 쌓은 농성으로 인정해야 한다. 물론 왜란 이전에 농민이 쌓은 농성 도 많이 있다. 농성은 둥근 장방형 또는 타원형의 석축성으로 성 둘레 위에서 어느 곳을 보더라도 성외 및 성내가 한 눈에 들어오는 규모가 아주 작은 성이다. 부산에 상륙한 왜 군들이 서울로 진격하기 위하여 올라가는 도중에 있는 농성을 점령하고 이를 연결성(繫 城) 왜성으로 이용하기 위하여 성 내부구조를 변경하여 식량, 병기 창고 및 왜장의 쉼터 를 구축한 곳도 있다.

<blockquote>
주

연결성은 왜군이 1일 또는 2일 밤낮으로 행군하여 가는 도중에 의병의 기습으로 야외, 야산에 주둔할 수 없으므로 이를 피하여 방어가 가능한 둘레성이 있는 곳에서 쉬어가는 역성(驛城)을 말한다.
</blockquote>

남한 전체 1448개(경기, 강원, 충청=579개, 호남, 제주=362개, 영남=507개) 성(城) 중에서 왜성은 28개이고 농성은 몇 개 인지는 알 수 없다. 경기도 팽성읍 안정리 옛 갯벌 바닷가 구릉에 세워진 평택(平澤)농성은 삼국시대 식량 약탈을 피하기 위하여 이곳에 작 은성을 쌓아 은닉했던 곳이다. 임진왜란 때는 농민들이 난을 피하기 위하여 이곳을 다시 토축하여 성내에 살집을 두었다고 하였다. 평택농성의 둘레는 약 500m, 높이가 약 8m

인 둥근 장방형으로 되어있고 동벽 및 서벽에 출입문이 있다. 경남 사천시 용현면 선진리 바닷가 구릉에 있는 「사천왜성」의 둘레 토축성은 평택농성과 위치, 크기, 용도 등 아주 흡사한 모습을 보이고 있다. 왜군이 사천농성을 점령하고 그 성안에 사천왜성을 축성한 곳이다. 현재 사천농성은 둘레성으로 그대로 남아있다. 그리고 사천왜성에서 고성왜성으로 가는 항로의 중간 지역 바닷가에 있는 경남 사천시 사등(沙登)산성도 왜군이 잠시 이용한 곳으로 농성으로 추정되고 있다. 역시 둘레가 약 500m, 높이가 5m인 석축성으로 이곳 주변에서 임란 때 왜병의 유물이 최근에 많이 발굴되었다. 현재 농성에 대한 구체적인 자료가 없으므로 이에 대한 전국적인 조사와 답사가 필요하며 다음은 필자가 2010년 겨울에 우불(于弗)농성, 각북(角北)농성을 답사한 기록이다.

1. 경남 양산시 웅상읍 삼호리 우불산에 있는 우불농성(于弗農城)은 부산시내 급행 bus 1002번 종점 「서창차고지」에서 회야강(回夜江)을 건너 뒷산에 있는 山城이다. 웅상 농민들이 임진왜란 때 쌓은 석성으로서 성둘레가 400보 정도이고 회야강에서 주어온 큰 돌로 축성되어있다. 왜군들이 이 城을 이용하여 성내 남쪽에 진을 쳤다고 전해오고 있으나 계단식 평삭지, 건호, 토축 등의 주둔한 흔적은 없고 성내는 자연산(自然山) 모습 그대로 남아 있다. 특이한 것은 아주 가파른 북, 서, 남쪽에는 한 곳씩 성둑을 끊고 파놓은 비상 출입구가 있고 북쪽에는 성내 연못터가 보인다. 그리고 회야강 북쪽 성밑에 우불사(于弗寺)가 있고 이절 입구에는 기우제(祈雨祭)를 올리기 위해서 1918년에 세운 「우불신사(于弗神祠)」가 있다(경남문화제 187호).

神祠(신사)는 天神地祇(천신지기)를 모시는 작은 신당이고 神社(신사)는 日本 조상신을 祭神으로 하는 큰 신당이다. 일제강점기 시대 1942년 조선총독부 통계에 의하면 日本人들이 조선 전국에 세운 신사수가 891개(神社 63개, 神祠 828개)에 달 하였다. 神社는 포항시 구룡포 「日本거리」에 옛 모습 그대로 남아 있고 神祠는 이 「우불신사(于弗神祠)」가 현재 유일하게 남아있다. ※중국, 조선은 神, 일본은 神 이다.

2. 경북 청도군 각북면 남산동 「각북 면사무소」 뒷 「성마루산(城上峰)」 정상에 있는 산성은 임진왜란 때 축성한 각북농성(角北農城)이다. 이 농성은 왜군들이 북진할 때 이용

한 연결성이다. 다른 조선 산성과 같이 산정을 중심으로 주위에 작은 할석으로 바로 쌓기(수직석축) 되어 있고 성내는 인위적으로 이곳저곳이 토축 되어있다. 산성의 둘레는 약 350보이고 산 주위가 아주 가파르고 남쪽 능선은 「노인봉」과 연결되어 있다. 2010년 2월 2일 각북면 사무소에서 얻은 자료로 답사한 결과 성 둘레 석축이 여러 곳이 무너져 있으나 전모를 알 수 있을 만큼 남아 있고 특이한 것은 석축한 성벽위에 조총구멍이 있는 낮은 토축담을 쌓은 흔적이 있고 이 성벽을 따라 동, 북, 서쪽으로 길게 넓고 깊은 건호가 성벽 위 바로 안쪽으로 계속 돌아가면서 만들어져 있다.(이와 달리 다른 왜성에서는 모든 건호는 성밖 바로 밑에 성벽을 따라 길게 만들어져 있고 성내에는 건호를 볼 수 없다.) 이것은 기존의 농성에 왜군이 주둔하여 왜병들이 건호를 만들고 이곳에 엎드려서 조총을 담의 구멍을 통하여 성밖으로 쏜 것으로 추정된다. 성내 남쪽으로는 계단식 평지가 있고 용도를 알 수 없는 토축이 보인다. 임진왜란 때 왜군이 잠시 주둔한 곳으로 부산 가덕도 성북왜성의 구조와 흡사하다. 그리고 산꼭대기에는 봉화대가 있었던 것 같다. 조선 농민들이 왜군의 침략을 피하기 위하여 만든 농성을 왜군들이 성내 구조를 개조하여 식량, 병기창고 및 왜장숙소를 만들어서 잠시 주둔지로 사용한 곳이다.

3. 성웅 William Wallace(월염 월러스)

William Wallace(1270년~1305년)는 13C Scotland의 성웅(Holy Hero)이다. Scotland는 Seltic계열의 야만 Pict족이고 England의 Anglo Saxon족은 Denmark에서 건너온 북해(North Sea)의 해적들로 영국인(English)이다.

England의 국왕 Edward I (Henry III 의 아들)가 1296년 Scotland를 정복하여 지배하자 Wallace와 Scot의 민중들은 England의 지배에서 벗어나 자유와 정의를 쟁취하기 위하여 의병을 조직하고 독립투쟁에 나섰다.

1297년 9월 11일 Stirling Bridge 전투에서 최후의 승리를 거두고 Scotland에서 영국인을 몰아 내었다. 이에 화가 난 Edward I 는 직접 원정군대를 이끌고 와서 그 이듬

해 7월 22일 Falkirk전투에서 Wallace의 의병대를 크게 격파하였다. 이때 Scot의 귀족(Scottish nobles)들은 같이 싸우지 않고 등을 돌려 도망가기에 바빴다. 그 후 겨우 살아남은 소수의 의병들이 산발적으로 게릴라전을 하고 있었으나 이의 역부족을 절감한 Wallace은 소극적이고 약아빠진(jealous and contentious) 귀족들의 지지와 연합을 얻기 위해서 유력한 귀족장에게 설득 차 찾아갔다. 그러나 그의 배신으로 체포되어 Wallace는 London으로 압송되었다. 그 원인은 England의 귀족 작위와 넓은 영지를 받은 Scot의 귀족들은 자손대대로 영화를 누리고 살 수 있으므로 굳이 Scotland의 독립을 원하지 않았기 때문이다.

England국왕 Edward I 의 회유에 「사는 것이 죽는 것보다 못하면 살 필요가 없다. England의 자비(mercy)를 구하지 않고 나는 Scotland의 자유(freedom)을 원한다」라고 말하면서 죽음을 택한 Wallace는 1305년 8월 23일 반역자(traitor)로 공공처형장에서 많은 London 주민들이 보는 가운데 공개 처형되었다.

이때 처형은 날선 칼로 살을 조금씩 잘라내는 긴 시간의 고문형 처형으로 이의 끝없는 고통은 서서히 영혼마저 죽이는 것이었다. 아직까지 숨 쉬고 있는 목은 잘라서 London Bridge에 매달고 목 없는 시신은 네 조각으로 잘라서 동서남북으로 나누어 London에서 먼 지방으로 보내어 쓰레기장에 버렸다. 그 후 Wallace의 비참한 죽음에 충격을 받은 Scot인들은 Robert Bruce(1274년-1329년)를 중심으로 단합하여 1314년 6월 24일 Bannockburn에서 Edward Ⅱ의 대원정군에 승전하였다. 결국 14년 후 1328년 Edward Ⅲ가 공식적으로 Scotland의 독립을 인정하였으나 바로 1년 뒤 1329년 Bruce가 죽자 다시 England왕의 간섭 속에 놓여 실질적인 독립은 상실하고 그 위에 Scot의 귀족들(Powerful nobles)의 행패가 심화 되었다.

Scotlands independence was tenporarily(1년 남짓) secured under Robert Bruce. 결국 먼저 1536년 Wales을 병합한 England는 1707년 Act of Union 조약을 맺고 Scotland를 병합하여 대영제국(the Kingdom of Great Britain)이 탄생하였다.

그 후 701년이 지난 1996년 영국은 Edward I 가 Scotland에서 약탈해 온 Stone of Scone(야곱의 돌베개=Westminster Abbey 대관식 의자 밑에 놓아두었다)을 먼저 반환

하고 드디어 2012년 10월 16일 영국수상 David Cameron(케머런)은 Scotland가 원하면 독립시켜 주겠다는 제언에 역사적인 Scotland 주민투표 한 결과 놀랍게도 Scot인의 약 70%는 독립을 거부하고 영국 밑에 계속 남아 있기를 원했다. 그것은 Scot의 민중들이 설사 영국에서 독립하여 같은 Scot인의 지배 밑에 있더라도 뾰족수는 없고 민중의 생활은 고달프기 만하고 크게 희망을 가질 수 없기 때문이다. 즉 Scotland의 넓은 땅과 돈을 가진 현대판 Scot의 귀족들이 민중과 같이 더불어 나누어 살겠다는 공동체의식이 없기 때문이다. 세계에서 가장 작은 국가인 San Marino는 1862년 Italia속에서 독립을 쟁취한 독립국가로서 Scotland와는 극단적으로 서로 상반된 길을 가고 있어 크게 주목을 끌고 있다. San Marino는 일찌감치 권력분산으로 정치 민주화 그리고 재력분산으로 경제 민주화를 이룩한 나라이다. 이제 정의(justice)와 자유(freedom) 및 인간의 존엄(human dignity)의 기치를 앞세우고 민중과 같이 민족과 조국의 독립투쟁을 하다가 자신의 목숨을 버린 William Wallace는 이 세상에서 가장 불쌍하고 어리석은 사람이 되었다. 아니면 Scotland의 독립을 원치 않았던 그 당시의 귀족과 오늘의 Scot 민중의 판단이 더 현명할런 지도 모른다. 그러나 William Wallace의 끝없는 고통의 비참한 죽음은 Scotland의 영원한 비극이고 그리고 그는 Scotland의 숭고한 애국, 애족정신에 자신을 희생한 그들의 영원한 성웅(거룩한 위인)으로서 그를 잊지 못하는 Scot 민중들은 그의 동상 앞에서 말 없이 슬픈 눈물만 흘린다. 이제 오늘의 영악한 사람들은 간에 붙던 쓸개에 붙던 어느 곳에 붙어살더라도 잘살면 그뿐이다 라고 생각을 한다면 그동안 조국과 민중을 위해서 싸우다 죽은 사람은 참으로 어리석고 이상하고 억울하고 못난 사람이 되는 꼴이 아닌가? 생각되어 뒷맛이 씁쓸하고 어느 길이 정의의 길인지 알 수 없게 되었다. 이제 한번 이 지구에 태어난 하나밖에 없는 자기의 목숨을 귀중하게 여기지 않고 대의(大義)를 위해서 누가 이 목숨을 바치겠는가? 그리고 나도 별수가 있겠는가? 하고 자문하게 된다. 현재 미래가 중요하고 과거의 역사는 무슨 의미가 있겠는가?(San Marino는 세계에서 최장수 국가이다. 2013)

Scotland의 William Wallace를 추모하면서
2013년 1월 10일 부산에서

※이승만, 박정희는 국가와 국민의 지도자이고
이순신, 김구, 안중근 및 Wallace는 민족과 조국의 수호자이다.
그들이 걸어간 길은 대의를 위한 끝없는 희생과 헌신의 길이며
그리고 그들의 최후는 다 한결같이 너무나도 비참하였다.
(전장에서 순절, 동족의 암살, 시신 행방불명, 시신 절단훼손).

※「2012년 한국 국민의 10%가 국민재산(돈과 땅)의 50% 차지하고 있다」
「2011년 한국 국민의 자살자는 약 1만 5천 명으로 OECD에서 일등이다」
가진 자는 살기 좋은 세상이나 민중들은 살기가 어려운 사회로
나락하고 있다. 그것은 가진 자들이 제시하고 있는 생활이상
(生活理想)이나 성공개념(成功槪念)은 민중들이 실천하기에는
너무나도 많은 돈이 요구되고 있다.

「I love living here, but often I feel thankful that I'm not
part of this society's rat race. This society makes life
impossible for its citizens in some way, by setting up
impossible ideals to live up to, and forcing people to
accept a very narrow definition of what success can be」
                                《Bobby McGill》
「이제 돈 없고 가난한 개천에서는 용이 나지 않는 나라가
되었다. 그리고 가난한 자는 온몸으로 24시간 노동을
해도 가난에서 벗어나기가 어렵다」「가진 자들은 절약,
절제하면서 검소하게 사는 모습을 보여야 한다」
「자식(본인도) 군대 갔다 오고 부동산 투기(위장 전입)를
안 한 대한민국 총리후보(서민 같은 정직한)를 찾습니다」
                                《2013년 1월 30일 jtbc》
「이제 돈과 권력을 가진 자들의 중심문화에 대항하여 이들이
이루어 놓은 억압적 지배구조의 모순을 개선하고 서민의 살길인
일터와 급료(jobs and pay) 및 교육의 기회(chances for
education)를 동등하게 보장해 주도록 모두가 노력해야 한다.
이를 위한 길은 권력 및 재력의 분산으로 정치 및 경제
민주화에서 찾아야 한다. (Modern society has been
shaped and controlled by these all-pervasive
economic pressures. so, you've been called too
smart for your own good many times.)」

「이순신은 충무공(忠武公)으로서 국가와 국민을 위해
절대 권력에 충성을 한 것이 아니고 자신을 희생하는
성웅(聖雄)으로서 조국과 민족을 위해 헌신한 것이다」
신채호(申采浩, 1880년-1936년)는「이순신은 수군(水軍)의
제일 거룩한 인물이며 민족의 성자(民族, 聖者)이다」라고
했다. 한국인이여! 이순신을 버리지 마소서!.

— 대미(大尾) —